DAXUESHENG TIYU YU JIANKANG JIAOCHENG

大学生体育与健康教程

【第二版】

主　编：杨锡岩　邓正富

副主编（以姓氏笔画为序）：

王　勇　王文清　陈妙华　林宗岩　林福生　袁孟萌

编　委（以姓氏笔画为序）：

王智胜　刘晓春　江　涛　邱　爽　余　莺　张　磊

陈小莲　林方跃　罗晓梅　黄少挥　黄雯倩　黄瑞坤

蔡聪彬　刘桂燕

厦门大学出版社 XIAMEN UNIVERSITY PRESS

国家一级出版社

全国百佳图书出版单位

图书在版编目(CIP)数据

大学生体育与健康教程/杨锡岩，邓正富主编.—2版—厦门:厦门大学出版社，2019.9
(2021.10重印)
ISBN 978-7-5615-6152-2

Ⅰ.①大… Ⅱ.①杨… ②邓… Ⅲ.①体育-高等学校-教材②健康教育-高等学校-教材 Ⅳ.①G807.4

中国版本图书馆CIP数据核字(2016)第155108号

出 版 人 郑文礼
责任编辑 郑 丹
策划编辑 张佐群
装帧设计 李嘉彬
技术编辑 许克华

出版发行 厦门大学出版社
社 址 厦门市软件园二期望海路39号
邮政编码 361008
总 编 办 0592-2182177 0592-2181406(传真)
营销中心 0592-2184458 0592-2181365
网 址 http://www.xmupress.com
邮 箱 xmupress@126.com
印 刷 厦门兴立通印刷设计有限公司

开本 787mm×1092mm 1/16
印张 16.75
字数 408千字
版次 2019年9月第2版
印次 2021年10月第3次印刷
定价 37.00元

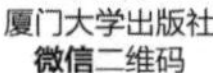
厦门大学出版社
微信二维码

厦门大学出版社
微博二维码

前　言

体育教育是高等教育的重要环节，是高等学校文化教育的重要组成部分。高校体育是集大学生身体及心理健康教育、思想道德教育、科学文化教育于一体的一门必修课程，是大学生学习掌握体育知识、技能，增强体质，促进健康的教育活动，是对青年学生进行培育和塑造的一个重要过程。

体育课作为学生必修课程，是学校体育的基本组织形式，是实现学校体育目的、任务的重要途径之一。而高等学校体育教材是实现学校体育教学目的与任务的重要载体，因此，编写一本符合当前高等学校教育改革形势需要以及大学生身心健康发展需要的体育教材，是高等学校体育深化改革和校园体育文化建设的一项重要任务。本书融理论和实践为一体，以培养复合型人才为宗旨，以增强大学生体育意识、指导大学生学会科学锻炼身体的基本方法为目的，树立“以人为本、健康第一、终身体育”的思想，引导大学生主动接受体育教育，吸引大学生走向操场、走进大自然，积极参加体育锻炼。

全书由体育理论、体育健身、体育养生三部分组成。其中第一章至第六章是体育理论部分，主要介绍体育与健康、运动损伤的预防与急救等内容；第七章至第十九章是体育健身部分，主要介绍田径、游泳、篮球、网球等运动项目；第二十章至第二十四章是体育养生部分，主要介绍保健推拿、武术健身功法、传统保健操等内容。

本教材由厦门南洋职业学院、厦门软件职业技术学院、厦门安防科技职业学院、厦门兴才职业技术学院、厦门华天涉外职业技术学院、福建生物工程职业技术学院联合组织编写。在编写过程中得到各学校的鼎力支持，在此表示衷心的感谢。

由于编者水平有限，书中不妥之处在所难免，恳请专家、同仁和广大读者给予批评指正。

编者

2019 年 6 月

目 录

上篇 体育理论

中篇 体育健身

下篇　体育养生

上篇　体育理论

第一章　体育概论与健康的标准

第一节　健康概述

健康是一个极具时代特征的综合概念。人们对健康的认识随着历史的发展，社会的进步而大致经历了从神灵自然医学模式、生物医学模式到现在的生物心理社会医学模式3个阶段：

神灵自然医学模式：早期的人类社会，由于生产力水平和认识水平低下，对于生命现象和疾病的认识也甚少，健康被认为是神灵赐予人类获得生存和延续生命的礼物。并认为所谓的"血液、黏液、黄胆、黑胆"四种液体和谐平衡就会健康，否则就会生病，人有了疾病无法医治应求神问卜。这就是早期的神灵自然医学模式。

生物医学模式：随着社会的发展，生产力水平的提高，人们认识事物的能力和水平也得到了极大的提高。医学随之进入了实验阶段，并因此建立了以生物机体和机体的生物性为研究对象的生物医学模式，开始从生物学的角度认识疾病，以生物学上的适应与否来解释健康与否。但这种医学模式也随着社会的发展而暴露出其局限性。这种基于生物医学的认识，不但不能全面反映健康的内涵，而且束缚了医学研究的进一步深入。现代医学、社会学研究成果给了人们许多新的启示。

生物心理社会医学模式：20世纪后半叶，人们发现，由理化、生物刺激所导致的疾病的死亡率已退居次要地位，而与心理、社会因素密切相关的高血压、冠心病、癌症、溃疡和精神疾病等心身疾患的发病率和死亡率则明显提高。据统计，上述这些心身病的死亡率已进入了人类疾病死亡谱的前三名。另外，政治、经济、战争、教育、居住、职业等社会因素以及冲动、孤独、紧张、恐惧、忧虑等心理因素对健康的影响也日趋严重。这种现象说明仅从生物医学的角度来描述健康是不够的，应该充分考虑到社会心理和行为因素对疾病和健康的影响。

世界卫生组织（WHO）1984年针对"没病就是健康"的健康观提出了新的健康概念："健康是一种完整的躯体、心理和社会的良好状态，而不仅仅是没有疾病和伤残。"1989年又将健康的概念调整为："健康应包括躯体健康、心理健康、社会适应良好和道德健康。"由此概念可以得出，评价一个人的健康状况需从其生理健康——各器官组织结构是否完整，发育是否正常，功能是否良好，生理生化指标是否正常；心理健康——人格发展是否健全，智力、情感、意志行为活动是否正常，人际关系是否良好，社会适应能力是否强；社会健康——包括家庭教育、群体关系、社会环境、应变能力、处理角色和工作能力等是否正常。

一、身体健康

身体健康是指人体各器官组织结构完整，发育正常，功能良好，生理生化指标正常，没有检查出疾病或身体不处于虚弱状态。

身体健康包含了两个方面的含义，一是主要脏器无疾病，身体形态发育良好，体型匀称，人体各系统具有良好的生理功能，有较强的身体活动能力和劳动工作能力，这是身体健康的最基本的要求。二是对疾病的抵抗能力，即维持健康的能力。有些人平时没有疾病，也没有身体不适感，经过医学检查也未发现异常状况，但当环境稍有变化，或受到什么刺激，或遇到致病因素的作用时，身体机能就会出现异常，说明其健康状况十分脆弱。能够适应环境变化、各种心理生理刺激以及致病因素对身体的作用，才是真正意义上的身体健康。

二、心理健康

专家预言：21 世纪是心理疾病严重威胁人类的世纪。这绝不是危言耸听。随着生活节奏的加快，竞争压力的增大，人们的心理障碍和心理问题也呈现上升趋势，尤其是在经济比较发达、生活节奏快的地区更为严重。在这其中，青少年学生占据很大比例。这几年来，心理学在我国越来越受到关注和重视，获得迅速发展，也正是为了满足这种现实的需要。总之，现代社会应该充分重视心理健康这一领域，而作为一个现代人，也应该充分重视自身的心理健康。

什么是心理健康呢？第三届国际心理卫生大会认为，“心理健康是指在身体上、智能上、情感上与他人的心理健康不相矛盾的范围内，将个人心境发展成最佳状态”。世界卫生组织具体指出心理健康的标志为：身体、智力、情绪调和；适应环境，人际关系中彼此能谦让；有幸福感；在工作和职业中，能充分发挥自己的能力，过着有效率的生活。可见，心理健康并不仅仅是指没有心理疾病，更重要的是指一种积极的、适应良好的、能充分发展其身心潜能的丰富状态。

三、社会适应健康

世界卫生组织（WHO）在本组织章程序言中指出：“健康不仅是没有疾病和病症，而且是一种个体在身体上、精神上、社会上完全安宁的状态”。那么，“社会上完全安宁的状态”（SOCIAL WELL BEING）指的是什么呢？它指的是人们的社会行为和社会适应方面的健康。具体地说，就是社会安宁包括以下 5 个方面：

（1）与家庭及亲属的关系。与家庭成员的接触，参与家庭活动的数量和热情，与家庭成员及亲属的亲密程度，性爱的程度等都是社会安宁的重要组成部分。

（2）工作与学习。完成本职工作和学习的积极性和主动性，完成的能力和水平，从工作中和求得知识中得到满足的程度，与同事、同学相互关照的程度。

（3）亲密的朋友和熟人。朋友之间的活动、交往的程度。这一程度包括是否可以做到暴露亲密的感情、坦白自己的秘密和隐私、寻求援助、交流思想、共同完成日常事务等。

（4）社团活动。参加或从属各种社会上的体育俱乐部、娱乐俱乐部、协会、社会组织、宗教团体、政治和公民组织等情况。

（5）其他社会活动。参加体育活动、舞蹈、游戏、戏剧仪式、礼仪活动、音乐演奏，到动物园、美术馆、博物馆这类地方去的情况。

获得和保持社会上安宁依赖于不断地并有规律地和所有年龄的人在日常生活中打交道。这意味着在各种社会、娱乐和消遣活动中向他人付出时间、财富、经验和自身。每一个人要不断发展应承担的义务，包括关心和爱护他人，贡献给他人幸福、康乐和安宁，从他人身上感受到责任，在社团里起到社会作用。

第二节　体质与健康

一、体质概述

什么是体质：体质是人体的质量，它是在遗传性和获得性的基础上所表现出来的人体形态、结构、生理机能的综合状况和相对稳定的特征。

体质的含义主要包括以下几个方面：

（一）身体形态发展水平

形态发育主要指体格、体型和姿势等状况。体格指标包括人体的身高、体重、胸围、骨盆宽等；体型是指人体各部分的比例，可通过各种体型指数来评定；姿势是指人的坐、立、跑、走等的姿势，人的姿势主要通过人体脊柱弯曲的程度、四肢和手足的部位等来体现。

（二）生理功能水平

生理功能是指人体在新陈代谢作用下，各器官系统工作的能力。通常以脉搏、血压、肺活量（或呼吸差）等指标进行衡量。具有一定水平的生理功能对提高身体素质，掌握运动技能，提高运动技术水平都具有重要意义。

（三）身体素质和基本活动能力发展水平

身体素质包括速度、力量、灵敏、柔韧和耐力等几个方面。基本活动能力是指走、跑、跳、投、攀登、爬越、负重等人体活动能力。人体基本活动能力的发展是建立在身体形态结构、生理功能、身体素质发展的基础上的。

（四）适应能力

适应能力是指对自然环境的适应力和对疾病的抵抗力。人们长期在严寒酷暑以及风、雷、雨等各种气候和环境条件下进行体育锻炼，能改善有机体体温调节能力，从而提高有机体对自然环境的适应力和对疾病的抵抗力。所以人体的适应能力也在一定程度上反映体质状况。

体质所包含的各个方面是相互联系和相互促进的，形成了一个完整的整体。

体质和健康是两个不同的概念，两者之间虽有联系，又有区别。体质是人体的质量，是一切生命的物质基础。健康是指人体各器官系统功能正常，无疾病，并具有良好的心理状态和社会适应能力。由此可见，体质主要从生理学意义上体现健康的特征。体质状况相同的人，其健康却有差异。

二、体能与健康

体能也叫体适能（Physical Fitness），是指人体各器官系统的机能在身体活动中表现出来的能力。体能主要通过体育锻炼而获得。保持良好的体能可以使我们的身体更健康、精力更旺盛、生活更美好、寿命更长、生命更有价值。

每个人获得健康都需要有一定的体能，但每个人所需的体能水平不尽相同，一个人良好的体能与其年龄、性别、体型、职业和生理上的缺陷(如糖尿病、哮喘病等等)等有关。

一般来说，个体对体能的要求与其活动的目的有关，例如，运动员必须不懈地花很多力、流很多汗去提高力量、耐力、柔韧和速度等体能，才能提高运动成绩；而普通人只需用一般性的身体活动来维持这些方面的体能，就可以增进健康。另外，即使对同一个人而言，不同的时间、不同的环境所需的体能水平也迥然不一。

良好体能的保持与长期的锻炼密不可分，如果一个人的锻炼半途而废，那么，他的体能水平就不能保持，甚至还会下降。

身体锻炼是提高体能水平必不可少的重要途径。但需注意的是，良好的体能并不是完全靠身体锻炼就可以达到的，还与科学的饮食方法、良好的口腔卫生、足够时间的休息和放松等方面有关。

体能可分为两类：与健康有关的体能和与动作技能有关的体能。前者包括心肺耐力、柔韧性、肌肉力量、肌肉耐力、身体成分等，后者是指从事运动所需的速度、力量、灵敏性、协调性、平衡和反应等。

(一)与健康有关的体能

1. 心肺耐力

心肺耐力指一个人持续身体活动的能力。心肺和血管的功能对于氧和营养物的分配、清除体内垃圾具有重要的作用，尤其是在进行有一定强度的活动时，良好的心肺功能则显得更加重要。心肺功能越强，走、跑、学习和工作就会越轻松，进行各种活动保持的时间也会越长。

2. 柔韧性

柔韧性是指身体各个关节的活动幅度以及跨过关节的肌肉、肌腱、韧带、皮肤和其他组织的弹性和伸展能力，可以通过经常性的身体练习而得到提高。柔韧性是绝大多数的锻炼项目所必需的体能成分之一，对于提高身体活动水平、预防肌肉紧张以及保持良好的体态等具有重要作用。

3. 肌肉力量

肌肉力量是一块肌肉或肌肉群一次竭尽全力从事抵抗阻力的活动能力，所有的身体活动均需要使用力量。肌肉强壮有助于预防关节的扭伤、肌肉的疼痛和身体的疲劳。如果腹肌力量较差，往往会导致驼背现象。需注意的是，不应在强调某一肌肉群发展的同时而忽视另一肌肉群的发展，否则会影响身体的结构和形态。

4. 肌肉耐力

肌肉耐力指一块肌肉或肌肉群在一段时间内重复进行肌肉收缩的能力，与肌肉力量密切相关。一个肌肉强壮和耐力好的人更易抵御疲劳的发生，因为这样的人只需花很少的力气就可以重复收缩肌肉。

5. 身体成分

身体成分包括肌肉、骨骼、脂肪和其他等。体能与体内脂肪比例之间的关系最为密切，脂肪过多者是不健康的，其在活动时比其他人需要消耗更多的能量，心肺功能的负担也更重，因此，心脏病和高血压发生的可能性更大。另外肥胖也会使人的心理健康水平下降，故寿命就会缩短。要维持适宜的体内脂肪，就必须注意能量吸收和能量消耗之间的平衡，体育锻炼是控制脂肪增加的重要手段。

（二）与动作技能有关的体能

1. 速度指快速运动的能力，即在最短的时间内完成某种运动能力，包括位移速度和动作速度。在许多竞技运动项目中，速度对于个人取得优异成绩至关重要。

2. 力量指短时间内克服阻力的能力，举重、投铅球、掷标枪等项目均能显示一个人的力量大小。

3. 灵敏性指在活动过程中，既快速又准确地变化身体移动方向的能力。灵敏性在很大程度上依赖于神经肌肉的协调性和反应时间，可以通过提高这两方面的能力来改善人的灵敏性。

4. 神经肌肉协调性主要反映一个人的视觉、听觉和平衡觉与熟练的动作技能相结合的能力。在球类运动中，这种体能成分显得尤为重要。

5. 平衡指当运动或静止站立时保持身体稳定性的能力。滑冰、滑雪、体操、舞蹈等项目对于提高平衡能力是很好的运动，闭目单足站立练习也有相当好的效果。

6. 反应时指对某些外部刺激作出生理反应的时间。反应快速是许多项目优秀运动员的特征，特别是在短跑的起跑阶段，反应时的作用更大。

与健康有关的和与动作技能有关的体能成分有重叠之处，例如，心肺耐力、肌肉力量、肌肉耐力、柔韧性和身体成分等体能成分无论是对健康还是对技能性要求较高的运动都是十分重要的。但是，从事不同活动的人对体能的每一成分发展程度的要求是不一样的，要达到较高的、与动作技能有关的体能水平，就必须使上述的每一成分都得到充分的发展。

当设计一种提高体能的锻炼方案时，首先应确立自己的目标，然后选择那些最终有助于达到目标的体能成分进行针对性的练习。例如，一个55岁的人要达到良好体能的目标可能在某些方面与一个想在体操项目比赛中成功的16岁的年龄运动员相同，但他们在发展体能的成分方面完全不一样。55岁的人更关心像心肺耐力、柔韧性、肌肉耐力和身体成分等与健康有关的体能成分，在这四个方面的改善会使其精力充沛地从事每日的活动任务。相反，16岁的体操运动员不但要重视上述四个成分的发展，而且更要提高力量、速度、平衡和灵敏等体能成分，如果不特别重视这些体能成分，他就不可能在比赛中取得好成绩。

以往，我们对体能的概念并不清楚，我们更不知道与健康有关的体能和与动作技能有关的体能有什么区别，这也是我们在体育教学中虽也重视学生的身体素质练习，但学生的体质和健康水平并没有提高的原因之一。今后，我们的体育课程如果要真正从增进学生的健康考虑，我们就应该有针对性地侧重发展学生与健康有关的体能。

第三节　体育活动对增进学生健康的作用

众所周知，体育活动对增进学生的身体健康有积极的作用，但体育活动对改善学生心理健康和社会适应能力的作用我们的学生还并不十分清楚。实际上，体育活动既是一种身体活动，也是一种心理活动和社会活动，因此，体育活动既能促进学生的身体健康，也能改善学生的心理健康和社会适应能力。虽然，以往的体育教学也谈通过体育教学增强学生的意志品质，培养学生的合作精神，但只是谈谈而已，只是一种口号，并没有在体育教学中得到具体的落实。今后，体育课程更要注意有意识地通过体育教学的手段和方法改善学生的心理健康和社会适应能力。那么，我们首先要充分了解体育活动对改善人的身体健康、心理健康和社会适应能力究竟有哪些作用，下面将做简要的阐述。

一、体育活动对学生身体健康的影响

（一）体育活动对运动器官的作用

人体在进行走、跑、跳、投、举重物等各种体育活动时总会发生身体与外界环境以及身体各部位之间位置上的变化。这些变化是以肌肉收缩为动力、以骨为杠杆、以关节为运动轴才能发生的。所以，我们把人体的肌肉和骨骼（骨与关节）称为运动系统。

正常成年人共有200多块大小及形状不一骨头，连同关节组成人体的骨骼。骨骼起着支撑人体和保护脑、脊髓、心肺等内脏器官的作用。骨除了有造血功能外，还具有抗弯、抗断、抗压的特征。经常参加体育锻炼能加快骨的生长。骨骼的生长发育直接影响着人体的高度和宽度。骨是在生成与破坏的对立统一中长粗的，骨髓腔内破骨细胞不断地破坏与吸收骨质，使骨髓腔扩大，骨膜内的成骨细胞又不断地分化形成的细胞使骨加粗。青少年时期，骨骼尚未完全骨化，有许多软骨存在。在长骨的骨骺与干骨后端之间存在着软骨叫骺软骨，骺软骨不断增生和骨化，使骨的长度不断增加，大约到25岁以后，骨化过程停止，骨不再增长。青少年时期骺软骨生长速度很快，尤其以四肢最为明显。体育锻炼能加强血液循环和新陈代谢，从而促进骨的生长发育，骨长得更长更粗。X线观察证实，投掷运动员的掷臂，网球、乒乓球运动员的握拍臂，其肱骨均比对侧粗大，这些特征都说明了骨的生长发育与经常的运动有关。据有关资料显示：经常参加体育锻炼的青少年比同年龄组的青少年身高平均高出4～7 cm。所以，体育锻炼能使青少年长得更高更宽，形体更美。此外，经常参加体育锻炼的人，由于骨密质的增粗，骨小梁的排列会根据压力和张力的变化更整齐而有规律，关节厚度、可压缩性、接触面的增加，结缔组织和细胞间质的营养性肥大，肌腱和韧带体积的增大均能增强骨的抗弯、抗断和耐压能力。青少年时期若长期伏案作业而又缺少体育锻炼则不利于骨骼的正常发育，甚至导致骨骼的畸形发展。所以体育锻炼和保持正确的行走、站立和坐的姿势对骨骼的良好发育起重要作用。

人体的肌肉共有639块，分布在人体的各个部位。位于骨骼上的肌肉叫骨骼肌。每块骨骼肌由肌束群组成，每条肌束包含有上千根肌纤维（即肌细胞）。人体内的肌纤维数量在出生后4～5个月就固定下来，以后不再变，但其粗细在一定条件下是可以发生变化的。经常从事体育运动能使肌纤维变粗，体积增大。有训练的男子可增长4 cm或更多，女子约增长0.6 cm左右，因此显得体魄健壮、结实、匀称有力。体育锻炼还能使肌肉中的肌糖原、肌红蛋白等基本物质的含量有所增加，从而提高肌肉的收缩能力。由于肌红蛋白具有与氧结合的作用，所以肌红蛋白的增加又有利于增加肌肉内氧的贮备量，使肌肉在供氧不足的情况下提高持续工作能力。体育锻炼还能使原动肌、协同肌和对抗肌之间的功能发挥趋向于更协调、更精确、能量更节省，肌肉工作时间增加，效率提高。所以，体育锻炼是增强肌力，提高肌肉收缩速度，并使肌肉具有长时间工作能力的有效手段。

（二）体育活动能改善呼吸系统的功能

人体的一切活动都需要消耗一定的能量，这些能量都来自于各种营养物质，而这些营养物质要转化成供机体活动的能量，必须经过氧化，并产生二氧化碳。人的全部生命活动不能离开氧气，同时，也不能不把二氧化碳排出体外。人不断从外界摄氧，又不断从体内排出二氧化碳，这一过程称为呼吸。呼吸是一种气体交换过程，这种交换在体内有两个部位，一个部位在肺部，叫外呼吸，一个部位在细胞和组织液间，叫内呼吸。呼吸系统包括肺和呼吸道，气体交换主要在肺内和组织内进行。呼吸时，胸腔扩大和缩小的动作称为呼吸运动。

人体在体育锻炼过程中，由于机体的紧张工作，使呼吸加深加快，更主动，会吸进更多的氧气，排出更多的二氧化碳，从而使得肺活量增大，残气量减少，肺功能增强。经常运动能增强呼吸肌的力量和耐力，使胸廓活动扩大。一般人在做深吸气时胸围只比深呼气时多 5～7 cm，而经常锻炼的人则多 7～11 cm，运动员可达 9～15 cm。经常锻炼的人安静时的每次呼吸量要比不经常运动的人来得多，而每分钟的呼吸频率却比一般人少，呼吸深而慢，每分钟 8～12 次甚至更少，这也是由于胸廓活动范围扩大的结果。我们常常用肺活量作为衡量肺功能的指标。所谓肺活量是指人体尽全力吸气后再尽全力呼出气体的总量。据 1985 年对我国学生体质健康的调查结果显示：我国汉族男大学生的肺活量平均值为4 200 mL，经常参加体育锻炼的人肺活量可增加到5 000 mL，游泳和划船运动员高达7 000 mL左右。

（三）体育活动能改善神经系统的功能

人类在生活、劳动和体育运动中，通过运动器官与内脏器官的协调活动，实现各种复杂的生活、劳动和运动技能，而这些技能的获得和熟练都是通过实践在中枢神经系统作用下日益完善的结果。

反射是神经系统对机体实现调节功能的基本活动形式，来自人体内外环境的各种刺激作用于人体表面或内脏的各种感觉神经末梢即感受器，感受器便产生兴奋，兴奋沿着感觉神经（传入神经）传入神经中枢，引起神经中枢的兴奋，并进行综合分析，再发出冲动，沿运动神经和植物神经（传出神经）传到分布在人体表面和内脏的运动神经末梢装置即效应器，机体就产生各种行为或内腔器官活动的变化，对内外环境刺激做出应答性的反应，这就是反射活动。

经常参加体育锻炼能使神经系统的形态结构和机能得到更好的发展。研究证明长期用左手能发展大脑右半球的优势，体积比左侧半球大；长期用右手使大脑左半球占优势。由此可见，运动能促进神经系统发展。从刺激作用于感受器起，到效应器开始活动时止，所经历的时间称反射时，经常参加体育锻炼能缩短这个过程所需要的时间，动作就显得敏捷。经常参加体育锻炼，能改善血液循环的机能，向大脑输送更多的血液，提高大脑工作的持久性和稳定性。经常参加体育锻炼还能提高感觉器官的功能。感觉器官是接受信息的器官，如足球运动员视野大，不仅观察的范围大，而且观察得细，也就是观察能力强，有利于更正确、全面地把信息送往大脑皮质进行综合分析。此外，运动对提高空间、时间感觉和本体感觉都有明显的作用。

（四）体育活动对心血管系统的影响

心血管病是当今世界上危及人类生命的头号杀手，据报道，在美国每死去的两个人中就有一个是心血管病，在我国，死于心血管病的人数亦居首位。大量研究表明，经常参加体育锻炼可促进人体的心血管系统结构发达，机能提高，从而显著地降低心血管病形成和发生的危险性。例如经常参加长跑、足球、篮球、游泳等体育运动，就能使心血管系统的结构和机能得到明显改善。

心脏的跳动是血液循环的直接动力，而体育运动对心脏活动的影响极大。激烈运动时，机体消耗的能量大，大量储存在肝脏、脾脏中的血液进入血管，肌肉中的毛细血管大量开放(比安静时增加30多倍)，血液循环速度加快，这样就大大增加了心脏工作的负担，如，心跳频率加快，每分钟可达160次～170次，甚至更多，每搏输出量可由安静时的60～80 mL提高到150～200 mL，每分输出量也大大增加，等等。这样必然使心血管系统的结构和机能发生一系列的变化。例如：①心肌纤维变粗，重量增加，心脏直径扩大，容量扩大。我们常把这种变化称为心脏运动性肥大。②心脏功能提高。脉搏是衡量心脏功能的指标之一。正常人安静时的脉搏每分钟约在70～80次，青少年的脉搏高些。经常参加体育锻炼的人可使脉搏频率降低，优秀运动员甚至可以降低到40～50次/分。这是心脏收缩强而有力的表现，增加了每搏输出量，所以心脏心率的频率减少。正常人安静时的每搏输出量约60～80 mL，每分输出量约为4.5～6.0 L。经常锻炼的人安静时的每分输出量和一般人没有什么区别，但由于安静时的心跳频率比一般人少，说明每搏输出量大，约达100 mL左右。在机体承担一定强度的负荷时，经常参加体育运动的人会表现出迅速动员心血管系统的功能，以适应运动的需要，并能发挥心血管系统的最大机能潜力。由于经常锻炼，血管弹性度增大，这有利于血液的回流，保证心室的每搏血输出量，心脏不易疲劳，运动后恢复快。

(五)体育活动会提高消化系统的功能

体育锻炼会增强体内营养物质的消耗，使整个机体的代谢增强，从而提高食欲。此外，体育锻炼还会促进胃肠蠕动和消化液分泌，改善肝脏、胰腺的功能，从而使整个消化系统的功能得到提高，为人的健康和长寿提供良好的物质保证。

(六)体育运动对内分泌免疫功能的影响

适宜的体育运动可以调节内分泌活动，提高人体的免疫功能。但若运动不适宜，如运动强度过大或运动时间过长，则可破坏人体的免疫系统，使免疫功能下降。总之，长期坚持适宜的体育锻炼，可以有效地提高人体的免疫能力，促进身体健康。

总之，“生命在于运动”，健康必须锻炼。在生活中人们通常用“活动、活动”来表示锻炼，从某种意义上讲，就是说要活就得动。但是，人们在说这话时并不知道“运动也可危害健康”！这是为什么？我们人体在运动过程中，机体会产生一系列生理、生物、信息变化反应，这一变化的结果既可以增进健康，也可以危害健康。因此，世界卫生组织把增进健康的锻炼称之为“安全阈”，下限为安全界限，上限为显效界限(提高成绩)。

什么是“安全阈”：美国运动医学学会近年来研究表明，保健运动适宜的运动负荷为个人最大负荷的60%，也就是说一般脉率控制在130次/分左右，每次锻炼20～60分钟，每周4次以上。主要原因是人体在直立位，脉搏在130次/分左右时，心脏每搏输出量是最大的。美国卫生保健专家库伯也曾研究报道过，心脏每搏输出量最大的时候，也是心脏锻炼效果最好的时候。因此，锻炼的“安全阈”就以心脏每搏输出量最大的运动负荷来定。

二、体育活动对学生心理健康的影响

(一)体育运动能改善情绪状态

情绪状态是衡量心理健康的最主要的指标。情绪为客观事物与人们需要的关系所决定。如果来自客观世界的刺激满足人的某种需要,就会引起愉快的情绪体验。反之,妨碍与干扰需要的满足过程,就会引起不愉快的情绪体验。虽然情绪是一种主观的体验,但它是客观事物的反映,来自客观世界的刺激越丰富,引起的情绪体验就越多、越强烈和越复杂。体育运动本身蕴藏着很多对人的各种刺激,如克服困难、竞争、冒险、把握机会、追求不确定结果、达到目标、控制、成功、挫折等,这些都能引起人的各种相应情绪体验。因此,通过丰富多彩的体育活动可以使个体在情绪体验中受益,改善情绪状态,转移不愉快的意识、情绪和行为,使人从烦恼和痛苦中摆脱出来。

(二)体育运动能较有效地培养意志品质

意志品质是指人的果断性、坚韧性、自制力以及勇敢顽强和主动独立等精神。意志品质既是在克服困难的过程中表现出来,又是在克服困难的过程中培养起来的。由于体育运动是在学习、锻炼以及反复练习过程中不断追求并克服主观困难(如胆怯和畏惧、疲劳和运动损伤等)和客观因素(如气候条件的变化、动作难度或意外的障碍等),在克服各种困难中磨炼意志、增强自信心和自制力,这样就能培养青少年自强、自信、自尊、自重、勇敢、顽强和拼搏性格,形成良好的意志品质,并能将之迁移到日常生活、学习中去。

(三)体育运动能较好地消除疲劳

疲劳是一种综合性症状,与人的生理和心理因素有关。青少年学生在持续紧张的学习过程中,其身心负荷压力过大,或是在情绪消沉的情况下,会很快产生身心的疲劳。这种疲劳易造成神经衰弱。而经常参加适量的体育活动,也称积极性休息,比消极性休息(如静坐等)对消除疲劳,保持良好的情绪状态都有更好的效果。

(四)体育运动对个性发展的影响

人的个性一方面受先天遗传因素的影响,另一方面更主要是受后天环境的培养锻炼。体育运动对个性的发展有着不可忽视的作用。有关研究表明,对体育运动有很大兴趣的人,在性格特征上比对体育运动兴趣低的人更显示出积极的、外向的和很少有神经官能症倾向的特点。从某种程度上说,体育活动对于青少年是一种不受约束的活动,有一种轻松自在的感觉,即使是在游戏和活动中需要遵守一定的纪律和规则,需要一定的意志力,这也完全出自于自主和自觉。这有利于培养学生的主体感和自主性,有利于创造出一种学生自我设计的环境,并使他们获得一种满足感,看到自己的能力和成果,提高他们的自信心和进取心,从而使学生的独立性和社会性得到更好的发展。

(五)体育活动能有效地治疗心理疾病

体育活动已经被公认为是一种良好的治疗心理疾病的方法。美国的一项调查显示,1750名心理医生中,80%的人认为体育活动是治疗抑郁病的有效手段之一,60%的人认为应将体育活动作为一种治疗方法来消除焦虑症。

过去几十年的体育教学中,尽管我们也把发展学生的心理健康作为教学目标之一,但在实际的教学中只是一种副产品，体育教学的任务主要还是体现在掌握“三基”和增强体质上。现代体育教学已经把增进学生的心理健康作为体育课程教学内容的重要组成部分，并且在实际的教学过程中予以贯彻和落实。

三、体育活动对培养学生社会适应能力的作用

学生从事体育活动并接受体育教育，既增强体质、锻炼了意志、陶冶了情操，又培养了交往、合作和竞争意识，这对提高青少年的社会适应能力具有特殊的重要意义。

（一）体育活动有助于人际交往

人际交往是指社会活动中人与人之间进行信息交流和情感沟通的联系过程。体育活动能增加人与人接触和交往的机会。通过参与体育活动，在与人交往的过程中，可以消除寂寞和孤独感，解除烦恼和痛苦，并逐渐培养与人和谐相处的能力。有研究表明，外向性格者比内向性格者的社会交往需要更强烈，而这种社会需要通过体育活动（球类、跳舞等集体性活动）可以得到满足。性格内向者更应该参与集体性体育活动，使个性逐步得到改变。

研究表明，个体坚持体育锻炼的一个重要原因是为了与他人交往或参与群体活动。布拉尼（Branley）认为个体参与群体活动可增加群体认同感、社会强化、刺激性及参与活动的机会。参与体育活动者要比中途退出者更能与他人形成亲密的关系。

女性坚持体育锻炼似乎更与体育活动的社会特征有关。美国有一项研究显示，62%的女性喜欢与朋友一起进行锻炼，而男性只有26%。25%的女性和18%的男性认为，与同伴一起练习是自己坚持体育锻炼的重要原因之一。斯蒂芬（Stephens）等人研究表明，在他们所调查的加拿大被试中，18%的女性和12%的男性认为，不与他人一起练习就会阻碍自己继续参加活动。此外，35%的女性和24%的男性将社会交往看成是坚持体育锻炼的重要原因。一些研究认为，青少年参与运动的程度与家庭成员、好朋友的参与运动程度紧密相关；好朋友的参与运动程度比家庭成员的参与程度更能影响青少年参与运动的程度。

由此可见，体育锻炼不仅能促进人的社会交往活动，而且体育活动的社会交往特性又会吸引人参与和坚持体育锻炼。

（二）体育活动有助于培养学生的合作精神

合作是建立在团体成员对团体目标认识相同的基础上。在合作的社会情景中，个人所得有助于团体所得。合作的优越性体现在个人与他人一起工作时所获得的社会效益，如增加交流、相互信任等。在一些相互依赖性的任务（如篮球运动等）中，合作会使活动变得更为有效，因为团体要获得成功，团体成员就必须相互协作、共同努力。

现代社会需要具有合作精神，一个人的力量微不足道，一个人要想在社会中取得成功和成就，就需要与他人合作，需要得到他人的帮助，孤军奋战，难成大业。

合作能力既是体育活动参与者必备的素质，也是通过体育活动能够得到发展的能力。从事体育活动，特别是从事集体性的体育活动，需要个体与他人通力合作，这不但使集体的目标得以实现，而且个人的作用也能充分地发挥。

经常性地参加体育活动，特别是参与集体性的体育活动，有助于个体加强合作意识，有助于个体培养团队精神。

（三）体育运动有助于培养青少年的竞争意识

竞争是体育运动的主要特征之一。现代社会竞争越来越激烈，通过体育活动培养青少年学生的竞争意识和能力，有助于他们走出校门、走向社会后能更好地适应社会。

在体育运动的各种竞赛中，既有对自己运动能力的挑战，也有与他人的争胜；既有人与人之间的竞争，也有团体与团体之间的竞争。这是体育运动的本质特点和吸引力所在。因此，经常投入到体育活动这种竞争环境中，对培养和锻炼人的竞争意识具有重要的意义。但值得注意的是，在运动中与他人竞争时，要有良好的体育道德，争胜主要是靠自己的能力，而不是通过不择手段的伤害他人来达到，要通过竞争来培养自己积极进取、顽强拼搏的精神。

第二章　体育锻炼的原则、方法与注意事项

第一节　体育锻炼的原则

一、体育锻炼的基本原理

体育应该是一个确有实效，而又能不断提高的实践活动。体育锻炼则应是人们所进行的、有效的、合理的身体活动。而要使这种身体活动有效和合理，就必须遵循一定的依据，这种依据就是所谓的体育锻炼的原理。因此可以说，体育锻炼原理并没有概念上的意义，它只是从体育锻炼实践中产生出来的具有原则意义的理论。这种理论是多方面的，以下做一简要的介绍。

（一）刺激与适应性的改变和增强

体育锻炼实际上就是对身体施加的一种运动刺激。在运动的刺激下，引起了机体的多种反应，并随着刺激次数的增加与时间的延续、负荷量与强度的增长，使人体在形态、机能、素质、体能等方面，产生适应性的变化和增强。原则上讲，有了这种刺激，人体才可能产生这些变化；没有这种刺激，人体就不可能产生这些变化。

（二）运动疲劳与疲劳恢复

体育锻炼的过程就是：运动—疲劳—休息—恢复。有人讲“没有疲劳，就没有锻炼”，这话是有一定科学道理的。运动中只有出现疲劳，才可能通过休息，使体力得以恢复，进而提高身体对疲劳的耐受力。例如，在长跑锻炼中，一个人在开始的一段时间里跑一千多米就感到体力不支，而他通过一个时期的锻炼，能跑两三千米仍不感到十分疲劳。可见，人的体力及各种运动能力，必须通过运动所产生的疲劳锻炼才能得以增强和提高。所以，我们不应害怕疲劳，担心自己的体力会用完。我们应该明白，这种现象在运动生理学中叫作“超量恢复”。所谓“超量恢复”，是指人体通过一定量与强度的运动刺激，使机体出现疲劳，而在休息之后，机体的代谢能力与体力状况，可以恢复到比运动前更高的水平之上。人的各种运动素质与体能，就是在这种“超量恢复”的多次出现与重复中提高起来的。在体育锻炼中，我们应有意识地运用这一规律，以增强锻炼的效果。

（三）能量消耗与营养补充

运动必然要消耗体内更多的能量物质。因此，运动后就必须注意营养物质的补充，这样才能使体内的机能代谢逐步提高到新的水平上。这不仅能够加强人体对营养物质的吸收和利用，而且可使体质的增强得到充分的物质保障。

（四）用进废退

人的各种运动能力，人体各组织、器官、系统的生理机能，无一不遵循着“用进废退”的自然法则。就拿我们大、中、小学体育教材中都有的“前滚翻”动作来说，其实这是还不会走路

的幼儿在床上很容易做出的动作。然而，在大学的体育课上，却有学生做不出这一简单动作，而有的学生却能很快地学会头手翻、前手翻，甚至更为复杂的动作。这不能不使我们吃惊地看到，人的各种原本就有的运动能力，是能够在不使用、不锻炼中渐渐消退的，而这些能力又能在经常的锻炼中得到惊人的提高和发展。这就是游泳运动员的肺活量为什么会比一般人大得多、球类运动员的反应比一般人快得多、体操运动员又能做出令人叹为观止的难新动作的最基本道理。人们常讲："生命在于运动"，这句话是颇有哲理性和科学性的。

二、体育锻炼的基本原则

体育锻炼的原则主要是体育锻炼客观规律的反映，是体育练习者从事体育锻炼实践，达到理想效果所必须遵循的基本原则。在体育锻炼的过程中，只有正确地理解和运用体育锻炼的原理，才能使体育锻炼获得最佳效果。

（一）自觉性原则

自觉性的原则是指体育锻炼者应有明确的锻炼目的，是要有"善其身者无过于体育"的思想认识，自觉积极地进行体育锻炼。毛泽东同志在《体育之研究》一文中指出："欲图体育之有效，非动其主观、促其对于体育之自觉不可。"也就是说，要想收到体育锻炼的预期效果，必须以主动积极的态度，自觉地坚持锻炼才行。

贯彻自觉性的原则，应注意以下几点：

1. 要做到自觉锻炼，首先必须明确锻炼目的。学校是培养人才的地方。学生都应遵照"坚持四项基本原则"和德、智、体全面发展的教育方针，把自己锻炼成为一个有理想、有道德、有文化、有纪律的人，将来更好地为四个现代化和人类的进步事业多做贡献。一个人只有树立起这一远大目标，才能使体育锻炼更具有长久的动力和自觉性。另外，参加体育锻炼更多的是带有直接目的和动机的。例如：为了丰富文化生活、调节情绪、活泼身心、陶冶情操、锻炼意志等，或是为增进健康，促进身体的正常发育和塑造一个健美的形体，以及防病治病等。不管带着哪种目的和需求，只要是有目的地去锻炼，这种锻炼就更具主动性和自觉性。

2. 应充分认识体育锻炼的特点和作用。体育锻炼的内容与形式是多种多样的，每个人都可以选择自己较喜爱的运动项目和形式，并有意识地培养锻炼的兴趣。当一个人对体育锻炼产生兴趣之后，他进行锻炼的情绪才是高涨的，感受才是积极的。但是，仅仅停留在兴趣阶段是不够的，而是应从兴趣入门，逐渐形成一种自觉行动和良好的体育锻炼习惯。

3. 要使锻炼更具自觉性，还应经常检验锻炼的效果。如定期测试一下身体素质、形态、某些生理机能指标和运动成绩等方面的增长、变化及提高情况，也可用饮食、睡眠、精神状态以及学习时的注意力等情况的对比来检验锻炼的效果。这样不仅可以检查锻炼方法是否得当有效，而且，还可以看到锻炼的成效，从而使体育锻炼的兴趣与信心进一步增强，自觉性更加提高。

（二）循序渐进原则

循序渐进原则是指体育锻炼的内容、方法和运动负荷等，必须根据人对事物的认识规律、动作技能形成规律和生理机能的负荷规律，由小到大、由易到难、由简到繁、由低级到高级地逐步进行。在体育锻炼中，最忌急于求成，想"一口吃成大胖子"，这样只能事与愿违，甚至还会造成伤害事故或给身体带来某些生理损伤。因此，进行体育锻炼时，学习动作要由易到难，运动量由小到大，运动强度（刺激强度）应由弱到强。同时，还应根据年龄、性别、身体素质水平，因人而异地安排练习的内容，这样才能收到良好的效果。

（三）全面性原则

全面性原则是指身体锻炼应全面发展身体的各个部位、各器官系统的机能、各种身体素质和活动能力，追求身心的和谐发展。

体育锻炼，不仅应包括不同身体部位的活动，更重要的是应该包括多种项目和不同性质的活动，进行全面锻炼。身体各系统都是相互联系、相互制约的，身体某一方面的发展必然会影响到其他方面的发展，而全面发展，就能相互促进、共同提高。目前，大学生年龄多处在17～23岁之间，为身体发育逐渐成熟的阶段，具有一定的可塑性。因此，在体育锻炼中贯彻全面性原则尤为重要。

从体育项目对人体锻炼的作用来看，也是有所侧重的。如短跑主要是发展速度；投掷、举重主要是发展力量；长跑则侧重于发展耐力；球类则以发展灵敏性、协调性为主。所以进行全面锻炼就能使身体素质获得全面发展，使其能更快地掌握运动技术和技能，增强体质。

（四）经常性原则

经常性的原则是指身体锻炼必须持之以恒，使之成为日常生活中的重要内容。

我们做什么事情都要有恒心，体育锻炼也是这样。运动技术的形成和提高，人体各组织系统机能的改善，是肌肉活动反复多次强化的结果。锻炼不经常，后一次锻炼时，前次锻炼的痕迹已经消失，失去了累积性的影响作用，因此效果也就很小，甚至不起作用。同时，运动技能的形成，人体结构、机能的改善，身体素质的提高，都受着生物界“用进废退”规律的制约。不经常锻炼，已取得的效果也会逐渐消退。俗话说，“拳不离手，曲不离口”，所提示的就是这个道理。

上述锻炼身体应遵循的几项原则，是互相联系、互相制约的。只有科学地、有目的地、全面地贯彻这些原则，才能不断增强体质，取得预期效果。

第二节　体育锻炼的方法

一、体育锻炼的方法

体育锻炼的方法很多，这里仅将常用的几种方法介绍如下：

（一）提高身体素质的方法

它是最基本和常用的练习方法。运用这种方法能有效地提高身体素质，提高基本活动能力，促进内脏器官的功能，增强体质。

身体素质练习包括：力量、速度、耐力、柔韧和灵敏性的练习。其中力量、速度、耐力尤为重要，现作简要介绍：

1. 发展力量的因素及发展力量的方法

（1）负荷。实践证明，开始练习时以身体最大负荷的60％～70％进行练习，增长力量效果最好，随着练习水平的提高，负荷量应不断增加。

(2)动作速度。在力量练习中,动作速度不同,练习效果也不同。如投掷需要爆发力,短跑需要快速力量,它取决于肌肉收缩的力量与速度。这就宜采用较少的负荷做快速的运动。

(3)训练间隔。开始训练时以隔日训练为好。实践证明,隔日训练的力量增长为77%,而每日进行力量训练增长只有47%。每次练习间隔以3～5 min为宜。

发展力量的内容(手段)很多,常见的有投掷重物、举重、引体向上、双臂屈伸、俯卧撑、跳跃、负重下蹲、负重跳等。

2. 发展速度的方法

(1)提高步频。主要是通过加快运动中枢兴奋和抑制的转换速度来提高的。

(2)增加髋关节柔韧性和腿部力量的训练来加大步幅。

其练习内容有高抬腿跑、小步跑、加速跑、跨步跑、后踢跑、折返跑、斜坡跑等。

3. 发展耐力的方法

进行耐力练习应注意以下几个因素:

(1)心、血管的负荷量。为了提高耐力,使身体处于较长时间的运动状态下而不产生疲劳,首先应提高心、血管的机能,赋予心、血管系统一定的负荷和持续时间。在体育锻炼中应使负荷量达到心、血管系统最大功能的70%,并要求至少持续5 min。

(2)运动时应有一定的间隔时间。每次负荷之间的间歇时间,一般是以脉搏频率恢复到120～130次/min,再进行下次负荷练习为宜(通常需要3～4 min)。

(3)动作速率,即跑的速度。一般来说,进行中速运动或者是匀速跑步而脉搏保持在150次/min的训练对耐力的增长较为有效。其练习内容有定时跑、折返跑、中长距离跑、马拉松跑、越野跑和爬山等。

4. 发展灵敏的方法

(1)提高神经系统的功能。即通过信号刺激的训练提高大脑皮层的反应能力。

(2)增加力量素质。肌肉力量强大可使动作迅速、灵敏。

(3)熟练地掌握运动技能。消除动作的紧张和僵硬,达到动作灵敏而协调、精确、省力。

发展灵敏素质应采用多种方法练习。常言道:“熟能生巧”。动作技能掌握得愈多、愈熟练,就愈灵敏。体操、技巧、各种球类活动、游戏以及一些专门性辅助练习,都是发展灵敏素质的有效手段。

(二)民族形式的锻炼方法

民族形式体育是指具有民族传统和民族特点的体育项目,如我国的武术、气功等,后面将作专门介绍。

1. 武术。武术运动不受场所、器材、条件等因素的限制,运动量可大可小,内容丰富多彩,是我国的优秀文化遗产。它动作结构、技术要求、运动风格和套路特色各有不同,有较大的锻炼价值,适合不同年龄、性别和体质的人进行锻炼,深受群众喜爱。

初学武术,应从基本功入手,学会一些简单的套路,边学套路边练基本功,经过一段时间练习后再学较复杂的套路和器械,然后再学些对练。这样就能培养自己的兴趣、爱好,并逐步提高和巩固武术的运动技术水平。

2. 太极拳。太极拳是一种合乎生理规律的柔和、缓慢而轻灵的拳术,它不仅在我国流传甚广,在国外也广为传播。现已成为人们增进健康、防病、治病的医疗体育之一。

3. 气功。气功是我国医学宝库的珍贵遗产,是一种具有民族特色的医疗保健体育。

气功是一种通过练习者发挥主观能动作用，对身体进行自我锻炼的良好方法，是一种有效的"生理学预防疾病"的措施。任何一种气功的锻炼方法，都是从调身(调整身体形态)、调息(呼吸)、调心(神经状态)入手。长期坚持气功的练习，可以促进大脑皮层抑制的保护作用和降低代谢生理状态的保护作用，提高调整身体异常的反应能力，改善生理机能的自我控制能力，增加对腹腔的"按摩"作用。

(三)利用自然因素锻炼身体的方法

人们赖以生存的自然界是千变万化的。人们为了生活和生存，对自然界的适应能力也是很强的。同时，自然界也包括许多对人体健康十分有益的因素。也就是说，人体不仅要适应外界环境的变化，而且还应该利用各种自然条件进行锻炼，以进一步提高对外界的适应能力，增进健康和增强体质。

1. 日光、空气、水对锻炼身体的作用

日光、空气、水等自然条件，对身体健康具有重要意义。如日光，对机体的作用是多方面的，其中紫外线具有杀菌、抗佝偻病等作用，又能提高皮肤抵抗力和关节的活动性。红外线能起温热作用，提高新陈代谢、改善组织营养等。又如气温、湿度、气流对皮肤的刺激，特别是低温的刺激，通过神经的发射作用，改善体温调节系统，促进血液循环。还有空气的阴离子，对人体神经系统、血液循环、呼吸及内分泌活动等，都能产生良好的刺激作用。因为机体对外界环境具有巨大的适应性，变化了的环境条件作用于机体，大脑皮层立刻进行调节，使机体适应变化了的外界环境，保持机体与环境在新的条件下的平衡。新的刺激，又形成新的反射，从而进一步提高机体的适应能力。

日光、空气、水在我们生活中接触机会很多，由于城市中阳离子含量高，阴离子含量少，加之"三废"的污染，不利于人体健康，因此应该多组织一些野外活动。

水浴，主要是利用水的温度、机械力和化学作用来锻炼身体。水浴可以分为冷水浴、温水浴和热水浴。温水浴能起降低神经的兴奋性、减弱肌肉张力、扩张皮层血管等作用，能加速消除疲劳。尤其是热水浴效果会更加明显。冷水浴对健康更为有益，特别是对增强心脏血管系统和呼吸系统效果显著，还有促进消化系统的功能和改善体温调节的机能。另外冷水浴不仅能提高新陈代谢机能、洁健皮肤、增强体质，而且，能提高抵抗疾病的能力和锻炼意志，为适应低温严寒的自然环境创造了十分有利的条件。

2. 冷水浴锻炼方法

冷水浴锻炼应从夏天开始，每周至少练习两次以上，时间以早晨为好，坚持经常锻炼如下：

(1)冷水洗脸与洗足。初练冷水浴，可以从冷水洗脸与洗脚开始，特别是洗脚，应泡在水中一至数分钟，用以提高对冷刺激的适应能力，每天最好晨起用冷水洗脸，睡前用冷水洗脚，洗后擦干。

(2)冷水擦身。冷水擦身伴随按摩动作，对初练者更为适宜。在擦身过程中，要不断地把毛巾在冷水中浸泡拧干再擦，擦身可作为淋浴、浸浴、冬泳的过渡。也可单练擦浴，每天最好睡前进行。

(3)淋浴与冲洗。淋浴的水温，开始不要过低，在锻炼过程中可逐步降低，最后用冷水冲洗。冲洗前先用冷水拍打胸部，再淋上肢，然后从头向全身冲淋，时间不要超过一分钟。经过一段时间锻炼后，再逐步延长时间，每天早晚均可进行。从夏秋开始，浴后用干毛巾擦遍全身。

(4)浸浴。浸浴在室内外均可进行。浸浴前先用冷水拍胸，浸水后用毛巾不断摩擦全身，特别是胸腹部要用力擦。浸泡时间根据个人情况而定，以不出现寒战为宜。浴后用干毛巾擦腰、肩、膝关节部位，擦到发热为止。

(5)冬泳。冬泳在天然水域进行，是日光、空气、水的综合利用，也是冷水浴锻炼的最好形式。下水后不能停止活动，可以进行一定强度的游泳活动，然后再在水中摩擦全身。冬泳的时间应根据个人锻炼的基础而定，以不出现寒战为标准。由于冬泳能量消耗大，每天进行时间不宜过长，并适当控制运动量。出水后应迅速擦干擦热全身，并立即穿衣。

3. 冷水浴注意事项

(1)浴前要充分做好准备活动，使身体发热；浴后要适当做整理活动，以尽快恢复温暖感觉。

(2)各种形式的冷水浴，都应从温暖季节开始，一经开始就要坚持，以免减弱效果。淋浴、浸浴、冬泳如因故中断，重新开始时，最好经过一个时期的擦浴后再继续进行。

(3)饭前饭后 1 小时内，不宜进行冷水浴，否则将会影响消化。

(4)剧烈运动和劳动后，体温较高，不宜立刻进行冷水浴，要适当休息后再进行。

(5)冷水浴虽然对某些慢性病有治疗作用，但必须征求医生意见。如有发烧、急性或亚急性疾病、严重的心脏病、严重的肺结核等病症，都不宜进行冷水浴。

(四)跑步健身法

1. 跑步对正在成长的青少年学生来讲，是发展速度、耐力、灵敏、协调等身体素质，促进运动器官和内脏机能的发展，增强体质的有效手段。对中老年人来说，跑步也是增强各器官系统的机能、延年益寿、强身祛病的最好方法。

跑步可以锻炼心脏，保持、改善心脏功能，预防冠心病。据观察，长期练习跑步的人，心肌的代谢比较正常，能保证有足够的血液供给心肌，不易发生缺血性心脏病。

跑步可以活血祛瘀，改善循环，防止下肢静脉瘀血和盆腔腹腔瘀血，从而预防痔疮和血栓性静脉炎。

跑步还能促进代谢，控制体重，预防肥胖症。

2. 跑步的方法

开始练习跑步的体弱者，可先进行短距离慢跑。从 50 m 开始，逐渐增至 100 m、200 m 以至更多。速度一般为 30～40 s 跑 100 m。体力稍好的可进行长跑，距离从 1000 m 开始，适应后再逐步增加距离，一般可增至 3000～5000 m，速度为 6～8 min 跑完 1000 m。

跑步进行时，运动量要根据跑时每分钟最高脉搏数来掌握。

二、体育锻炼计划的制订

制订身体锻炼计划，目的在于使自己的学习、工作和锻炼有一个科学合理的安排，做到德、智、体全面发展，避免盲目性和片面性。同时也便于检查锻炼效果和总结锻炼经验。

(一)制订锻炼计划的依据

1. 从实际出发。在制订计划时，要考虑主观因素和客观因素。如年龄、性别、体质、基础、场地、器材、气候、时间等因素，制订出切实可行的计划。通过反复实践，不断修改充实，使计划更科学、更完善。

2. 全面锻炼，循序渐进。在制订计划时，必须根据自己的体质条件、素质水平和爱好等，既要注意全面发展，又要注意自己的特点和弱点，既要考虑自己的爱好，又要注意锻炼的效果。在整个计划的内容安排上应遵循由简到繁、由易到难的原则；在运动量的安排上应遵循从小到大、逐步增加的原则。做到既科学又全面，既要达到增强体质的目的，又不要影响一天的学习与工作。

3. "达标"与体育课学习相结合。锻炼内容要与"体质健康标准"和体育课内容相结合，这样既能通过一段时间的锻炼，达到"体质健康标准"，又能使体育课所学内容得以复习、巩固和提高。

4. 自我监督和医务监督。在制订和执行锻炼计划时，要注意自我监督和医务监督，最好能写锻炼日记，以便及时发现问题，及时加以调整，使锻炼计划不断完善，锻炼效果不断提高。

(二)锻炼计划的内容

体育锻炼计划一般可分为长远计划、阶段计划、每周计划和每次计划。对学生来讲，做到阶段计划、周计划和每次计划就可以了。

1. 阶段计划内容

(1)确定阶段计划的时间。对学生来讲，最好以一个学期为一个阶段，这样便于安排和检查。

(2)任务和要求。根据每个人的情况，确定每个阶段的锻炼任务，如田径项目中的短跑、球类项目中的足球等。并明确要求，便于检查。

(3)内容和办法。根据自己的爱好和特长，结合季节的气候特点，逐项进行安排，并提出具体的实施办法。

(4)锻炼时间。根据课表安排，确定在什么时间锻炼，切实落实。

(5)检查措施。要制订出切实可行的检查措施及成绩考核办法。

2. 每周计划内容

(1)本周锻炼的任务和要求。确定本周以发展某项身体素质为主，及学习有关基本知识等。

(2)锻炼时间。确定早操与课外体育活动的次数及每次锻炼的时间。

(3)检查措施。星期六下午安排一定时间写锻炼日记。

3. 每次计划内容

(1)确定内容。根据每周计划确定每次的锻炼项目，拟定练习的具体动作和方法、练习的时间和重复次数等。

(2)科学分配和安排。在具体安排练习时，一般先安排重点项目。就身体素质而言，先练速度和灵敏项目；就运动量而言，先小后大；就技术而言，应先易后难；就锻炼部位而言，应当上下肢搭配。如有类似项目，应当间隔练习。

(3)写出实施办法。主要是要写出每次锻炼计划表。要包括准备活动、主要内容和整理活动三个方面，并在时间分配上也要作合理安排。身体锻炼越来越持久，体质也会逐步增强。因此，在主要锻炼内容的负荷安排上，也应逐渐增加，不能总停留在同一运动负荷上。

第三节 体育锻炼的注意事项

一、运动时做好准备活动

体育锻炼前进行充分的准备活动对于体育锻炼者来说是非常重要的,有些体育活动爱好者就是由于不重视锻炼前的准备活动而导致各种运动损伤,不仅影响锻炼效果,而且影响锻炼兴趣,对体育活动产生畏惧感。因此,每个体育活动爱好者在每次锻炼前都必须做好充分的准备活动。

(一)准备活动的主要作用

1. 提高肌肉温度,预防运动损伤。体育锻炼前进行一定强度的准备活动,可使肌肉内的代谢过程加强,肌肉温度增高。肌肉温度的增加,一方面可使肌肉的黏滞性下降,提高肌肉的收缩和舒张速度,增强肌力;另一方面还可以增加肌肉、韧带的弹性和伸展性,减少由于肌肉剧烈收缩造成的运动损伤。

2. 提高内脏器官的机能水平。内脏器官的机能特点之一为生理惰性较大,即当活动开始,肌肉发挥最大功能水平时,内脏器官并不能立即进入"最佳"活动状态。在正式开始体育锻炼前进行适当的准备活动,可以在一定程度上预先动员内脏器官的机能,使内脏器官的活动一开始就达到较高水平。另外,进行适当的准备活动还可以减轻开始运动时由于内脏器官的不适应所造成的不舒服感。

3. 调节心理状态。体育锻炼不仅是身体活动,而且也是心理活动,现在越来越多的研究认为心理活动在体育锻炼中起着非常重要的作用。体育锻炼前的准备活动即可以起到这种心理调节作用,接通各运动中枢间的神经联系,使大脑皮层处于最佳的兴奋状态投身于体育锻炼之中,

(二)如何进行准备活动

一般来说,准备活动时主要应考虑准备活动的内容、时间和量。

1. 内容。准备活动可分为一般准备活动和专项准备活动。一般准备活动主要是一些全身性身体练习,主要包括跑步、踢腿、弯腰等,一般性准备活动的作用是提高整体的代谢水平和大脑皮层的兴奋状态,减少运动损伤的发生;专门性准备活动是指与所从事的体育锻炼内容相适应的运动练习,如打篮球前先投篮、运球,跑步前先慢跑等。除非进行一些专门性运动和比赛,一般人体育锻炼时只需进行一般性准备活动,即可进行正式的体育活动内容。

2. 时间和量。准备活动的量和时间随体育锻炼的内容和量而定,由于以健身为目的的体育锻炼量较小,所以准备活动的量也相对较小,时间不宜过长,否则,还未进行体育锻炼身体就疲劳了。半小时的体育锻炼,其准备活动的时间一般为 10 min 左右。气温较低时,准备活动的时间也适当长一些,量可大一些。气温较高时,时间可短一些,量可小一些。

3. 时间间隔。与运动员正式参加比赛不同,一般人进行准备活动后就可马上从事体育锻炼,运动员准备活动后适当的休息是为了使身体机能有所恢复,以便在比赛中创造优异成绩。而一般人参加体育活动是为了增强体质,不是创造成绩,所以准备活动后接着进行体育锻炼即可。

另外，通过准备活动的时间、强度的变化，还可以调整赛前的过分紧张，有利于提高运动成绩。

二、怎样选择运动的时间

参加体育锻炼的时间主要根据个人的生活习惯、身体状况或工作性质而定，一般很难统一。但就多数体育锻炼者来说，体育锻炼的时间多安排在清晨、傍晚和晚上。不同的锻炼时间有不同的特点，练习者可根据自己的实际情况选择。

（一）清晨锻炼

许多人喜欢在清晨进行体育锻炼，这首先是由于清晨的空气新鲜，早锻炼有助于体内的二氧化碳排出，吸入较多的氧气，有利于体内的新陈代谢加强，提高锻炼的效果；其次，清晨起床后大脑皮层处于抑制状态，通过一定时间的体育锻炼，可适度提高大脑皮层的兴奋性，从而有利于一天的学习与工作。经常参加体育锻炼的人多有这样的体会，如果清晨不进行体育锻炼，一天都觉得无精打采，提不起精神；再者，早锻炼时，凉爽的空气刺激呼吸道粘膜，可增强机体的抵抗力，以适应外界环境的变化，不易发生感冒等病症。所以有人说："早晨动一动，少闹一场病。"对于清晨时间较宽松的离退休老同志来说，清晨不失为理想的锻炼时间。但是，由于清晨锻炼多在空腹情况下进行，所以运动量不要太大，时间也不宜长，否则，长时间的运动会造成低血糖，不仅影响锻炼效果，而且会使身体产生不适应。另外，对工作学习紧张、习惯于晚起床的人来说，没有必要每天强迫自己进行早锻炼。

（二）傍晚锻炼

主要适合有一定空余时间的人进行体育锻炼，特别适合大、中、小学的师生，经过一天紧张的工作后，傍晚进行一定强度的体育锻炼，不仅可以增强体质，而且可使身心得到调整。下午进行体育锻炼时，运动强度可大一些，青年学生可打球、做游戏，老年人可打门球、跑步。对心血管病人来说，下午运动最安全。医学研究表明，心血管的发病率和心肌劳损的发生率均在上午 6～12 时最高，所以，为了避免这一"危险"时辰，运动医学工作者认为，心血管病人的适宜锻炼时间应在下午。

（三）晚上锻炼

晚饭后也是体育锻炼的大好时光，特别是对那些清晨和白天工作、学习十分忙的人来说尤为如此。晚上进行适当的体育锻炼，既可以健身强体，又可以帮助机体消化吸收。晚上运动的主要形式为散步，北方一些地区在晚上集体扭秧歌，也适合中老年人的活动特点。晚上进行体育活动的时间可长可短，但一般不要超过 1 小时，运动强度也不可大，心率应控制在 120 次/min。强度过大的运动会影响胃肠道的消化吸收，同时，晚上锻炼结束与睡觉间隔时间要在 1 小时以上，否则，会影响夜间的休息。

三、体育锻炼时如何控制运动量

体育锻炼时，合理控制运动量是影响运动效果的重要因素之一。运动量太小，达不到锻炼身体的目的；运动量过大，又会引起过度疲劳，影响身体健康。所以，每位体育运动爱好者在开始体育锻炼前就应学会监测运动量的方法。体育锻炼中常见的监测运动量的方法有以下几种：

(一)测运动时脉搏

在体育锻炼时或体育锻炼后即刻测 10 s 的心率和脉搏，就一般体育锻炼者来说，运动后即刻的心率最好不要超过 25 次/10 s。脉搏次数过快，主要是发展机体的无氧代谢能力，这对一些专项运动员来说是十分重要的，但对提高身体的健康水平意义不大，而且运动量过大会增加心脏负担，可能会出现一些意外事故。即使是特殊需要，体育锻炼者运动时的心率也不要超过 30 次/10 s。

(二)根据年龄控制运动量

年龄与体育锻炼中的运动量有密切的关系，随着年龄的增加，人体的运动能力逐渐下降，体育活动量也应随着减小。现在，体育活动中经常用“180－年龄”的值作为体育锻炼者的最高心率数，即 30 岁的人在进行体育锻炼时其心率数不要超过 150 次/min，而 70 岁的人参加体育锻炼时的最高心率不要超过 110 次/min，这一公式已广泛应用到以健身为目的的体育锻炼之中。

(三)根据第二天“晨脉”调节运动量

“晨脉”是指每天早晨清醒后(不起床)的脉搏数，一般无特殊情况，每个人的晨脉是相对稳定的。如果体育锻炼后，第二天晨脉不变，说明身体状况良好或运动量合适；如果体育锻炼后，第二天的晨脉较以前增加 5 次/min 以上，说明前一天的活动量偏大，应适当调整运动量；如果长期晨脉增加，则表示近期运动量过大，应该减少运动量，或暂时停止体育锻炼，待晨脉恢复正常时，再进行体育锻炼。

(四)主观感觉

体育锻炼与运动员的运动训练不同，其基本原则为：锻炼时要轻松自如，并有一种满足感，这也是锻炼者进行运动量监测的一项主观指标。如果锻炼后有一种适宜的疲劳感，而且对运动有浓厚的兴趣，则说明运动量适合机体的机能状况；如果运动时气喘吁吁，呼吸困难，运动后极度疲劳，甚至厌恶运动，则说明运动量过大，应及时调整运动量。

体育锻炼对身体机能是综合刺激，身体机能的反应也是多方面的，锻炼者可根据自身条件对身体机能进行综合评价，必要时，则应在医务工作者的监督下进行。

四、体育锻炼时要注意合理的呼吸方法

体育锻炼时掌握了合理的呼吸方法，可以有效地提高锻炼效果。对于体育爱好者来说，掌握合理呼吸方法应注意以下几方面的问题：

(一)口鼻呼吸法，减小呼吸道阻力

人体在进行体育锻炼时，氧气的需要量明显增加，所以仅靠鼻实现通气已不能满足机体的需要，因此，人们常常采用口鼻同用的呼吸方法，即用鼻吸气，用口呼气。活动量较大时，可同时用口鼻吸气，口鼻呼气，这样一方面可以减小肺通气阻力，增加通气，另一方面，通过口腔增加体内散热。有研究证实，采用口鼻呼吸方式可使人体的通气量较单纯用鼻呼吸增加一倍以上。在严冬进行体育锻炼时，开口不要过大，以免冷空气直接刺激口腔黏膜和呼吸道而产生各种疾病。

(二)加大呼吸深度，提高换气效率

人体在刚开始进行体育活动时往往有这种体会，即运动中虽然呼吸频率很快，但仍有一

种呼不出，吸不足，胸闷，呼吸困难的感觉，这主要是由于呼吸频率过快，造成呼吸深度明显下降，使得真正进行气体交换的量减少，肺换气效率下降。所以，体育锻炼时要有意识地控制呼吸频率，呼吸频率最好不要超过每分钟 25～30 次，加大呼吸深度，使进入肺内进行有效气体交换的量增加。过快的呼吸频率还会由于呼吸肌的疲劳造成全身性的疲劳反应，影响锻炼效果。

（三）呼吸方式与特殊运动形式相结合

不同的体育锻炼方式对人体的呼吸形式有不同的要求，人体的呼吸形式可分为胸式呼吸、腹式呼吸和混合呼吸，在运动中呼吸的形式、速率、深度以及节奏等，必须随技术运动进行自如的调整，这不仅能保证动作质量，同时还能推迟疲劳的出现。

在进行跑步运动时，易采用富有节奏性的、混合型的呼吸，每跑 2～4 个单步一吸、2～4 个单步一呼；在进行其他运动时，应根据关节的运动学特征调节呼吸，在完成前臂前屈、外展、展体等运动时，进行吸气比较有利，而在进行屈体等运动时，呼气效果更好；在进行气功练习时，采用以膈肌收缩为主的腹式呼吸方式，效果较好；在进行太极拳、健美操等运动时，呼吸的节奏和方式应与动作的结构和节奏相协调。因此，在体育锻炼时，切勿忽视呼吸的作用，掌握合理的呼吸方法，可以有效地提高锻炼效果。

五、锻炼的饮食和饮水卫生

经常从事体育锻炼，可促进胃肠道的蠕动和消化液的分泌，对消化吸收机能可产生良好影响。但是，如果在体育锻炼后不注意饮食卫生，暴饮暴食，则会严重影响锻炼者的身体健康。

人体在体育活动时，支配内脏器官的交感神经高度兴奋，副交感神经的活动受到抑制。这种作用可使心脏活动加强，骨骼肌血流量增加，以保证体育锻炼时肌肉工作的需要，而胃肠道的血管收缩，血流量减少，消化能力下降。这种作用要在运动结束后逐渐恢复，如果在运动后立即进食，由于胃肠的血流减少、蠕动减弱、消化液分泌减少，进入胃内的食物无法及时消化吸收，而且储存在胃中，牵扯胃粘膜造成胃痉挛。长期不良的饮食习惯还可诱发消化道疾病。因此，在运动后应注意合理的饮食卫生。合理的饮食习惯应包括以下几点：

（一）不急于进食

体育锻炼后，不要急于进食，要使心肺功能稳定下来，胃肠道机能逐渐恢复后再用餐。这段时间一般为半小时，如果是下午的较剧烈体育锻炼，间隔的时间应相对更长。

（二）及时补水

与体育锻炼后进食不同，体育锻炼后的补水是可行的，只要口渴，在运动后即刻，甚至在运动中即可补水。以往人们担心运动中补水会增加心脏负担，影响胃排空，现在看来这种担心是多余的。在天气较热的情况下，大量排汗引起体内缺水，不及时补水，可能会造成机体脱水、休克等状况。所以，运动中丢失的水必须及时补充。最近的研究发现，中等强度的体育锻炼后，胃的排空能力有所加强，因此，运动后或运动中的补水是可行的。马拉松比赛途中的饮水站，也说明运动中补水是非常必要的。

（三）科学补水

补水要注意科学性，不可暴饮。体育锻炼后的补水原则是少量多次，可以在运动后每

20～30 min补水一次，每次饮水量250 ml左右，夏季时水温10℃左右，其他季节最好补充温水；饮用不同成分的饮料对人体的影响也不同。运动中排汗的同时也伴随着无机盐的流失，因此，运动后最好补充0.2%～0.3%的食盐水，也可选用橙汁、桃汁等原汁稀释饮料，不要饮含糖量过高(大于6%)的饮料，尽可能不饮用汽水。

(四)体育锻炼后的营养补充

人体在体育锻炼后，除采用休息和积极性体育手段加速身体机能的恢复外，还可以根据不同形式的体育锻炼特点，补充不同的营养物质，以加速疲劳的消除。以营养因素作为身体机能的恢复手段时，应根据不同的运动形式补充不同的营养物质。

1. 在进行力量性练习时，如举重、健美、俯卧撑等，运动中消耗的主要是蛋白质，而肌纤维的增粗、肌肉力量的增加也需要体内蛋白质的合成。所以，为了尽快消除疲劳，提高力量锻炼的效果，在进行力量练习后，应多补充蛋白质类物质。除要补充猪肉、牛肉、鱼、牛奶等动物性蛋白外，还要补充豆类等植物性蛋白，以保证机体丰富而又多品种的蛋白质供给。

2. 在耐力性练习过程中，如长跑、游泳、滑雪等，机能主要进行的是糖类物质的有氧代谢，消耗的主要是淀粉类物质，因此，在运动后可适当多补充些米、面等淀粉类物质。国外有些优秀的长跑运动员在进行耐力训练和正式比赛的前夕，有意识地多补充含糖较多的淀粉类物质，以增加体内的糖原始储备，提高训练的效果，在比赛中创造优异成绩。

3. 在进行较剧烈体育锻炼时，如球类比赛、快速跑、健美操等，机体主要靠糖的无氧代谢提供能量，糖在体内进行无氧代谢时，会产生一种叫作乳酸的酸性物质，这种物质在体内的积累，会造成机体的疲劳，并使恢复的时间延长。所以，进行较剧烈的运动后，应多补充一些碱性食物，如蔬菜、水果等，而动物性蛋白质等肉类物质则偏“酸”，在运动后的当天可适当减少。

4. 无论机体进行什么形式的运动，运动后都要补充维生素类物质，因为运动时体内的代谢加强，各种维生素都不同程度地参与体内的代谢过程。因此，运动时体内的维生素消耗增加，需要在运动后补充。体育锻炼后应多吃些含维生素丰富的食物，像绿叶蔬菜、水果、豆类及粗粮等。对于体育活动者来说，运动后一般只需补充天然维生素，没有必要补充维生素制剂。

六、锻炼后做好整理运动

在进行体育锻炼后，特别是剧烈运动后，有些人习惯坐于地上，或是直接躺下来休息，认为这样可以加速疲劳的消除，其实，这样不仅不能尽快地恢复身体机能，反而会对身体产生不良影响。

人体在进行体育活动时，心血管机能活动加强，骨骼肌肉的外周毛细血管开放，骨骼肌血流量增加，以适应身体机能的需要，而运动时骨骼肌的节律性收缩，又可以对血管产生挤压作用，促进静脉血回流。当人体在停止运动后，如果停下来不动，或是坐下来休息，静脉血管失去了骨骼肌的节律性收缩作用，血液会由于受重力作用滞留在下肢静脉血管中，导致回心血量减少，心输出量下降，造成一过性脑缺血，出现头晕、眼前发黑等一系列症状，严重者会造成休克。因此，对于体育锻炼者来说，体育锻炼后应做一些整理活动，这样，一方面可以避免头晕等症状的发生，另一方面可以通过改善血液循环，尽快消除疲劳，提高锻炼效果。在进行整理活动时应注意以下几方面的问题：

1. 在任何形式运动后都可以做一些放松跑、放松走等形式的下肢运动，促进下肢静脉血的回流，防止体育锻炼后心输出量的过度下降。

2. 通过“转移性活动”，加速疲劳的消除。所谓转移性活动是指在下肢活动后，进行上肢性整理活动，右臂活动后做左臂的整理活动，通过这种积极性休息使身体机能尽快恢复，大量研究已经证实转移性活动确实可起到加速疲劳消除的作用。

3. 整理活动的量不要过大，否则，整理活动又会引起新的疲劳。在进行整理活动时，应当有一种心情舒畅、精神愉快的感觉。如果体育锻炼本身的运动量不大，如散步等，就没有必要进行整理活动。

4. 大强度体育锻炼后，如长距离跑、球类比赛后，应当进行全身性整理活动，必要时，锻炼者之间可进行相互间的整理活动和放松活动。

第四节　运动中常见的生理反应及处理

一、极点和第二次呼吸

（一）极点

在剧烈运动时，特别在中长跑时，能量消耗大，下肢回流血量减少，氧债不断积累，当达到一定的程度时，就会出现呼吸急促、胸闷难忍、下肢沉重、动作不协调，甚至有恶心现象，这在运动生理学上称为“极点”。

（二）第二次呼吸

“极点”出现后，应适当的减慢运动速度，并注意加深呼吸，坚持下去，上述生理反应将逐渐缓解与消失，随后机能得到重新改善，氧供应增加，运动能力将得到提高，动作变得协调有力，这种现象，标志着“极点”已经有所克服，生理过程出现新的平衡，运动生理学上称之为“第二次呼吸”。“第二次呼吸”出现以后，循环机能将稳定在较高的水平上。

“极点”与“第二次呼吸”是长跑运动中常见的生理现象，无需疑虑和恐惧，只要坚持经常锻炼和处理得当，“极点”现象是可以延缓和减轻的。

二、肌肉酸痛、痉挛、疼痛

（一）肌肉酸痛

1. 肌肉酸痛的原因

运动后出现肌肉酸痛多属于生理现象，是机体对训练的正常反应。目前对运动后的肌肉疼痛有多种解释：一种观点认为体育锻炼后，肌肉出现了肌肉结构的“微”操作，这种微操作非常之微小，只有在电子显微镜下才能看到，与我们平时所讲的肌肉拉伤是不同的，这种微操作导致了肌肉的疼痛。另一种观点认为，人体在进行剧烈运动时，肌肉缺氧，使得肌糖原只有进行无氧代谢供能，以致肌肉中乳酸大量堆积而不能及时排除，乳酸刺激肌肉的感觉神经，使人感到肌肉酸痛。还有一种观点认为，运动时骨骼肌“充血”，引起肌肉内压力增加，刺激肌肉内的感觉神经末梢产生肌肉酸痛。虽然目前有关运动后肌肉疼痛的原因尚不清楚，但比较一致的观点认为，这种疼痛不是病理性的，仍可继续进行体育锻炼。

2. 肌肉出现疼痛后可采取的主要措施

(1)运动后可采用积极性恢复手段,如做一些压腿、展体等被动性牵拉活动,以使紧张的肌肉充分伸展、放松,改善肌肉组织的血液循环,以缓解肌肉疼痛,使肌肉尽快恢复。在肌肉疼痛完全消失之前,可重复这些牵拉动作,直到不适感觉完全消失。

(2)出现肌肉疼痛症状后,不要停止体育锻炼,而应当继续坚持锻炼,这样有助于尽快消除肌肉疼痛。只是运动的强度可以小一些,时间可稍微短一些,多做一些伸展性练习,坚持几天,疼痛症状就会消失。否则,如果停止锻炼,即使疼痛消失,再进行锻炼可能还会出现同样的症状,而且恢复的时间也相对较长。

(3)可配合使用按摩、热敷或冲热水澡等恢复手段,加快肌肉不适感的消除。

(二)肌肉痉挛

肌肉痉挛俗称抽筋,是肌肉不自主的强直收缩,变得僵硬。运动中最容易发生痉挛的肌肉是小腿腓肠肌。

1. 原因和症象

在体育锻炼时,肌肉受到寒冷的强烈刺激时,即可发生肌肉痉挛,常在游泳或户外锻炼时发生;有的因为准备活动不足,或者肌肉猛力收缩,或收缩与放松不协调时,均可发生肌肉痉挛;也有的因为情绪过分紧张所致。

肌肉痉挛时,会突然变得坚硬,疼痛难忍,而且一时不易缓解。

2. 处置与预防

(1)处置

对痉挛部位的肌肉做牵拉,例如腓肠肌痉挛时,即伸直膝关节,配合按摩,揉捏及点压委中,涌泉穴等,以促进痉挛缓解和消失。

(2)预防

运动前要做好准备活动,对容易发生痉挛的部位,事先应当进行适当的按摩。夏季进行长时间的运动时,要注意补充盐水;冬季锻炼时,要注意保暖;游泳下水前,应先用冷水淋浴;游泳时,不要在水中停留的时间太长;疲劳和饥饿时,不要进行剧烈的运动。

(三)肌肉疼痛

不少同学有过这样的体会,在一次运动量较大的锻炼后,或是隔了较长的时间没有锻炼,刚开始锻炼之后,往往会出现肌肉疼痛,这种酸痛不是发生在运动结束后即刻,而是发生在运动结束后 1～2 天内,因此称肌肉延迟性疼痛。

1. 原因和症状

近代生理学的研究表明,运动后的肌肉酸痛的原因是,运动时肌肉运动量大,引起局部肌纤维及结缔组织的细微损伤,以及部分毛细纤维的痉挛所致。不少生理变化的研究表明,证实了酸痛时这种局部细微损伤及痉挛的存在。由于这种肌纤维细微损伤及痉挛是局部的,故而就整块肌肉而言,仍能完成运动功能,但是存在酸痛感。酸痛后,经过肌肉内部细微损伤的修复,肌肉组织变得较以前强壮,以后同样负荷将不易再发生损伤。

2. 处理和预防

(1)当已经出现肌肉延迟性酸痛后,采取以下措施有利于酸痛的减弱或缓解:①热敷。可对酸痛的肌肉进行热敷,有助于操作组织的修复及痉挛的缓解。②伸展练习。可以对肌肉进行局部的静力牵张练习，保持伸展状态 2 min，然后休息 1 min，重复进行，每天做几次这样的练习，有助于缓解痉挛。但注意做时不可用力过猛，以免牵拉肌纤维损伤。③按摩。按摩有使肌肉放松，促进血液循环的作用，有助于损伤修复及痉挛缓解。④口服维生素 C。维生素 C 有促进结缔组织中胶原合成的作用，有助于受伤组织的修复，从而减轻或缓解酸痛。⑤针灸，电疗等手段对缓解酸痛也有一定的作用。

(2)预防

预防肌肉酸痛可以采取以下措施：①根据不同的体质，不同的状况科学地安排锻炼负荷，负荷不要过大，也不宜增加过猛；②锻炼时，尽量避免长时间锻炼身体的某一部分，以免局部肌肉负荷过重；③准备活动中，注意对即将练习时活动负荷重的肌肉活动得更充分一些，对损伤有预防作用；④整理活动除进行一般性的放松练习外，还应重视进行肌肉的伸展牵拉练习，这样伸展性练习有助于预防局部肌纤维痉挛，从而避免了酸痛的发生。

三、重力性休克

运动后由于血液积存在下肢造成脑部一时供血不足而发生的短暂性脑缺血，并发生休克，叫重力性休克。

(一)原因

运动时，下肢肌肉内毛细血管大量扩张，血液较安静时可增加 30 倍，一旦突然终止活动，下肢毛细血管和静脉便失去肌肉收缩有节律性的挤压作用，加上血液本身的重力关系，大量血流积聚在下肢舒张的血管中，回心血量减少，心输出量随之减少，使脑部突然缺血而发生晕厥。重力性休克多见于短跑和中跑运动，但也可见于自行车、滑雪、竞走等项目。

(二)征象

轻度的重力性休克，患者感到全身无力、头昏、耳鸣、黑矇、面色苍白。重度的重力性休克，发生晕厥。昏倒后，面色苍白、手足发凉、脉搏慢而弱、血压降低、呼吸缓慢。轻度晕厥，一般在昏倒片刻之后，由于脑贫血消除，即清醒过来。醒后精神不佳，仍有头昏。

(三)急救

轻度的重力休克，只要扶着走一走，促使肌肉中的血液回流到心脏，上述症状很快就会消失。

严重的，使病人平卧，足部略抬高，头部放低，松解衣领，注意保暖，用热毛巾擦脸，自小腿向大腿做重推摩和全身揉掐。如果不苏醒，可针刺或掐点急救穴或给氨水闻嗅。在知觉未恢复之前，不能给任何饮料或服药。如有呕吐，应将病人的头偏向一侧。如呼吸停止，应做人工呼吸，醒后可给予饮料，并注意休息。

(四)预防

平时要坚持体育锻炼，增强体质，提高健康水平。疾跑后不要立即站立不动，应继续慢跑，并做深呼吸，若有重力性休克的前驱征象，应搀扶着他走一段路，防止昏倒。

四、中暑——运动中暑

(一)原因和征象

1. 原因：在较高的温度下，长时间进行体育锻炼，易发生中暑，尤其在温度高，通风不良的条件下,头部缺乏保护,被烈日直接照射,容易发病。

2. 征象:中暑早期,头晕,头痛,呕吐现象,逐步发展为体温升高,皮肤干燥,严重者可以出现精神失常,虚脱,抽搐,心律失常,血压下降,甚至昏迷危及生命。

(二)处置和预防

1. 处置:首先将患者扶到阴凉通风处休息,同时采取降温消暑手段,如解开衣领,喝些清凉的饮料、十滴水,并补充生理盐水或葡萄糖生理盐水等。严重患者,经临时处理后,应迅速送医院进行治疗。

2. 预防:在高温炎热的季节进行锻炼时,应适当减少运动量和运动的时间;避免在烈日下长时间进行锻炼;夏天在室外锻炼时,应戴白色的凉帽,穿宽敞的衣服;在室内锻炼时,应保持良好的通风并备有低糖的饮料。

第三章　运动损伤的预防与急救

体育运动过程中所发生的损伤统称为运动损伤。在运动时必须做好运动损伤的预防，避免发生伤害事故，做到安全锻炼。

第一节　运动损伤发生的原因及预防

一、造成运动损伤的原因

1. 思想上疏忽

在思想上不重视运动损伤的防范，运动前没有仔细检查器械；盲目攀比，冒失进行锻炼；在练习时过分紧张等。

2. 准备活动方法不正确

忽略准备活动或不充足，未按项目特点进行准备活动，身体没能进入运动状态；准备活动过多过长，在项目训练前已感疲劳。

3. 运动技术不正确

技术上存在缺点和错误而造成的损伤较多。如学习排球传球时，如果手型不正确，容易引起手指挫伤；如腾空落地时，没有经过双膝的缓冲过程的话，易造成膝关节或踝关节等的损伤，甚至引起身体不平衡而引起意外等。

4. 缺乏保护意识

在运动时没有自我保护意识，当出现意外时没有处理的方法，器械锻炼时缺乏适当的保护，把损伤的可能性降到最低。

5. 器材和服装不合乎安全要求

场地凹凸不平，跑道不符合标准，沙坑沙量不足、有杂物；器械质量低或保养不当，安装不牢固；运动环境恶劣；运动服装、鞋不当等都会是运动损伤的隐患。

6. 负荷不合理

运动负荷过大，超过身体所能承受的负荷，会造成身体局部的损伤，如个别专业运动员超强度的训练，会造成职业病。

7. 组织纪律观念不强

违反课堂纪律或比赛规则，如任意穿梭运动场或在投掷区打闹，在非投掷区投掷等，容易引起不必要的运动损伤及意外。

二、运动损伤的预防

为了避免运动损伤和伤害事故的发生，保证正常的体育锻炼，在运动时应做到以下几点。

1. 加强安全教育

提高安全意识，培养互相帮助、互相保护的习惯，做到预防为主。

2. 做好充分的准备运动

准备活动是为了提高中枢神经系统的兴奋，以适应运动时的需要。准备活动的运动量要根据气候和运动项目的特点，有目的地开展准备运动。适宜的强度是以身体感到发热为好。

3. 要合理安排运动负荷

运动负荷的强度不够，达不到锻炼的目的；运动负荷的强度过大，超出运动极限，易造成运动损伤或意外。因此要循序渐进，合理安排科学的运动负荷。

4. 要杜绝事故隐患

要对运动场地、器材设备进行安全检查和保养，不要在有空气污染的场地上锻炼，或穿着不符合安全标准的服装、鞋子进行锻炼等。

5. 加强运动时的自我保护能力

提高自我保护能力是预防运动损伤的重要方式。应学会自我保护的方法。如摔倒时立即屈肘、低头、团身，以肩背部着地顺势滚翻，而不可直臂撑地。

6. 定期体检

对参加活动的人要进行体格检查。如患有慢性病的人，应根据医生的建议进行锻炼。禁止特殊病患者，如心脏病等参加剧烈运动或比赛。

第二节 运动损伤的处理与急救

一、运动时常见的一些生理现象

（一）肌肉酸痛

平时不常运动的人突然参加体育锻炼，或长时间中断体育活动后又参加锻炼，或是一次训练的强度过大，往往会引起肌肉酸痛。

造成肌肉酸痛的主要原因有两种：一种是由于运动造成肌纤维微细的损伤和结缔组织的损伤引起的；另一种是由于运动过量造成肌肉局部缺血而引起疼痛，疼痛又反射性引起肌肉痉挛，痉挛又使局部组织缺血加剧而造成恶性循环。

运动时肌肉酸痛，如果是由于运动强度过大，又没有做好充分的准备活动，造成肌肉损伤，这就需要暂时停止运动，进行必要的治疗。如果是由于在运动中肌肉收缩时产生大量乳酸不能及时地进行氧化和排出而堆积在肌肉中，刺激肌肉中的感觉神经末梢，引起肌肉酸痛，或是在运动时肌肉中部分肌纤维不能充分放松所导致的肌肉酸痛，则是对运动不太适应的一种正常生理反应，一般经过几天调整和坚持锻炼，身体很快适应，疼痛就会消除。不需要治疗，更不应中断运动。如疼痛厉害时，可采用局部按摩、热敷或用松节油揉擦等方法促进血液循环，以利于肌肉中乳酸的排出。适当减小运动量，运动后认真做好放松整理活动，肌肉酸痛现象便可得到缓解。

肌肉酸痛的预防：

1. 根据不同体质、不同健康状况科学安排锻炼负荷，在锻炼强度、持续时间的控制上尤其要严格遵守循序渐进的原则。

2. 做好充分的准备活动。特别是锻炼中负荷重的局部肌肉，更要充分活动开。

3. 整理运动中可加大伸展牵拉练习的内容，这有助于预防局部肌纤维痉挛。

4. 疲劳时，不宜做大强度的体育锻炼。

（二）“极点”和第二次呼吸

中长跑时，往往跑后不久一段时间内，会出现呼吸急促、胸闷、下肢沉重、动作失调甚至呕吐等现象，这种生理现象在运动生理学上称为“极点”。每个人出现“极点”的时间不完全相同。

造成“极点”的主要原因是由于剧烈运动时，骨骼肌迅速转入工作状态，而内脏器官则不能很快发挥最高机能水平，造成体内缺氧，大量乳酸和二氧化碳积聚，使植物性神经中枢和躯体性神经中枢之间的协调性遭到暂时破坏所致。当“极点”出现后，可稍微减低跑的速度，并加深呼吸，坚持跑下去，则各种不良感觉就会消失，动作变得轻松、协调、有力，作功能力又重新提高。这种现象，在运动生理学上称为“第二次呼吸”。

“极点”的预防：在运动前，充分做好准备活动，则可使“极点”出现得晚，持续时间短，身体反应较轻。加强锻炼，提高内脏器官的机能，以便使其在运动中能迅速地发挥最高机能水平。

（三）肌肉抽筋

抽筋是指人体某一部分肌肉发生强直性收缩，引起局部疼痛和活动障碍。在游泳中抽筋多发生在小腿部位。

造成抽筋的主要原因：

（1）是由于剧烈运动前，没做好准备活动，使肌肉突然猛力收缩。强烈的冷刺激使肌肉和皮肤发生急骤的收缩反应。

（2）出汗过多。在体育锻炼中（尤其是在夏天），由于大量出汗，使体内氯化钠含量过低。由于体内水盐失调，引起肌肉痉挛。

（3）肌肉收缩失调。在体育锻炼过程中，由于肌肉过于紧张，连续收缩过快、放松时间太短，造成肌肉收缩失调，导致肌肉痉挛。

（4）冷刺激。当机体受到强烈的冷刺激，可通过神经系统使肌肉兴奋性增高，产生强直收缩，导致肌肉痉挛。这就是在冬天运动或冬泳时往往容易发生肌肉痉挛的重要原因。

（5）肌肉疲劳时，局部血液循环不畅，代谢产物堆积也会引起肌肉痉挛。当肌肉痉挛时，肌肉坚硬成块，疼痛难忍，严重的一时不易缓解。

肌肉抽筋的预防：

（1）应注意运动前充分做好准备活动，这在寒冷的冬季尤应注意。运动前可对容易发生痉挛的局部进行适当的按摩。

（2）夏天运动时，要注意补充体液，最好适当喝点淡盐水。

（3）游泳入水前先用冷水淋身，使身体对冷水有所适应。水温过低时，游泳时间不要过长，尤其不能在水中停留太久，上岸后要注意保暖。

（4）疲劳时，不宜长时间剧烈运动。

（5）冬季运动要注意身体保暖。

（四）运动中腹痛

运动中腹痛多见于长跑等项目。运动过程伴有腹部胀疼、抽疼或刺疼感觉。

造成运动腹痛的主要原因是剧烈运动前没做好准备活动，使内脏器官不能适应急剧的肌肉活动，而引起腹部某些器官机能紊乱，造成局部疼痛。较持久的剧烈运动，使心脏功能降低，血液回流受阻而引起肝部疼痛；或由于呼吸机能差，呼吸与动作不协调，膈肌产生异常活动或疲劳而致痛。由于大量排汗，使体内盐分丧失过多，引起胃肠痉挛而腹疼。饭后立即进行剧烈活动，也会引起腹痛，与运动者本身患有某些疾病有关。如患有胃肠溃疡、肠结核、慢性肝炎、慢性阑尾炎等疾病者，从事不适量的运动，也会引起腹痛。

运动腹痛的预防：应加强身体锻炼，提高健康水平和训练程度；运动前做好准备活动；运动中注意呼吸与动作的配合，做好身体全面检查。运动中出现腹痛，可适当减小运动强度，按压疼痛部位，并做深呼吸运动，大多可以缓解。如经处理，仍不见效甚至疼痛越来越厉害，则应停止运动，请医生诊治。

（五）重力性休克

剧烈奔跑时，下肢肌肉活动加强，肌肉处于有节奏地收缩和舒张状态，使血液能顺利地回流至心脏，但在中长跑到达终点后突然停止下来，会影响全身血液的供应，特别使脑部血液供应暂时不足而产生暂时脑贫血。这种现象在运动生理学上称为“重力性休克”。

造成重力性休克的主要原因是在中长跑到达终点时突然停止下来的话，肌肉内的血管仍处于舒张状态，同时失去肌肉收缩对血管的挤压作用，加上重力作用有血液的影响，使大量血液滞留在下肢，不能及时回流到心脏，心脏没有足够的血液流入，也就没有足够的血液输出。造成心输出量突然减少，血压下降，因此，发生一时性脑贫血。它的症状有：眼前突然发黑，头晕，两腿软弱无力，全身发软，面色发白，心跳气喘很急，头晕，出虚汗，恶心，呕吐甚至晕倒等。

重力性休克的预防：跑步到达终点时，不能马上停下来，必须在跑达终点后，减低速度再向前慢跑一段距离，或继续慢步一段时间，然后才慢慢停下来，最好边走边做深呼吸和放松肌肉运动，这样更便于血液顺利回流心脏。最重要的是在赛跑时，要加强保护工作，如看到面色不正常、气喘很厉害，就立即去搀扶。较轻者可由人扶着慢慢走一走，症状即可消除。重度的重力性休克上述症状延续时间较长，如果不快点搀扶病者，就有突然倒在地上的危险。

（六）中暑

中暑是人体长时间在高温环境下运动或工作，而引起机体体温过高的一种反常生理现象。一般发病较急。

造成中暑的主要原因是因为较长时间接受日光照射和高温而使机体体温调节机能紊乱而引起的。出现中暑后，首先应降温，到阴凉通风处休息，喝些凉开水，或服用人丹、十滴水等药物，便能很快恢复。重者需请医生诊治。

中暑的预防：运动时应穿浅色、轻而薄、便于散热的运动服装。室内运动应注意通风。夏季运动时间不宜过长，运动量大的项目应放在上午或傍晚进行，并要注意适当的休息。做好防暑降温的准备。加强锻炼、提高身体的适应能力。

二、常见运动损伤处理

(一)肌肉酸痛

平时很少参加体育锻炼的人突然参加体育锻炼,或长时间中断了体育锻炼后再锻炼,或一次锻炼的时间过长,或锻炼的强度过大,都会引起肌肉酸痛的感觉。肌肉酸痛按出现的时间,可分为即刻痛和延迟痛两种。即刻痛是指运动中和运动后很快便能感到酸痛,一般很快可自行消失;延迟痛是运动后 8～24 h 产生的肌肉酸痛,可延续 1～2 天,甚至更长时间,故称为延迟痛。

肌肉酸痛的处理:

1. 热敷。用热水袋或热毛巾敷于酸痛肌肉部位,改善血液循环,缓解肌肉痉挛,有利于受损组织再生与修复。每次敷 15 min 以上,每天 2～3 次。

2. 按摩。应采用揉捏手法。4 指并拢,拇指分开,手成钳形。将掌心及各指紧贴于酸痛肌肉皮肤上,拇指与 4 指相对用力将肌肉略往上提,沿向心方向做旋转式移动,使肌肉放松,促进血液循环,有助损伤修复及缓解痉挛。

3. 伸展及牵拉练习。缓慢的伸展练习和静力牵张练习是缓解痉挛的一种简单有效的方法。对酸痛局部进行牵拉,保持伸展状态 2 min,然后休息 1 min,重复进行,每天多次。此法能有效缓解痉挛,减轻疼痛。

4. 口服维生素 C。维生素 C 可促进胶原合成,加速受损组织的修复。维生素 C 每日服用量为日需要量的两倍(日需要量约 300～600 mg)。

(二)肌肉痉挛

肌肉痉挛也叫"抽筋",是指肌肉不由自主地强直收缩的现象。运动中最容易发生痉挛的肌肉是小腿腓肠肌、足底的拇屈肌和趾屈肌。

肌肉痉挛的损伤处理:

1. 使患者平卧,注意保暖,对抽筋部位的肌肉做牵拉、伸展动作。一般情况的肌肉痉挛只要用外力以相反方向牵拉痉挛的肌肉并用力牵引抽筋的肌肉,使之伸长和放松。如小腿肚抽筋或脚趾向下抽筋时,可将膝关节伸直,用力将脚掌脚趾向上扳,即可缓解。还可用手指掐按小腿肚中央,并用手掌自上而下地推、揉、拍打小腿肚,帮助缓解。几分钟后痉挛即可缓解。牵拉时用力要均匀、缓慢,避免用力过度。如小腿抽筋,可足尖上翘,足跟用力蹬,并用手揉捏抽筋部位。

2. 穴位按摩。可采用重力按压、揉捏、点穴等方法进行穴位按摩,以缓解痉挛。如腓肠肌痉挛,可对季中、承山进行穴位按摩。如小腿抽筋可掐血海、承山等穴位。

3. 热敷。可使用热水袋、热毛巾等对痉挛肌肉进行热敷、保暖,促进血液循环,加快缓解。如果游泳时发生小腿肚或脚趾抽筋,应立即用两手和没有抽筋的腿仰游回岸,或仰浮水面呼救。

(三)鼻出血

鼻部受到外力打击(体育器械碰在鼻部或其他人的手臂碰在鼻部)时,鼻内的血管破裂,可能发生相当严重的鼻内出血。

鼻内出血的处理:

1. 鼻出血的病人，须暂用口呼吸，以预防因鼻部的呼吸运动而使出血程度加重。

2. 同时头要向后仰(可使伤者坐在椅上，头后部放在椅背上)。

3. 在鼻部放置冷水毛巾。

4. 如果出血还不止，可用凡士林纱布卷塞入出血的鼻腔内，这样一般就能很快把血止住。

(四)运动中腹痛

运动中腹痛多发生在各种带奔跑的项目中。产生腹痛的原因比较复杂。如饭后立即进行活动，可引起痉挛性胃痛；肠系膜受到振动牵扯，可导致绞痛；有时剧烈运动使肝、脾瘀血肿大而出现疼痛；呼吸方法不当和慢性腹部疾病也会产生腹痛。运动中腹痛多发生在左右上腹部(即肝、脾相应的部位)，疼痛的性质多为锐痛或钝痛。

运动中腹痛的处理：轻度腹痛可减慢速度继续活动，同时用手压住痛点做深呼吸，疼痛即可缓解。如仍不能缓解时，应停止运动，请医生诊治。

(五)肌肉拉伤

肌肉拉伤是指肌肉主动强烈的收缩或被动过度拉长所造成的肌纤维细微损伤、肌肉部分撕裂或断裂。在运动时，由于准备活动不足，肌肉的生理机能未达到适应活动所需要的最佳状态；或动作技术不当；或气温过低等都可能引起肌肉拉伤。

肌肉拉伤后主要症状是局部肌肉疼痛、僵硬、肿胀，有压痛感，肌肉紧张或痉挛，出现功能障碍；如肌肉断裂时，会出现皮下瘀血，局部可能触及凹凸等特殊体征。

肌肉拉伤的处理：肌肉轻度损伤，可立即对痛点进行冷敷，用海绵或棉花加压包扎，抬高患肢，使受伤肌肉置于放松位置，一天之后可施行按摩和理疗。如果肌肉已大部分或完全断裂，应在局部加压包扎，固定患肢后，立即送医院。

(六)踝关节韧带扭伤

踝关节扭伤是踝关节过度内翻或外翻而导致踝关节内、外韧带受损。如运动时身体不平衡、准备活动不足、场地凹凸不平、踢球时踩在球上或别人脚上都易造成踝关节损伤。

踝关节扭伤时的主要症状是伤处疼痛，局部肿胀，皮下瘀血，有明显的压痛，严重损伤时有出血或血肿形成。

踝关节韧带扭伤的处理：韧带扭伤后应立即给予冷敷或用医用外伤喷雾剂吹喷，抬高患肢，加压包扎，固定休息。一天后，根据伤势采用合理的方法治疗，如对伤处进行按摩、热敷等。如严重扭伤，出现韧带断裂或骨折脱位，不能乱搬伤肢，应立即送医院进行韧带接合术。

(七)急性腰扭伤

急性腰扭伤是指人在运动时，因腰部受力过重，肌肉收缩不协调或脊椎运动超过正常生理范围而引起的腰部肌肉和韧带的损伤。

发生急性腰损伤时主要症状是有明显疼感，有时会发出响声，有时会出现腰部肌肉痉挛和运动受限。

急性腰扭伤的处理：扭伤后，应立即停止任何运动，如果疼痛加剧，则立即让患者平卧，并用担架抬送医院检查治疗。处理后的疗养期，应躺在硬板床上或腰后部垫一个软枕头，使腰部肌肉、韧带放松，一天后可进行按摩或其他的理疗。

（八）胫腓骨骨膜炎

胫腓骨骨膜炎也是指疲劳性骨膜炎，是小腿肌肉的附着点受到过分强硬牵引而刺激骨膜引起的骨膜炎症。这种炎症多数是因长时间的快跑、剧烈的弹跳所引起的，多发于盲目锻炼、不科学锻炼的初学者身上。

胫腓骨疲劳性骨膜炎的主要症状是有明显的压疼，并伴有骨膜水肿。如果有这种炎症出现，应马上停止跳动或跑动等练习，少量进行锻炼或暂停训练。

胫腓骨骨膜炎的处理：可每天进行热敷，或在患处用温热的水进行浸泡，以便促进血液循环，减少骨膜水肿。如果疼痛持续时，不宜参加运动，应待痊愈后才可进行运动。

三、常见运动损伤的急救

在运动中，安全与卫生工作非常重要，这是防止伤害事故、保证实现运动目的的前提。如果在运动中发生运动损伤，在生活或野外活动时出现意外，宜立即进行正确的现场处理，如能及时进行正确的急救处理，则可救护生命、防止感染、减轻痛苦、预防并发症，为治愈创造更有利条件。因此学会急救的知识和技能是十分重要的。

（一）脑震荡

头部受外力打击碰在坚硬地方时，颅腔内脑组织的神经细胞和神经纤维受到过度震动，称为脑震荡。

根据受伤后症状的反应，脑震荡可分为三度：

1. 轻度脑震荡：受伤后，只有短时间的（有时只有几秒钟）头晕眼花，眼前发黑，没有其他不舒服的感觉。

2. 中度脑震荡：受伤后可能发生数分钟甚至一小时的昏迷。大部分病人在清醒后有头晕、头痛现象，数日或更长的时间不消失。

3. 重度脑震荡：昏迷的时间在一小时以上，有的病人数日还清醒不过来，清醒后头晕，头痛很重，记忆力下降。

中、重度脑震荡痊愈后，常常遗留“脑震荡后遗症”，除经常头痛外，记忆力大大减低。

急救：

对轻度脑震荡病人，应立即停止锻炼，安静卧床休息，1～2日后如无其他异常征象（如头晕、头痛），即可参加学习。但在受伤后一周内最好不参加剧烈的体育锻炼。中度及重度脑震荡，如急救时伤者仍处于昏迷状态，应把病人仰卧在平坦的地方，头部微垫高，并尽快送医院诊治。在运送途中要避免病人身体受剧烈震动。

（二）骨折

骨骼是人体各种组织中最坚固、富有弹性的组织。一般不容易受损伤。但遇到突然的强大外力打击时，或附着在骨骼上的肌肉猛烈收缩时，也可能会发生损伤。

骨的损伤称为骨折。骨受损伤后，如损伤处完全分离，称为完全骨折；损伤后没有分离而只有部分骨受损伤时，称为不完全骨折。

轻微的骨折只在骨骼上出现一条很不明显的裂纹，医学上称为骨裂，这种骨折只有用X光把骨像拍照下来，仔细观察才能看出。这种骨折在急救时是很难观察出来的。明显的骨折症状是伤部变形，肢体活动功能丧失，剧烈疼痛，内出血很严重。

发生骨折时，当场的急救对骨折的愈合和将来肢体的功能有很大关系。如急救方法不正确，不但可能加重骨折的程度，还可能造成愈合后肢体变形。

急救：

1. 先除去压在伤者身上或阻碍搬移伤者的障碍物。把伤者的身体放平，在移动伤者时动作要缓慢轻柔。

2. 伤者因剧烈疼痛及流血过多，可能发生外伤性休克。外伤性休克的症状是病人面色苍白，流冷汗，脉搏细弱，血压很低。预防休克首先要使伤者身体温暖，要用毯子或棉被等将伤者身体盖好，给伤者饮用热茶、热糖水或温开水，使用止痛剂镇痛，然后迅速送医院处理。

（三）出血

血液从破损的血管流出称为出血。出血可分为内出血和外出血两类。内出血是指血从血管流入组织、脏器或体内。内出血时伤者无失血现状，所以应即刻送医院治疗。外出血是指血液从伤口处往体表渗流。而血管的损伤又可分为毛细血管出血、静脉出血、动脉出血。血液量约占人体体重的1/10，如果出血量达人体血液总量的1/3时，就会危及生命。对外伤引起的出血，能够及时有效地进行止血，对人的生命具有极其重要的意义。

急救：

1. 冷敷止血

用冷毛巾或毛巾包冰块进行冷敷，使血管收缩，减少充血，减小毛细血管的张力，降低组织温度，抑制神经，起到止血、止疼、消肿的作用。此法常用于软组织损伤。

2. 抬高伤肢止血

抬高伤处，出血部位要抬高于心脏，使出血部位的局部血压下降，减少出血量。此法常用在四肢的出血。

3. 加垫屈肢止血

是将棉垫或绷带卷放在肘关节或膝关节，尽量屈曲小腿或前臂。常用于手或前臂、小腿、足背等的出血。

4. 加压包扎止血

把创口消毒敷料用棉垫盖好，再用绷带稍加压力包扎。常用于小静脉或毛细血管出血。

5. 指压点止血

用手指或手掌用力直接压迫动脉伤口的近心端，静脉则压在远心端。血管最易压住的地方称为指压点，如使用正确，可使出血立即停止。

不同部位的出血，应选择不同的指压点。

头部出血：头部前额、颞部出血，指压点是颞动脉。即用拇指按耳前一指宽的搏动处于颞骨上。

口、眼、颌上面部出血：指压点是颌外动脉。即用拇指按压伤者下颌角前面搏动处于下颌骨上。

颈部、头面部出血：指压点是颈总动脉。即用拇指按压伤者甲状软骨外搏动处。

上肢出血：肩部和上肢出血，指压点是锁骨下动脉。在锁骨上缘中点，用拇指按压锁骨下动脉搏动处。前臂或手部出血，指压点是肱动脉，即用拇指在上臂的上中1/3交界处，肱二头肌内侧缘处用四指压向肱骨。

下肢出血：大小腿出血，指压点是股动脉。即用拇指按压伤者大腿内侧近腹股沟的搏动处。足部出血可压迫胫前动脉和胫后动脉。

6. 止血带止血

当四肢大出血或创面大时，可用止血带止血，先将患肢抬高，然后在患处缚扎止血带。最好加垫缚扎，并注意止血带的使用时间，以防肢体坏死。常用的止血带有橡皮管、毛巾、布条、手帕、长袜等，止血带宽度要适宜，不可太窄，约 5 cm 以上，位置应适当。

(四)休克

休克是一种急性循环功能不全综合征。表现征象是病人面色苍白或紫绀，表情淡漠，反应迟钝，四肢冰冷，脉搏细弱，尿量减少，全身软弱无力，血压降低，短时间内出现意识模糊，严重时，病人昏迷，甚至死亡。

急救：

使伤者平卧，松解衣领，保持温暖，但不可过热，保持呼吸通畅，可适当给姜糖水、热茶等饮料。对意识模糊的休克伤员，可针刺或掐点人中穴或涌泉穴使其苏醒，必要时可进行人工呼吸。另外掐点内关、足三里、合谷等穴对休克也有一定的疗效。由于休克是一种严重而危险的病理状态，因此在急救同时，应迅速请医生来处理。

(五)重力性休克(或称一时性脑贫血)

重力性休克，是参加体育锻炼者心血管系统暂时性机能失调的现象。这种现象较多的是发生在赛跑的时候。在中、长跑跑到终点时，如果突然停跑，几乎都要发生轻重不同的重力性休克。

急救：

轻的病人可以搀扶着他走一段路，不正常的症状很快就可以消失了。重的病人发生重力性休克时，应立即将患者平卧，头部放低，把下肢伸直并垫高腿部，用热毛巾擦脸，并可做自小腿向大腿方向的推压按摩，以帮助血液流回心脏。检查病人脉搏及血压，就会发现脉搏微弱，血压很低，这都表明病人的心脏机能很衰弱。身上用毯子或衣服盖住，保持温暖，如果病人想喝水，可给他喝些热茶或热糖水。以便促使休克解除。十多分钟后，面色发白、心跳气喘、头晕眼花的现象就可以消失。

(六)外伤性关节脱位

关节脱位是在外力(如突然跌倒、外力过度牵引或暴力打击等)的作用下，使关节面之间失去了正常的连接，称为外伤性关节脱位(又称脱臼)。可分为病理性脱位和损伤性脱位。在运动中发生的脱位，基本上是损伤性脱位，根据脱位的程度，可分为完全性关节脱位和半完全性关节脱位。

关节脱位属于严重的运动损伤，伴有关节囊撕裂和关节周围软组织损伤。运动中最常见的是肘关节后脱位和肩关节前脱位。脱位时，由于关节的结构遭到破坏，受伤的肢体局部外形异常，并出现疼痛、肿胀、关节功能丧失。在关节脱位时，本人往往能听到关节内有碎裂声；脱位关节剧痛；关节功能丧失不能活动；关节变形，由于关节的位置改变，正常关节隆起处塌陷，或平常凹陷处隆起或突出；肢体变长或缩短等。

急救：

是先止痛和抗休克(具体措施与骨折同)，然后迅速用夹板、绷带固定脱位变形的伤肢。最好立即复位，如果没有整复技术经验的人，不宜进行整复和复位，应该用夹板和绷带在脱位所形成的姿势下固定伤肢，尽快送到医院处理，争取早期复位。关节脱位的整复应由骨科医生进行。没有整复技术和经验的人，不可随意做整复手术，否则会引起更严重的损伤，影响功能恢复。

（七）中暑

夏季在炎热的环境中做剧烈运动，由于散热困难，体温急剧增高；或由于出汗过多，体内缺盐缺水，发生肌肉抽筋；烈日直接照射部，使脑膜和脑髓发生充血和受刺激也会出现中暑。

轻度中暑，有头晕、头痛、眼花、恶心、口渴等症状；较重的中暑，体温升高、面色潮红、胸闷、皮肤灼热等；严重时，会出现休克现象。

急救：

将患者移到阴凉通风的地方，仰卧，垫高头部或半坐姿势，解开衣扣，扇风，额部冷敷，用淡酒精或烧酒擦身。重者尚可服用十滴水。神志清醒时，可给予清凉饮料。

为了预防中暑，在烈日下运动时间不宜过长，运动量大的项目在高温季节应安排在早晨或下午三点以后进行。

（八）溺水

游泳技术不好或在自然水域不了解水下的情况遇到意外，或者因为体力弱支持不住，在深水中游泳时可能会发生溺水。溺水时，大量水进入呼吸道（主要是肺）和胃肠道，迫使这些器官的正常活动停止。溺水后 2～3 小时，心脏跳动可能还没有停止。如及时进行急救，可以挽救生命。当溺水者从水中被救出时，大多是处于呼吸停止不省人事的状态。

急救：

1. 迅速将溺水者口鼻内的泥污等物取出，并将身上的游泳衣带松开。如牙关紧闭，可用开口器（或其他物件）将口启开。取出污物后从腰部将他抱起，使其面向地面，让呼吸道及胃内的水流出。

2. 应用俯卧下压式人工呼吸法进行急救。具体的方法是溺水者俯卧（俯卧处最好在垫上或松软的衣物上等），右臂屈曲垫于头下，面部转向内侧。急救者跨骑在水淹者大腿内侧，两手掌平放在背部下面脊柱两侧。操作动作是急救者身体前倾，两臂下压并向前推压，然后放松。这样急救者身体前倾后撤地反复进行，直至溺水者能自动呼吸为止。一般每分钟需进行 15 次。

3. 施行人工呼吸时，必须对溺水者身体用衣物盖住保暖。

第四章　国家学生体质健康标准与测试

个体心理概括起来可分为心理过程、心理状态和个性特征等三方面。在体育运动过程中,参与者的个性心理也涉及这些方面,而心理素质是指人的内心世界对事物认识后所做出的客观表现。心理素质在素质结构中有着核心作用,它影响生理潜能发展和生理的健康。心理素质的形成和培养,除了先天所具有的某点解剖和生理特性外,更多的是后天参与的知、情、意等心理活动,通过认知、调节、控制、平衡等手段和方式获取。

体育运动是知、情、意等心理活动更为明显的活动形式,对培养和形成良好心理素质起着积极的促进作用。

第一节　《国家学生体质健康标准》概述

《学生体质健康标准》自2002年试行以来,各地认真组织推广试行,取得了很好的经验。教育部、国家体育局根据《学生体质健康标准》试行五年来的实际情况和调研中所发现的问题,对《学生体质健康标准》进行了修订和完善,并定名为《国家学生体质健康标准》,于2007年正式颁布实施。《国家学生体质健康标准》的正式颁布实施,对于加强素质教育、提高我国青少年体质健康水平必将发挥积极的作用,产生深远的影响。

一、《国家学生体质健康标准》名称含义

《国家学生体质健康标准》的内涵是测量学生体质健康状况和锻炼效果的评价标准,是国家对不同年龄段学生体质健康方面的基本要求,是学生体质健康的个体评价标准。健康的概念包括身体健康、心理健康和社会适应。《国家学生体质健康标准》涵盖的是与学校体育密切相关的学生身体健康范畴。为了界定它的内涵,又避免与三维的健康概念相混淆,故将“体质”作为“健康”的定语以示其内涵。

《国家学生体质健康标准》名称的外延涉及它的激励和教育功能、反馈功能和指导锻炼功能。

教育和激励功能:《标准》是促进学生体质健康发展、激励学生积极进行身体锻炼的教育手段。所选用的指标可以反映与身体健康关系密切的身体成分、心血管系统功能、肌肉的力量和耐力以及关节和肌肉的柔韧性等要素的基本状况。《标准》的实施将使学生和社会能够对影响身体健康的主要因素有一个更加明确的认识和理解,引导和帮助人们去积极追求身体的健康状态,实现学校体育的目标。《标准》实施办法还规定,对达到合格以上等级的学生颁发证章,以激发学生对体育锻炼的内在积极性。

反馈功能:《标准》是学生体质健康的个体评价标准,并规定了各校应将每年测试的数据按时上报至国家学生体质健康标准数据管理系统,该系统具有按各种要求进行统计、分析、检索的功能,并定期向社会公告。该系统为学生及其家长提供了在线查询和在线评估服务,向学生提供了个性化的身体健康诊断,使学生能够在准确地了解自己体质健康状况的基础

上进行锻炼；该系统还可为各级政府机关、教育行政部门、学校提供翔实的统计和分析数据，使之了解学生的体质健康状况，及时采取科学的干预措施。

引导锻炼功能：新的《标准》增加了一些简便易行，锻炼效果较好的项目，并提高了部分锻炼项目指标的权重，对引导学生进行体育锻炼具有较强的实效性；同时通过国家学生体质健康标准数据管理系统，学生还可以查询到针对性较强的运动处方，用于自身因地制宜地进行科学的体育锻炼，提高身体健康水平。

二、制定《国家学生体质健康标准》的基本原则

《标准》的贯彻实施，强调的是促进学生身体的正常生长和发育，促进形态机能的全面协调发展，促进身体健康素质的全面提高和激励学生主动自觉地参加经常性的体育锻炼。在研制过程中，始终把握了以下几个基本原则。

1. 有利于促进学生、家长乃至全社会对健康概念的重新认识，建立符合现代社会发展趋势的体质健康的新理念，认识到身体成分、身体形态、身体机能、身体素质和运动能力是影响人体健康水平的重要因素；

2. 有利于明确地帮助和督促学生实现健康目标；

3. 有利于引导学生选择简便易行、实效性强的项目进行锻炼，并促进学生运动技能水平的提高；

4. 有利于科学、综合地评价学生个体的体质健康状况，对每一名学生的体质健康状况进行监控和及时反馈，激发学生自觉参加体育锻炼，培养终身追求健康生活方式的行为和习惯；

5. 有利于减轻学生的负担(包括心理负担)；

6. 有利于促进学校在“健康第一”思想指导下将体育课程与《标准》既各有侧重，又相互配合，促进体育课程内容的改革，激励学生主动上好体育课，积极参与体育锻炼，全面实现体育与健康课程目标；

7. 有利于行政部门和学校的管理。

三、实施《国家学生体质健康标准》的重要意义

(一)贯彻实施《体育法》

《国家体育锻炼标准》是经国务院批准实施的我国重要的体育制度，《体育法》明确规定：学校必须实施国家体育锻炼标准，对学生在校期间每天用于体育活动的时间给予保证。《标准》是《国家学生体质健康标准》在学校的具体实施，目的在于鼓励广大青少年自觉积极地锻炼身体，促使身体的正常发育和全面发展，增强体质，为全面建设社会主义现代化国家，为培养德、智、体、美全面发展的建设人才服务。《标准》的实施不仅会促进学生积极锻炼，纠正和改变目前学生体质健康状况出现的突出问题，使学生拥有健康的体魄和健全人格，而且还是依法办学、依法执教的重要内容。

(二)贯彻落实“健康第一”的指导思想和全国学校体育工作会议的精神

学校教育，特别是学校体育直接肩负着“增强学生体质”和“促进学生健康”的使命。《国家学生体质健康标准》是积极贯彻落实《中共中央国务院关于深化教育改革全面推进素质教

育的决定》所提出的“健康体魄是青少年为祖国和人民服务的基本前提，是中华民族旺盛生命力的体现，学校教育要树立健康第一的指导思想，切实加强体育工作”这一思想的重大举措，也是深化学校体育教学改革、推进素质教育的重要步骤。《标准》是学生体质健康的个体评价标准和学生是否能够毕业的基本条件之一，是激励学生积极参加体育锻炼、促进学生体质健康发展的一种教育手段，引导广大青少年学生努力拥有健康的体魄和健全人格，将“健康第一”的指导思想落到实处，充分发挥学校体育在素质教育中的作用。

(三)满足社会发展对人体健康的需要

现代文明在带给人们充分物质享受的同时，也给人类的健康带来了新的威胁。由于精神紧张、营养过剩、运动不足、环境污染等因素所引发的非传染性疾病在全球不断蔓延、处于“亚健康状态”的人群不断地扩大。关爱生命，追求健康是现代人渴望的目标。实施《标准》对于唤起学生的健康意识、改变学生不良的生活习惯和生活方式、促进学生健康的成长必将起到积极的作用。《标准》是激励学生积极进行身体锻炼的教育手段，而不是为了甄别和选拔优秀体育运动员。《标准》采用的是个体评价标准，针对身体形态、身体机能、身体素质和运动能力设置了专门的测评项目，有些项目还具有简便易行，锻炼身体实效性较强等特点，能够帮助学生发现自身的不足或个体差异，并通过测评促进学生积极参加体育锻炼，通过锻炼改善体质健康状况，促进身体全面发展，成为具有正确的体育意识和健康的生活方式的高素质的建设者，使学校体育在促进国民健康素质方面起到应有的作用。

(四)发展和完善学生体质健康评价体系

学生体质健康评价是学校体育工作中的重要环节，也是学校教育评价体系中的重要组成部分。正确、合理地对学生进行体质健康评价，对于促进学校体育和教育工作有着重要的意义。《标准》是在继承了《劳卫制》《国家体育锻炼标准》的成功经验，认真总结了《学生体质健康标准》试行工作的基础上，根据当前学校体育工作中的有关问题，特别是学生体质调研发现的肺活量水平继续呈下降趋势，速度、爆发力、力量耐力、耐力素质水平进一步下降，肥胖检出率继续上升等问题，参考国际上有关研究的成功经验和先进做法，对《学生体质健康标准》进行了修改和完善，定名为《国家学生体质健康标准》并正式颁布实施。《标准》对于评价学生的体质健康状况，引导学生积极锻炼都有了新的发展。《标准》从建立和完善我国学校教育评价体系的目标出发，体现了学校体育的价值，回答了学校体育为什么要以“体质健康”为本和怎样以“体质健康”为本的问题，明确了“体质健康”不仅应是学校教育和学校体育追求的目标，而且还是学校体育课程存在的根本理由。《标准》的实施将对我国深化学校体育改革，完善体质健康评价体系，促进全体学生综合素质的提高，具有深刻的影响和深远的历史意义。

第二节 《国家学生体质健康标准》测试

一、《国家学生体质健康标准》的测试项目及评价指标

(一)测试项目

大学生测试项目为必测项目三个，选测项目三个，合计需要测试六个项目。身高、体重、

肺活量为必测项目。从台阶试验、1000 m(男)、800 m(女)中选测一项;从坐位体前屈、仰卧起坐(女)、引体向上(男)、掷实心球、握力中选测一项;从 50 m 跑、立定跳远、跳绳、篮球运球、足球运球、排球垫球中选测一项。

(二)评价指标

表 4-1　评价指标

必评指标	选评指标	备注
身高标准体重 肺活量 体重指数	1 000 m 跑(男) 800 m 跑(女) 台阶试验	选评一项
	坐位体前屈 仰卧起坐(女) 引体向上(男) 掷实心球 握力体重指数	选评一项
	50 m 跑 立定跳远 跳绳 篮球运球 足球运球 排球垫球	选评一项

二、《国家学生体质健康标准》的测试操作方法

(一)身高

1. 测试目的

测试学生身高,与体重测试相配合,评定学生的身体匀称度,评价学生生长发育及营养状况的水平。

2. 场地器材

身高测量计。使用前应校对 0 点,以钢尺测量基准板平面至立柱前面红色画线的高度是否为 10.0 cm,误差不得大于 0.1 cm。同时应检查立柱是否垂直,连接处是否紧密,有无晃动,零件有无松脱等情况,并及时加以纠正。

3. 测试方法

受试者赤足,立正姿势站在身高计的底板上(上肢自然下垂,足跟并拢,足尖分开约成 60°)。足跟、骶骨部及两肩胛区与立柱相接触,躯干自然挺直,头部正直,耳屏上缘与眼眶下缘呈水平位。测试人员站在受试者右侧,将水平压板轻轻沿立柱下滑,轻压于受试者头顶。测试人员读数时双眼应与压板水平面等高进行读数。记录员复述后进行记录。以厘米为单位,精确到小数点后一位。测试误差不得超过 0.5 cm。

4. 注意事项

(1)身高计应选择平坦靠墙的地方放置,立柱的刻度尺应面向光源。

(2)严格掌握“三点靠立柱”、“两点呈水平”的测量姿势要求,测试人员读数时两眼一定与压板等高,两眼高于压板时要下蹲,低于压板时应垫高。

(3)水平压板与头部接触肘,松紧要适度,头发蓬松者要压实,头顶的发辫、发结要放开,饰物要取下。

(4)读数完毕,立即将水平压板轻轻推向安全高度,以防碰坏。

(5)测量身高前,受试者应避免进行剧烈的体育活动和体力劳动。

(二)体重

1. 测试目的

测试学生的体重,与身高测试相配合,评定学生的身体匀称度,评价学生生长发育的水平及营养状况。

2. 场地器材

杠杆秤或电子体重计。使用前需检验其准确度和灵敏度。准确度要求误差不超过0.1%,即每百千克误差小于0.1 kg。检验方法是:以备用的10 kg、20 kg、30 kg标准砝码(或用等重标定重物代替)分别进行称量,检查指标读数与标准砝码误差是否在允许范围。灵敏度的检验方法是:置100 g重砝码,观察刻度尺变化,如果刻度抬高了3 mm或游标向远移动0.1 kg而刻度尺维持水平位时,则达到要求。

3. 测试方法

测试时,杠杆秤应放在平坦地面上,调整0点至刻度尺水平位。受试者赤足,男性受试者身着短裤;女性受试者身着短裤、短袖衫,站在秤台中央。测试人员放置适当砝码并移动游标至刻度尺平衡。读数以千克为单位,精确到小数点后一位。记录员复诵后将读数记录。测试误差不超过0.1 kg。

4. 注意事项

(1)测量体重前受试者不得进行剧烈体育活动和体力劳动。

(2)受试者站在秤台中央,上下杠杆秤动作要轻。

(3)每次使用杠杆秤时均需校正。测试人员每次读数前都应校对砝码重量避免差错。

(三)台阶试验

1. 测试目的

测试学生在定量负荷后心率变化情况,评价学生的心血管机能。

2. 场地器材

台阶或凳子、节拍器(或录音机及磁带)、秒表、台阶实验仪。

3. 测试方法

男生用高40 cm台阶(或凳子),女生用高35 cm的台阶(或凳子)。测验前测定安静时的脉搏,然后受试者做轻度的准备活动,主要是活动下肢关节。上、下台阶(或凳子)的频率是30次/min,因而节拍器的节律为120次/min(每上、下一次是四动)。受测者按节拍器的节律完成试验。

被测试者从预备姿势开始,

(1)被测试者一只脚踏在台阶上;

(2)踏台腿伸直成台上站立;

(3)先踏台的脚下先下地;

(4)还原成预备姿势。

用 2 s 上、下一次的速度(按节拍器的节律来做)连续做 3 min。做完后,立刻坐在椅子上测量运动结束后的 1 min 至 1.5 min、2 min 至 2.5 min、3 min 至 3.5 min 的 3 次脉搏数。并用下列公式求得评定指数,计算结果包含有小数的,对小数点后的 1 位进行四舍五入取整进行评分。

$$评定指数=\frac{踏台上、下运动的持续时间(s)\times 100}{2\times(3次测定脉搏的和)}$$

4. 注意事项

(1)心脏有病的不能测试。

(2)按 2 s 上、下一次的节奏进行。当受试者跟不上节奏时应及时提醒。如果三次跟不上节奏应停止测试,以免发生伤害事故。

(3)上、下台阶时,膝、髋关节都应伸直。

(4)被测试者不能自己测量脉搏。

(5)如果受试者不能完成 3 min 的负荷运动,以实际上、下台阶的持续时间进行计算,计算公式和方法同上。

(四)肺活量

1. 测试目的

测试学生的肺通气功能。

2. 场地器材

电子肺活量计。

3. 测试方法

房间通风良好,使用干燥的一次性口嘴(非一次性口嘴,则每换测试对象需消毒一次。每测一人时将口嘴朝下倒出唾液,并注意消毒后必须使其干燥)。肺活量计主机放置平稳桌面上,检查电源线及接口是否牢固,按工作键液晶屏显示“0”即表示机器进入工作状态,预热 5 min后测试为佳。

首先告知被测者不必紧张,以中等速度和力度尽全力吹气效果最好。令被测试者手持吹气口嘴,面对肺活量计站立试吹 1 至 2 次,首先看仪表有无反应,还要试口嘴或鼻处是否漏气,调整口嘴和用鼻夹(或自己捏鼻孔);学会深吸气(避免耸肩提气。应该像闻花式的慢吸气)。测试时,受试者进行一两次较平日深一些的呼吸动作后,更深的吸一口气,向口嘴处慢慢呼出至不能再呼出为止,防止此时从口嘴处吸气,测试中不得中途二次吸气。吹气完毕后,液晶屏上最终显示的数字即为肺活量毫升值。每位受试者测三次,每次间隔 15 s,记录三次数值,选取最大值作为测试结果。以毫升为单位,不保留小数。

4. 注意事项

(1)电子肺活量计的计量部位的通畅和干燥是仪器准确的关键,吹气筒的导管必须在上方,以免口水或杂物堵住气道。

(2)每测试 10 人及测试完毕后用干棉球及时清理和擦干气筒内部。严禁用水、酒精等任何液体冲洗气筒内部。

(3)导气管存放时不能弯折。

(4)定期校对仪器。

(五)50 m 跑

1. 测试目的

测试学生速度、灵敏素质及神经系统灵活性的发展水平。

2. 场地器材

50 m 直线跑道若干条,地面平坦,地质不限,跑道线要清楚。发令旗一面,口哨一个,秒表若干块(一道一表)。秒表使用前,应用标准秒表校正,每分钟误差不得超过 0.2 s。标准秒表的选定,以北京时间为准,每小时误差不超过 0.3 s。

3. 测试方法

受试者至少两人一组测试。站立起跑,受试者听到“跑”的口令后开始起跑。发令员在发出口令同时要摆动发令旗。计时员视旗动开表计时。受试者躯干部到达终点线的垂直面停表。以秒为单位记录测试成绩,精确到小数点后一位。小数点后第二位数按非“0”时则进 1,如 10.11 s 读成 10.2 s,并记录之。

4. 注意事项

(1)受试者测试最好穿运动鞋或平底布鞋,赤足亦可。但不得穿钉鞋、皮鞋、塑料凉鞋。

(2)发现有抢跑者,要当即召回重跑。

(3)如遇风时一律顺风跑。

(六)800 m 或 1000 m 跑

1. 测试目的

测试学生耐力素质的发展水平,特别是心血管呼吸系统的机能及肌肉耐力。

2. 场地器材

400 m、300 m、200 m 田径场跑道,地质不限。也可使用其他不规则场地,但必须丈量准确,地面平坦。秒表若干块,使用前需要校正,要求同 50 m 跑。

3. 测试方法

受测者至少两人一组进行测试,站立式起跑。当听到“跑”的口令后开始起跑。计时员看到旗动开表计时,当受试者的躯干部到达终点线垂直面时停表。以分、秒为单位记录测试成绩,不计小数。

4. 注意事项

(1)如果在非 400 m 标准场地上测试,测试人员应向受试者报告剩余圈数,以免跑错距离。

(2)测试人员应告知受试者在跑完后应保持站立并缓缓走动,不要立刻坐下,以免发生意外。

(3)受试者不得穿皮鞋、塑料凉鞋、钉鞋参加测试。

(4)对分、秒进行换算时要细心,防止差错。

(七)立定跳远

1. 测试目的

测试学生下肢肌肉爆发力及身体协调能力的发展水平。

2. 场地器材

沙坑、丈量尺。沙面应与地面平齐。如无沙坑,可在土质松软的平地上进行。起跳线至沙坑近端不得少于 30 cm。起跳地面要平坦,不得有坑凹。

3. 测试方法

受试者两脚自然分开站立,站在起跳线后,脚尖不得踩线(最好用线绳做起跳线)。两脚原地同时起跳,不得有垫步或连跳动作。丈量起跳线后缘至最近着地点后缘的垂直距离。每人试跳三次,记录其中成绩最好一次。以米为单位,保留两位小数。

4. 注意事项

(1)发现犯规时,此次成绩无效。三次试跳均无成绩者,再跳至取得成绩为止。

(2)可以赤足,但不得穿钉鞋、皮鞋、塑料凉鞋测试。

(八)掷实心球

1. 测试目的

测试学生的上肢爆发力。

2. 场地器材

长度在 30 m 以上的平整场地一块,地质不限,在场地一端划一条直线作为起掷线。实心球若干,测试球重为 2 kg。

3. 测试方法

测试时受试者站在起掷线后,两脚前后或左右开立,身体面对投掷方向,双手举球至头上方稍后仰,原地用力把球投向前方掷出。如两脚前后开立投掷,当球出手的同时后脚可向前迈出一步,但不得踩线。每人投掷三次,记录其中成绩最好的一次。记录以米为单位,取一位小数。丈量起掷线后缘至球着地点后缘之间的垂直距离。为了准确丈量成绩,应有专人负责观察实心球的着地点。

发现踩线等犯规时,则此次成绩无效。三次均无成绩者,应允许再投,直至取得成绩为止。

(九)握力

1. 测试目的

测试学生上肢肌肉力量的发展水平。

2. 场地器材

电子握力计或弹簧式握力计。

3. 测试方法

受试者两脚自然分开成直立姿势,两臂自然下垂。一手持握力计全力紧握(此时握力计不能接触衣服和身体)。记下握力计指针的刻度(或握力器所显示的数字)。用有力(利)手握两次。取最大值,以公斤为单位,测试时保留一位小数。

4. 注意事项

保持手臂自然下垂姿势,手心向内,不能触及衣服和身体。

(十)引体向上

1. 测试目的

测试学生的上肢肌肉力量和耐力的发展水平。

2. 场地器材

高单杠或高横杠,杠粗以手能握住为准。

3. 测试方法

受试者跳起双手正握杠，两手与肩同宽成直臂垂悬。静止后，两臂同时用力引体(身体不能有附加动作)，上拉到下颏超过横杠上缘为完成一次。记录引体次数。

4. 注意事项

(1)受试者应双手正握单杠，待身体静止后开始测试。

(2)引体向上时，身体不得做大的摆动，也不得借助其他附加动作撑起。

(3)两次引体向上的间隔时间超过 10 s 终止测试。

(十一)坐位体前屈

1. 测试目的

测量学生在静止状态下的躯干、腰、髋等关节可能达到的活动幅度，主要反映这些部位关节、韧带、肌肉的伸展性和弹性及学生身体柔韧素质的发展水平。

2. 场地器材

坐位体前屈测试计。

3. 测试方法

受测者两腿伸直，两脚平蹬测试纵板坐在平地上，两脚分开约 10～15 cm，上体前屈，两臂伸直向前，用两手中指尖逐渐向前推动游标，直到不能前推为止。测试计的脚蹬纵板内沿平面为 0 点，向内为负值，向前为正值。记录以厘米为单位，保留一位小数。测试两次，取最好成绩。

4. 注意事项

(1)身体前屈，两臂向前推游标时两腿不能弯曲。

(2)受试者应匀速向前推动游标，不得突然发力。

(十二)仰卧起坐

1. 测试目的

测试腹肌耐力。

2. 场地器材

垫子若干块(或代用品)、铺放平坦。

3. 测试方法

受试者仰卧于垫上，两腿稍分开，屈膝呈 90°角左右，两手指交叉贴于脑后。另一同伴压住其踝关节，以便固定下肢。受试者起坐时两肘触及或超过双膝为完成一次。仰卧时两肩胛必须触垫。测试人员发出“开始”口令的同时开表计时，记录 1 min 内完成次数。1 min 到时，受试者虽已坐起但肘关节未达到双膝者不计该次数，精确到个位。

4. 注意事项

(1)如发现受试者借用肘部撑垫或臀部起落的力量起坐时，该次不计数。

(2)测试过程中，观测人员应向受试者报数。

(3)受试者双脚必须放于垫上。

(十三)跳绳

1. 测试目的

测试学生的下肢力量和身体协调能力。

2. 场地器材

地面平整、干净的场地一块，地质不限。主要测试器材包括秒表、发令哨、各种长度的跳绳若干条。

3. 测试方法

两人一组，一人测试，一人记数。受试者将绳的长短调至适宜长度，听到开始信号后开始跳绳，动作规格为正摇双脚跳绳，每跳跃一次且摇绳一回环(一周圈)，计为一次。听到结束信号后停止，测试员报数并记录受试者在 1 min 内的跳绳次数。测试单位为次。

4. 注意事项

测试过程中跳绳绊脚，除该次不计数外，应继续进行。

(十四)篮球运球

1. 测试目的

测试学生综合身体素质和篮球运球基本技能水平。

2. 场地器材

测试场地长 20 m，宽 7 m，起点线后 5 m 设置两列标志杆，标志杆距同侧边线 3 m。各排标志杆相距 3 m，共 5 排杆，全长 20 m，并列的两杆间隔 1 m(图 2-1)。测试器材包括秒表(使用前应进行校正，要求同 50 m 跑)、发令哨、30 m 卷尺、标志杆 10 根，篮球若干个。测试用球应符合国家标准。

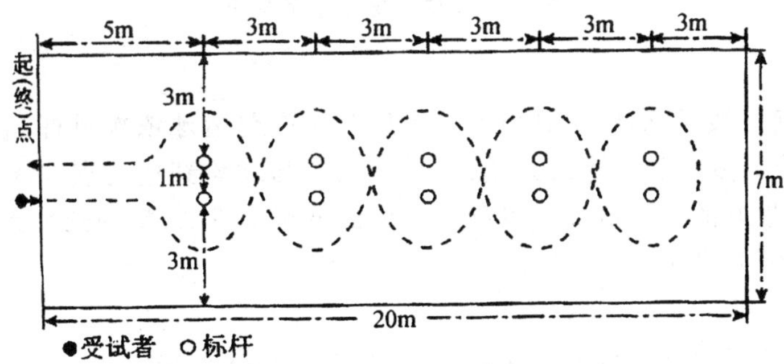

图 4-1　篮球运动场地设置及测试示意图

3. 测试方法

受试者在起点线后持球站立，听到出发口令后，按图中箭头所示方向单手运球依次过杆，每次过杆时需换手运球。发令员发令后开表计时，受试者与球均返回起终点线时停表。每名受试者测两次，记录其中成绩最好一次。以秒为单位记录测试成绩，精确到小数点后一位，小数最后第二位数非“0”时进 1。

4. 注意事项

(1)测试中篮球脱手后，如球仍在测试场地内，受试者可自行捡回，并在脱手处继续运球，不停表。

(2)测试过程中出现以下现象均属犯规行为，取消当次成绩：出发时抢跑、运球过程中双手同时触球、膝盖以下部位触球、漏绕标志杆、碰倒标志杆、人或球出测试区域、未按图示要求完成全程路线、通过终点时人球分离等。

(3)受试者有两次测试机会，两次犯规无成绩者可再测直至取得成绩。

(十五)足球运球

1. 测试目的

测试学生综合身体素质和足球运球基本技能水平。

2. 场地器材

在坚实、平整场地或足球场上进行,测试区域长 30 m,宽 10 m,起点线至第一杆距离为 5 m,各杆间距 5 m,共设 5 根标志杆,标杆距两侧边线各 5 m(图 2-2)。测试器材包括足球若干个(测试用球应符合国家标准),秒表(使用前应进行校正,要求同 50 m 跑),30 m 卷尺,5 根标志杆。

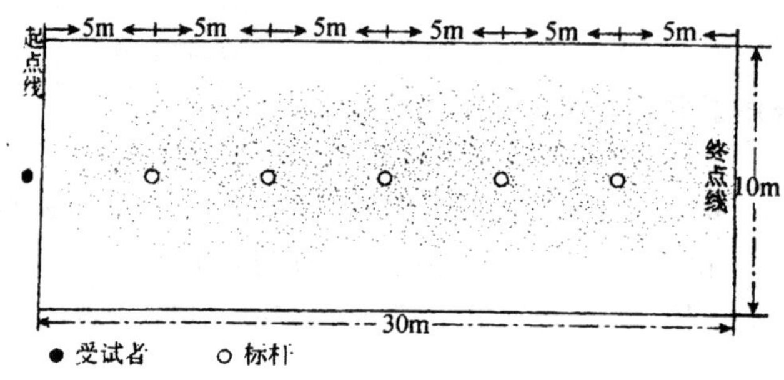

图 4-2 足球运球场地示意图

3. 测试方法

受试者站在起点线后准备,听到出发口令后开始向前运球依次过杆。受试者和球均越过终点线即为结束。发令员发令后开始计时,受试者与球均到达终点线时停表。每人跑两次,记录其中成绩最好的一次成绩。以秒为单位记录测试成绩,精确到小数点后一位。小数点后第二位数非“0”时进 1。

4. 注意事项

(1)测试过程中出现以下现象均属犯规行为,取消当次成绩:出发时抢跑、漏绕标志杆、碰倒标志杆、故意手球、未按要求完成全程路线等。

(2)受试者有两次测试机会,两次犯规无成绩者可再测直至取得成绩。

(十六)排球垫球

1. 测试目的

测试学生综合身体素质和排球基本技能水平。

2. 场地器材

在坚实、平坦的场地或排球场上进行,测试区域为每人 3 m×3 m。测试器材为排球。测试用球应符合有关国家标准。

3. 测试方法

受试者在规定的测试区域内原地将球抛起,个人连续正面双手垫球,要求手型正确、击球部位准确、达到规定的高度,球落地即为测试结束,按次计数。受试者每次垫球应达到的高度,大学男生为 2.43 m,大学女生为 2.24 m。每名受试者测试两次,记录其中成绩最好的一次。测试单位为次。

4. 注意事项

(1)测试过程中如出现以下现象均只作为调整,不计次数:采用传球等其他方式触球、测试区域之外触球、垫球高度不足等。

(2)为方便判定垫球高度,可将排球场的球网调整到相应的高度,或者在测试区域外相距 0.5 m 处插两根标杆,标杆顶端用橡皮筋或标志线相连,将标杆调整到相应的高度,测试时通过比较垫球的高度与球网或标志线的高度进行判定。

第三节　《国家学生体质健康标准》评分表

表 4-2　大学男生身高标准体重(体重单位:kg)

身高段(cm)	营养不良	较低体重	正常体重	超重	肥胖
	50 分	60 分	100 分	60 分	50 分
144.0～144.9	<41.5	41.5～46.3	46.4～51.9	52.0～53.7	≥53.8
145.0～145.9	<41.8	41.7～46.7	46.89～52.6	52.7～54.5	≥54.6
146.0～146.9	<42.1	42.1～47.1	47.2～53.1	53.2～55.1	≥55.2
147.0～147.9	<42.4	42.4～47.5	47.6～53.7	53.8～55.7	≥55.8
148.0～148.9	<42.6	42.6～47.9	48.0～54.2	54.3～56.3	≥56.4
149.0～149.9	<42.9	42.9～48.3	48.4～54.8	54.9～56.6	≥56.7
150.0～150.9	<43.2	43.2～48.8	48.9～55.4	55.5～57.6	≥57.7
151.0～151.9	<43.5	43.5～49.2	49.3～56.0	56.1～58.2	≥58.3
152.0～152.9	<43.9	43.9～49.7	49.8～56.5	56.6～58.7	≥58.8
153.0～153.9	<44.2	44.2～50.1	50.2～57.0	57.1～59.3	≥59.4
154.0～154.9	<44.7	44.7～50.6	50.7～57.5	57.6～59.8	≥59.9
155.0～155.9	<45.2	45.2～51.1	51.2～58.0	58.1～60.7	≥60.8
156.0～156.9	<45.6	45.6～51.6	51.7～58.7	58.8～61.0	≥61.1
157.0～157.9	<46.1	46.1～52.1	52.2～59.2	59.3～61.5	≥61.6
158.0～158.9	<46.6	46.6～52.6	52.7～59.8	59.9～62.2	≥62.3
159.0～159.9	<46.9	46.9～53.1	53.2～60.3	60.4～62.7	≥62.8
160.0～160.9	<47.4	47.4～53.6	53.7～60.9	61.0～63.4	≥63.5
161.0～161.9	<48.1	48.1～54.3	54.4～61.6	61.7～64.1	≥64.2
162.0～162.9	<48.5	48.5～54.8	54.9～62.2	62.3～64.8	≥64.9
163.0～163.9	<49.0	49.0～55.3	55.4～62.8	62.9～65.3	≥65.4
164.0～164.9	<49.5	49.5～55.9	56.0～63.4	63.5～65.9	≥66.0
165.0～165.9	<49.9	49.9～56.4	56.5～64.1	64.2～66.6	≥66.7
166.0～166.9	<50.4	50.4～56.9	57.0～64.6	64.7～67.0	≥67.1
167.0～167.9	<50.8	50.8～57.3	57.4～65.0	65.1～67.5	≥67.6
168.0～168.9	<51.1	51.1～57.7	57.8～65.5	65.6～68.1	≥68.2

续表

身高段(cm)	营养不良	较低体重	正常体重	超重	肥胖
	50 分	60 分	100 分	60 分	50 分
169.0～169.9	<51.6	51.6～58.2	58.3～66.0	66.1～68.6	≥68.7
170.0～170.9	<52.1	52.1～58.7	58.8～66.5	66.6～69.1	≥69.2
171.0～171.9	<52.5	52.5～59.2	59.3～67.2	67.3～69.8	≥69.9
172.0～172.9	<53.0	53.0～59.8	59.9～67.8	67.9～70.4	≥70.5
173.0～173.9	<53.5	53.5～60.3	60.4～68.4	68.5～71.1	≥71.2
174.0～174.9	<53.8	53.8～61.0	61.1～69.3	69.4～72.0	≥72.1
175.0～175.9	<54.5	54.5～61.5	51.6～69.9	70.0～72.7	≥72.8
176.0～176.9	<55.3	55.3～62.2	62.3～70.9	71.0～73.8	≥73.9
177.0～177.9	<55.8	55.8～62.7	62.8～71.6	71.7～74.5	≥74.6
178.0～178.9	<56.2	56.2～63.3	63.4～72.3	72.4～75.3	≥75.4
179.0～179.9	<56.7	56.7～63.8	63.9～72.8	72.9～75.8	≥75.9
180.0～180.9	<57.1	57.1～64.3	64.4～73.5	73.5～76.5	≥76.6
181.0～181.9	<57.7	57.7～64.9	64.9～74.2	74.3～77.3	≥77.4
182.0～182.9	<58.2	58.2～65.6	65.7～74.9	75.0～77.8	≥77.9
183.0～183.9	<58.8	58.8～66.2	66.3～75.7	75.8～78.8	≥78.9
184.0～184.9	<59.3	59.3～66.8	66.9～76.3	76.4～79.4	≥79.5
185.0～185.9	<59.9	59.9～67.4	67.5～77.0	77.1～80.2	≥80.3
186.0～186.9	<60.4	60.4～68.1	68.2～77.8	77.9～81.1	≥81.2
187.0～187.9	<60.9	60.9～68.7	68.8～78.6	78.7～81.9	≥82.0
188.0～188.9	<61.4	61.4～69.2	69.3～79.3	79.4～82.6	≥82.7
189.0～189.9	<61.8	61.8～69.8	69.9～79.9	80.0～83.2	≥83.3
190.0～190.9	<62.4	62.4～70.4	70.5～80.5	80.6～83.6	≥83.7

注:身高低于表中所列出的最低身高段的下限值时,身高每低 1 cm,实测体重需加上 0.5 kg,实测身高需加上 1 cm,再查表确定分值。身高高于表中所列的最高身高段时,身高每高 1 cm,实测体重需减去 0.9 kg,实测身高需减去 1 cm,再查表确定分值。

表 4-3 大学女生身高标准体重(体重单位:kg)

身高段(cm)	营养不良	较低体重	正常体重	超重	肥胖
	50 分	60 分	100 分	60 分	50 分
140.0～140.9	<36.5	36.5～42.4	42.5～50.6	50.7～53.3	≥53.4
141.0～141.9	<36.6	36.6～42.9	43.0～51.3	51.4～54.1	≥54.2
142.0～142.9	<36.8	36.8～43.2	43.3～51.9	52.0～54.7	≥54.8

续表

身高段(cm)	营养不良	较低体重	正常体重	超重	肥胖
	50 分	60 分	100 分	60 分	50 分
143.0～143.9	＜37.0	37.0～43.5	43.6～52.3	52.4～55.2	⩾55.3
144.0～144.9	＜37.2	37.2～43.7	43.8～52.7	52.8～55.6	⩾55.7
145.0～145.9	＜37.5	37.5～44.0	44.1～53.1	53.4～56.1	⩾56.2
146.0～146.9	＜37.9	37.9～44.4	44.5～53.7	53.8～56.7	⩾56.8
147.0～147.9	＜38.5	38.5～45.0	45.1～54.3	54.4～57.3	⩾57.4
148.0～148.9	＜39.1	39.1～45.7	45.8～55.0	55.1～58.0	⩾58.1
149.0～149.9	＜39.5	39.5～46.2	46.3～55.6	55.7～58.7	⩾58.8
150.0～150.9	＜39.9	39.9～46.6	46.7～56.2	56.3～59.3	⩾59.4
151.0～151.9	＜40.3	40.3～47.1	47.2～56.7	56.8～59.8	⩾59.9
152.0～152.9	＜40.8	40.8～47.6	47.7～57.4	57.5～60.5	⩾60.6
153.0～153.9	＜41.4	41.4～48.2	48.3～57.9	58.0～61.1	⩾61.2
154.0～154.9	＜41.9	41.9～48.8	48.9～58.6	58.7～61.9	⩾62.0
155.0～155.9	＜42.3	42.3～49.1	49.2～59.1	59.2～62.4	⩾62.5
156.0～156.9	＜42.9	42.9～49.7	49.8～59.7	59.8～63.0	⩾63.1
157.0～157.9	＜43.5	43.5～50.3	50.4～60.4	60.5～63.6	⩾63.7
158.0～158.9	＜44.0	44.0～50.8	50.9～61.2	61.3～64.5	⩾64.6
159.0～159.9	＜44.5	44.5～51.4	51.5～61.7	61.8～65.1	⩾65.2
160.0～160.9	＜45.0	45.0～52.1	52.2～62.3	62.4～65.6	⩾65.7
161.0～161.9	＜45.4	45.4～52.5	52.6～62.8	62.9～66.2	⩾66.3
162.0～162.9	＜45.9	45.9～53.1	53.2～63.4	63.5～66.8	⩾66.9
163.0～163.9	＜46.4	46.4～53.6	53.7～63.9	64.0～67.3	⩾67.4
164.0～164.9	＜46.8	46.8～54.2	54.3～64.5	64.6～67.9	⩾68.0
165.0～165.9	＜47.4	47.4～54.8	54.9～65.0	65.1～68.3	⩾68.4
166.0～166.9	＜48.0	48.0～55.4	55.5～65.5	65.6～68.9	⩾69.0
167.0～167.9	＜48.5	48.5～56.0	56.1～66.2	66.3～69.5	⩾69.6
168.0～168.9	＜49.0	49.0～56.4	56.5～66.7	66.8～70.1	⩾70.2
169.0～169.9	＜49.4	49.4～56.8	56.9～67.3	67.4～70.7	⩾70.8
170.0～170.9	＜49.9	49.9～57.3	57.4～67.9	68.0～71.4	⩾71.5
171.0～171.9	＜50.2	50.2～57.8	57.9～68.5	68.6～72.1	⩾72.2
172.0～172.9	＜50.7	50.7～58.4	58.5～69.1	69.2～72.7	⩾72.8
173.0～173.9	＜51.0	51.0～58.8	58.9～69.6	69.7～73.1	⩾73.2
174.0～174.9	＜51.3	51.3～59.3	59.4～70.2	70.3～73.6	⩾73.7

续表

身高段(cm)	营养不良	较低体重	正常体重	超重	肥胖
	50 分	60 分	100 分	60 分	50 分
175.0～175.9	<51.9	51.9～59.9	60.0～70.8	70.9～74.4	≥74.5
176.0～176.9	<52.4	52.4～60.4	60.5～71.5	71.6～75.1	≥75.2
177.0～177.9	<52.8	52.8～61.0	61.1～72.1	72.2～75.7	≥75.8
178.0～178.9	<53.2	53.2～61.5	61.6～72.6	72.7～76.2	≥76.3
179.0～179.9	<53.6	53.6～62.0	62.1～73.2	73.3～76.7	≥76.8
180.0～180.9	<54.1	54.1～62.5	62.6～73.7	73.8～77.0	≥77.1
181.0～181.9	<54.5	54.5～63.1	63.2～74.3	74.4～77.8	≥77.9
182.0～182.9	<55.1	55.1～63.8	63.9～75.0	75.1～79.4	≥79.5
183.0～183.9	<55.6	55.6～64.5	64.6～75.7	75.8～80.4	≥80.5
184.0～184.9	<56.1	56.1～65.3	65.4～76.6	76.7～81.2	≥81.3
185.0～185.9	<56.8	56.8～66.1	66.2～77.5	77.6～82.4	≥82.5
186.0～186.9	<57.3	57.3～66.9	67.0～78.6	78.7～83.3	≥83.4

注：身高低于表中所列出的最低身高段的下限值时，身高每低 1 cm，实测体重需加上 0.5 kg，实测身高需加上 1 cm，再查表确定分值。身高高于表中所列的最高身高段时，身高每高 1 cm，实测体重需减去 0.9 kg，实测身高需减去 1 cm，再查表确定分值。

表 4-4　大学男生评分标准

等级	单项得分	肺活量体重指数	1000m 跑(min·s)	台阶试验	50m 跑(s)	立定跳远(m)	掷实心球(m)	握力体重指数	引体向上(次)	坐位体前屈(cm)	跳绳(次/1min)	篮球运球(s)	足球运球(s)	排球垫球(次)	单项得分
优秀	100	81	3′27″	82	6.0	2.66	15.7	92	26	23.0	198	8.6	6.3	60	100
	98	83	3′28″	80	6.1	2.65	15.2	91	28	22.6	193	9.0	6.5	49	98
	96	82	3′31″	77	6.2	2.63	14.4	90	24	22.0	186	9.6	6.9	46	86
	94	81	3′33″	74	6.3	2.60	13.6	89	23	21.4	178	10.3	7.3	41	94
	92	80	3′37″	71	6.1	2.60	12.5	87	22	20.6	168	11.1	7.7	41	92
	90	78	3′39″	67	6.5	2.58	11.5	86	21	19.8	158	12.0	8.2	38	90
良好	87	77	3′42″	65	6.6	2.56	11.3	84	20	18.9	152	12.4	8.5	37	87
	84	75	3′45″	63	6.8	2.52	10.0	81	19	17.6	144	12.9	8.9	34	84
	81	73	3′49″	60	7.0	2.48	10.5	79	18	16.2	136	13.5	9.3	32	84
	78	71	3′53″	57	7.3	2.43	10.0	75	17	14.3	121	14.3	9.9	29	78
	75	68	3′58″	53	7.5	2.38	9.5	72	16	12.5	113	15.0	10.4	26	75
及格	72	66	4′05″	52	7.6	2.35	9.3	70	15	11.3	108	15.6	10.7	25	72
	69	64	4′12″	51	7.6	2.31	8.9	66	14	9.5	101	16.6	11.2	23	69
	66	61	4′19″	50	7.8	2.26	8.6	63	13	7.8	94	15.5	11.7	21	66
	63	58	4′26″	48	8.0	2.20	8.0	59	12	5.4	85	18.8	12.3	18	63
	60	55	4′33″	46	8.1	2.14	7.5	54	11	3.0	75	20.0	12.9	15	60
不及格	50	54	4′40″	45	8.2	2.12	7.3	53	9	2.4	71	20.6	13.3	14	50
	40	52	4′47″	44	8.3	2.09	7.0	51	8	1.4	64	21.6	13.8	12	40
	30	51	4′51″	43	8.5	2.06	6.7	49	7	0.5	58	22.3	14.3	10	30
	20	49	5′01″	42	8.6	2.03	6.2	47	6	0.8	49	23.8	15.0	8	20
	10	47	5′08″	40	8.8	1.99	5.8	44	5	2.0	40	25.0	15.7	5	10

表 4-5 大学女生评分标准

等级	单项得分	肺活量体重指数	800m 跑（min·s）	台阶试验	50m 跑（s）	立定跳远（m）	掷实心球（m）	握力体重指数	仰卧起坐（次·min）	坐位体前屈（cm）	跳绳（次/min）	篮球运球（s）	足球运球（s）	排球垫球（次）	单项得分
优秀	100	70	3′21″	78	7.2	2.07	8.6	71	52	21.1	190	11.2	7.3	46	100
	98	69	3′27″	76	7.3	2.06	8.5	73	51	20.8	184	11.5	7.8	44	98
	96	68	3′29″	72	7.4	2.05	8.4	72	50	20.3	175	12.0	8.6	41	96
	94	67	3′32″	69	7.5	2.03	8.2	71	49	19.8	165	12.6	9.4	38	94
	92	65	3′35″	64	7.7	2.01	8.0	69	47	19.2	151	13.3	10.5	31	92
	90	64	3′38″	60	7.8	1.99	7.8	67	45	18.6	142	14.0	11.5	30	90
良好	87	63	3′42″	59	7.9	1.97	7.7	66	44	17.7	137	14.6	11.9	29	87
	84	61	3′46″	57	8.0	1.93	7.6	63	43	16.3	130	15.6	12.5	27	84
	81	59	3′50″	55	8.2	1.89	7.5	61	42	15.0	122	16.5	13.2	25	84
	78	57	3′54″	52	8.3	1.84	7.4	58	40	13.1	112	17.8	14.0	23	78
	75	54	3′58″	49	8.5	1.79	7.2	55	38	11.3	102	19.0	14.9	20	75
及格	72	53	4′03″	48	8.6	1.76	7.1	53	37	10.1	98	19.8	15.6	19	72
	69	51	4′08″	47	8.7	1.72	7.0	59	35	8.5	92	20.9	16.7	17	69
	66	49	4′13″	46	8.8	1.69	6.8	48	33	6.8	90	22.0	17.8	15	66
	63	46	4′18″	44	8.9	1.63	6.6	44	31	4.1	78	25.0	19.3	12	63
	60	43	4′23″	42	9.0	1.58	6.4	40	28	1.7	70	25.6	20.8	10	60
不及格	50	42	4′30″	41	9.1	1.56	6.2	39	27	1.5	68	25.8	21.3	9	50
	40	41	4′37″	40	9.3	1.53	6.0	38	26	1.3	59	26.9	21.9	8	40
	30	39	4′41″	39	9.5	1.50	5.7	36	25	1.0	53	28.0	22.5	7	30
	20	37	4′51″	38	9.8	1.46	5.4	34	23	0.6	44	29.5	23.4	6	20
	10	35	5′00″	36	10.0	1.42	5.0	32	21	0.2	35	31.0	24.3	4	10

第五章　奥运会、亚运会、全运会简介

第一节　奥运会

一、现代奥林匹克运动的起源

现代奥林匹克运动的创始人是法国教育家皮埃尔·德·顾拜旦。现代奥林匹克运动是近代资本主义发展的必然产物，也是近代体育思想形成后在欧洲各地广泛实施的必然结果。1892 年 11 月 25 日，顾拜旦在“法国体育联合会”成立 3 周年的纪念大会上，发表了题为《复兴奥林匹克》的演说。他第一次正式提出了创办现代奥运会的倡议。1894 年 4 月 16 日巴黎国际体育会议胜利召开，6 月 23 日，大会通过决议，成立国际奥林匹克委员会。会议规定法语为国际奥委会的法定语言，沿袭古奥运会传统，每四年举行一次运动会。第一届奥运会原拟 1890 年在巴黎举行，后来考虑希腊为古奥运会发源地，在希腊举行比在巴黎意义更重大些，大会决定把第一届会期改在 1896 年，鉴于古奥运会遗址奥林匹亚已成一片废墟，会址改设在希腊首都雅典，标志着体育运动进入了一个崭新的时代。

现代奥运会受古希腊文化遗产的深刻影响，但它不是古代奥运会的延续，也不是它的翻版，而是带有古希腊奥运会传统色彩的、具有现代思想内涵的国际体育盛会。作为一种文化的现象，奥林匹克主义以竞技的形式，将不同肤色、不同文化背景的民族紧密联系在一起，对人类社会和人类的文明产生了深刻的影响；作为一种体育现象，奥运会是人类探索体能极限的、最引人入胜的赛场，奥运会纪录、奖牌成为运动员追求的崇高目标。

奥运会自公元前 776 年于希腊的奥林匹亚举行以来，已经有 1200 年的历史。当时的运动项目有五项全能(包含铁饼、标枪、跳远、赛跑和摔跤)、赛跑、拳击、摔跤、Pankration(拳击和摔跤的混合运动)、四轮马车赛跑和骑马。奥林匹克的复兴始于 1896 年，当时希腊的雅典举办了第一次现代奥运会，当时有来自 14 个国家的 245 名运动员参加。此后，参赛运动员、参赛国家和比赛项目与日俱增。

冬季体育项目最早在 1908 年添加到奥运会中，当时是花样滑冰运动。冰球项目自 1920 年加入。在 1924 年，冬奥会第一次在法国的查米尼斯单独举行。自 1994 年起，冬奥会定于不和夏季奥运会同年举行，因此目前奥运会为每两年一届，冬季奥运会和夏季奥运会交替进行。

奥林匹克运动有一系列独特而鲜明的象征性标志，如奥林匹克标志、格言、奥运会会旗、会歌、会徽、奖牌、吉祥物等。这些标志有着丰富的文化含义，形象地体现了奥林匹克理想的价值取向和文化内涵。今天，随着奥林匹克运动的不断发展壮大，奥林匹克标志也已经在全世界家喻户晓、深入人心。

二、现代奥林匹克运动的组成

现代奥林匹克运动会包括夏季奥运会、冬季奥运会和残疾人奥运会。

(一)夏季奥运会

目前,夏季奥运会有28个正式比赛项目,它们是田径、游泳(含跳水、水球、花样游泳)、体操(含艺术体操、蹦床)、足球、篮球、排球(含沙滩排球)、曲棍球、举重、自行车、摔跤、柔道、射击、射箭、击剑、皮划艇、赛艇、帆船、马术、拳击、手球、现代五项、乒乓球、网球、垒球、棒球和羽毛球等。国际奥委会规定,只有得到国际奥委会承认的各国际单项体育组织及其管辖的运动项目,才能列入奥运会比赛;还规定列入奥运会比赛的男子项目须至少在4大洲75个国家、女子项目须至少在3大洲40个国家广泛开展。竞赛时间包括开幕式、闭幕式在内不得超过16天。

(二)冬季奥运会

冬季奥运会是奥林匹克运动会的重要组成部分。冬季奥运会也是4年一届,届数的计算方法与夏季奥运会不同,是按实际举行的次数计算届次的。冬季奥运会项目有:冰球、滑冰、滑雪、雪橇、现代冬季两项和冰上舞蹈等。

第1届冬季奥运会于1924年1月25日至2月4日在德国夏蒙尼举行。第24届冬季奥运会于2022年在中国北京和张家口举行。

(三)残疾人奥运会

残疾人奥运会是为6类不同的残疾人士举办的高水平体育运动会。参加残奥会的运动员残疾类别有:视力残疾、截肢、脊髓损伤、脑瘫、其他肢体残疾和智力残疾。

残疾人奥林匹克运动始于1948年。当时一些热心残疾人事业的知名人士在伦敦奥运会期间组织残疾人参加了比赛。1960年,在第17届罗马奥运会结束两周后,来自世界23个国家的400名残疾人运动员参加了在罗马举办的首届以奥林匹克运动会形式组织的残疾人运动会。这就是历史上第1届残疾人奥林匹克运动会。北京2008年残疾人奥林匹克运动会是第13届残奥会。

三、历届奥运会

表5-1 历届夏季奥运会

届数	赛事名称	举办国家	举办城市	举办时间
第1届	1896年雅典奥运会	希腊	雅典	1896年04月06日—1896年04月15日
第2届	1900年巴黎奥运会	法国	巴黎	1900年05月20日—1900年10月28日
第3届	1904年圣路易斯奥运会	美国	圣路易斯	1904年07月01日—1904年11月23日
第4届	1908年伦敦奥运会	英国	伦敦	1908年04月27日—1908年10月31日
第5届	1912年斯德哥尔摩奥运会	瑞典	斯德哥尔摩	1912年05月05日—1912年07月22日
第6届	1916年柏林奥运会	德国	柏林	1916年(一战停办)

续表

届数	赛事名称	举办国家	举办城市	举办时间
第 7 届	1920 年安特卫普奥运会	比利时	安特卫普	1920 年 04 月 20 日—1920 年 09 月 12 日
第 8 届	1924 年巴黎奥运会	法国	巴黎	1924 年 05 月 04 日—1924 年 07 月 27 日
第 9 届	1928 年阿姆斯特丹奥运会	荷兰	阿姆斯特丹	1928 年 05 月 17 日—1928 年 08 月 12 日
第 10 届	1932 年洛杉矶奥运会	美国	洛杉矶	1932 年 07 月 30 日—1932 年 08 月 14 日
第 11 届	1936 年柏林奥运会	德国	柏林	1936 年 08 月 01 日—1936 年 08 月 16 日
第 12 届	1940 年东京奥运会	日本	东京	1940 年(二战停办)
第 13 届	1944 年伦敦奥运会	英国	伦敦	1944 年(二战停办)
第 14 届	1948 年伦敦奥运会	英国	伦敦	1948 年 07 月 29 日—1948 年 08 月 14 日
第 15 届	1952 年赫尔辛基奥运会	芬兰	赫尔辛基	1952 年 07 月 19 日—1952 年 08 月 03 日
第 16 届	1956 年墨尔本奥运会	澳大利亚	墨尔本	1956 年 11 月 22 日—1956 年 12 月 08 日
第 17 届	1960 年罗马奥运会	意大利	罗马	1960 年 08 月 25 日—1960 年 09 月 11 日
第 18 届	1964 年东京奥运会	日本	东京	1964 年 10 月 10 日—1964 年 10 月 24 日
第 19 届	1968 年墨西哥城奥运会	墨西哥	墨西哥城	1968 年 10 月 12 日—1968 年 10 月 27 日
第 20 届	1972 年慕尼黑奥运会	西德	慕尼黑	1972 年 08 月 26 日—1972 年 09 月 11 日
第 21 届	1976 年蒙特利尔奥运会	加拿大	蒙特利尔	1976 年 07 月 17 日—1976 年 08 月 01 日
第 22 届	1980 年莫斯科奥运会	苏联	莫斯科	1980 年 07 月 19 日—1980 年 08 月 03 日
第 23 届	1984 年洛杉矶奥运会	美国	洛杉矶	1984 年 07 月 28 日—1984 年 08 月 12 日
第 24 届	1988 年首尔奥运会	韩国	汉城	1988 年 09 月 17 日—1988 年 10 月 02 日
第 25 届	1992 年巴塞罗那奥运会	西班牙	巴塞罗那	1992 年 07 月 25 日—1992 年 08 月 09 日
第 26 届	1996 年亚特兰大奥运会	美国	亚特兰大	1996 年 07 月 19 日—1996 年 08 月 04 日
第 27 届	2000 年悉尼奥运会	澳大利亚	悉尼	2000 年 09 月 15 日—2000 年 10 月 01 日
第 28 届	2004 年雅典奥运会	希腊	雅典	2004 年 08 月 13 日—2004 年 08 月 29 日
第 29 届	2008 年北京奥运会	中国	北京	2008 年 08 月 08 日—2008 年 08 月 24 日
第 30 届	2012 年伦敦奥运会	英国	伦敦	2012 年 07 月 27 日—2012 年 08 月 12 日
第 31 届	2016 年里约热内卢奥运会	巴西	里约热内卢	2016 年 08 月 05 日—2016 年 08 月 21 日
第 32 届	2020 年东京奥运会	日本	东京	2020 年 07 月 24 日—2020 年 08 月 09 日

表 5-2 历届冬季奥运会

届数	赛事名称	举办国家	举办城市	举办时间
第 1 届	1924 年夏慕尼冬奥会	法国	夏慕尼	1924 年 01 月 25 日—1924 年 02 月 04 日
第 2 届	1928 年圣莫里茨冬奥会	瑞士	圣莫里茨	1928 年 02 月 11 日—1928 年 03 月 18 日
第 3 届	1932 年普莱西德湖冬奥会	美国	普莱西德湖	1932 年 02 月 04 日—1932 年 02 月 15 日
第 4 届	1936 年加米施帕滕基兴冬奥会	德国	加米施帕滕基兴	1936 年 02 月 06 日—1936 年 02 月 16 日
第 5 届	1948 年圣莫里茨冬奥会	瑞士	圣莫里茨	1948 年 01 月 30 日—1948 年 02 月 08 日
第 6 届	1952 年奥斯陆奥运会	挪威	奥斯陆	1952 年 02 月 14 日—1952 年 02 月 25 日
第 7 届	1956 年科蒂纳丹佩佐冬奥会	意大利	科尔蒂纳丹佩佐	1956 年 01 月 26 日—1956 年 02 月 05 日
第 8 届	1960 年斯阔谷冬奥会	美国	斯阔谷	1960 年 02 月 18 日—1960 年 02 月 28 日
第 9 届	1964 年因斯布鲁克冬奥会	奥地利	因斯布鲁克	1964 年 01 月 29 日—1964 年 02 月 09 日
第 10 届	1968 年格勒诺布尔冬奥会	法国	格勒诺布尔	1968 年 02 月 06 日—1968 年 02 月 18 日
第 11 届	1972 年札幌冬奥会	日本	札幌	1972 年 02 月 03 日—1972 年 02 月 13 日
第 12 届	1976 年因斯布鲁克冬奥会	奥地利	因斯布鲁克	1976 年 02 月 04 日—1976 年 02 月 15 日
第 13 届	1980 年普莱西德湖冬奥会	美国	普莱西德湖	1980 年 02 月 13 日—1980 年 02 月 24 日
第 14 届	1984 年萨拉热窝冬奥会	南斯拉夫	萨拉热窝	1984 年 02 月 08 日—1984 年 02 月 19 日
第 15 届	1988 年卡尔加里冬奥会	加拿大	卡尔加里	1988 年 02 月 13 日—1988 年 02 月 28 日
第 16 届	1992 年阿尔贝维尔冬奥会	法国	阿尔贝维尔	1992 年 02 月 08 日—1992 年 02 月 23 日
第 17 届	1994 年利勒哈默尔冬奥会	挪威	利勒哈默尔	1994 年 02 月 12 日—1994 年 02 月 27 日
第 18 届	1998 年长野冬奥会	日本	长野	1998 年 02 月 07 日—1998 年 02 月 22 日
第 19 届	2002 年盐湖城冬奥会	美国	盐湖城	2002 年 02 月 08 日—2002 年 02 月 24 日
第 20 届	2006 年都灵冬奥会	意大利	都灵	2006 年 02 月 10 日—2006 年 02 月 26 日
第 21 届	2010 年温哥华冬奥会	加拿大	温哥华	2010 年 02 月 12 日—2010 年 02 月 28 日
第 22 届	2014 年索契冬奥会	俄罗斯	索契	2014 年 02 月 07 日—2014 年 02 月 23 日
第 23 届	2018 年平昌冬奥会	韩国	平昌郡	2018 年 02 月 09 日—2018 年 02 月 25 日
第 24 届	2022 年北京冬奥会	中国	北京 张家口	2022 年 02 月 04 日—2022 年 02 月 20 日

第二节　亚运会

亚洲运动会(Asian Games)简称亚运会,是亚洲地区规模最大的综合性运动会。每四年一届,与奥林匹克运动会相间举行。最初由亚洲运动会联合会主办,1982 年后由亚洲奥林匹克理事会(Olympic Council of Asia)主办(每四年举办一届)。自 1951 年第一届始,迄今共举办了 15 届。国际奥林匹克委员会承认亚洲运动会为正式的亚洲地区运动会。

图 5-1　亚洲奥林匹克理事会

一、历史

1948 年 7 月,正值第 14 届伦敦奥运会举行期间,中国与菲律宾体育人士欲恢复远东运动会,并与亚洲各国体育人士商讨。当时印度体育领导人古鲁桑迪认为远东运动会不足以体现亚洲体育运动的水平和亚洲人民的团结精神,主张创办一个所有亚洲国家的亚洲运动会。他遍访了来伦敦参加奥运会的亚洲国家体育代表,并邀请了韩国、中国、菲律宾等 13 个国家和地区的代表召开了关于成立亚洲体育运动组织的筹备会议。会议决定起草亚洲运动会有关文件和章程并确定于 1949 年 2 月在印度新德里举行第一届亚洲运动会(因印度国内原因,运动会延至 1951 年举行)。1949 年 2 月,亚洲国家体育组织代表在印度首都新德里召开会议,会上正式成立了“亚洲业余体育联合会”(后更名为“亚洲运动会联合会”,1981 年改为“亚洲奥林匹克理事会”至今)。

二、比赛项目

亚洲运动会的比赛项目不像奥林匹克运动会那样有严格的规定,除田径、游泳、足球、篮球等广为开展的项目每届都必须列入外,主办国可根据自身的条件和运动技术水平适当增减。当然,比赛项目的增减与变换都必须得到亚奥理事会的同意和批准,东道国无权随意安排。前 13 届运动会举办过的项目分别有射箭、田径、羽毛球、棒球、篮球、台球、保龄球、拳击、皮划艇、自行车、马术、击剑、足球、高尔夫球、体操(含艺术体操)、手球、曲棍球、柔道、卡巴迪、空手道、现代五项、赛艇、橄榄球、藤球、射击、软式网球、垒球、壁球、游泳(含花样游泳、跳水和水球)、乒乓球、跆拳道、网球、排球(含沙滩排球)、举重、摔跤、武术、帆船等。

三、历届亚运会

表 5-3　历届亚运会

届次	赛事名称	举办地点		举办时间
		国家	城市	
第 1 届	1951 年新德里亚运会	印度	新德里	1951 年 03 月 04 日—1951 年 03 月 11 日
第 2 届	1954 年马尼拉亚运会	菲律宾	马尼拉	1954 年 05 月 01 日—1954 年 05 月 09 日
第 3 届	1958 年东京亚运会	日本	东京	1958 年 05 月 24 日—1958 年 06 月 01 日
第 4 届	1962 年雅加达亚运会	印度尼西亚	雅加达	1962 年 08 月 24 日—1962 年 09 月 02 日
第 5 届	1966 年曼谷亚运会	泰国	曼谷	1966 年 12 月 09 日—1966 年 12 月 20 日
第 6 届	1970 年曼谷亚运会	泰国	曼谷	1970 年 12 月 09 日—1970 年 12 月 20 日
第 7 届	1974 年德黑兰亚运会	伊朗	德黑兰	1974 年 09 月 10 日—1974 年 09 月 16 日
第 8 届	1978 年曼谷亚运会	泰国	曼谷	1978 年 12 月 09 日—1978 年 12 月 20 日
第 9 届	1982 年新德里亚运会	印度	新德里	1982 年 11 月 19 日—1982 年 12 月 04 日
第 10 届	1986 年汉城亚运会	韩国	汉城	1986 年 09 月 20 日—1986 年 10 月 05 日
第 11 届	1990 年北京亚运会	中国	北京	1990 年 09 月 22 日—1990 年 10 月 07 日
第 12 届	1994 年广岛亚运会	日本	广岛	1994 年 10 月 02 日—1994 年 10 月 16 日
第 13 届	1998 年曼谷亚运会	泰国	曼谷	1998 年 12 月 06 日—1998 年 12 月 20 日
第 14 届	2002 年釜山亚运会	韩国	釜山	2002 年 09 月 29 日—2002 年 10 月 14 日
第 15 届	2006 年多哈亚运会	卡塔尔	多哈	2006 年 12 月 01 日—2006 年 12 月 15 日
第 16 届	2010 年广州亚运会	中国	广州	2010 年 11 月 12 日—2010 年 11 月 27 日
第 17 届	2014 年仁川亚运会	韩国	仁川	2014 年 09 月 19 日—2014 年 10 月 04 日
第 18 届	2018 年雅加达亚运会	印度尼西亚	雅加达	2018 年 08 月 18 日—2018 年 09 月 02 日
第 19 届	2022 年杭州亚运会	中国	杭州	2022 年 09 月 10 日—2022 年 09 月 25 日

第三节　全运会

一、历史

中华人民共和国全国运动会简称“全运会”，是中国国内水平最高，规模最大的综合性运动会。全运会的比赛项目除武术外基本与奥运会相同，其原意是为国家的奥运战略锻炼新人、选拔人才。全运会每四年举办一次，一般在奥运会结束后一年举行。为了更好地调动各省市区的积极性，国家体育总局在 1996 年奥运会前出台了“将奥运会奖牌带入全运会”的举措。

首届运动会于 1959 年 9 月 13 日至 10 月 3 日在北京市举行。前九届全运会由北京、上海、广东三地轮流举办。2001年初，国务院办公厅正式发布了《关于取消全国运动会由北京、上海、广东轮流举办限制的函》，取消了由北京、上海和广东三地轮办全运会的限制。2011年8月16日，经过三轮不记名投票，天津市获得2017年第十三届全运会主办权。

二、比赛项目

在前四届全运会上，比赛项目包括夏季体育项目、冬季体育项目、军事体育项目以及民族体育项目。此后，因为国家调整体育事业发展重心，开始集中力量备战奥运会。而要实战奥运会的突破，首先要从夏季项目开始。所以从第五届全运会开始，国家进行了综合性运动会改革，全运会的项目设置开始逐渐向夏季奥运会接轨。全运会中不再设立冬季项目，冬季项目单独举行全国冬季运动会。

为促进冬季体育的发展，实施“北冰南展”工程，从第七届全国运动会开始，冬季体育的部分项目又重新列入全运会比赛项目。七运会设立了短道速滑和速度滑冰项目，八运会又增设了花样滑冰项目，十一运会又增设了自由式滑雪项目。

三、历届全运会

表5-4 历届全运会

历届全运会	举办地	举办年份	具体日期
第一届全运会	北京	1959年	1959年09月13日—1959年10月03日
第二届全运会	北京	1965年	1965年09月12日—1965年09月28日
第三届全运会	北京	1975年	1975年09月12日—1975年09月28日
第四届全运会	北京	1979年	1979年09月15日—1979年09月30日
第五届全运会	上海	1983年	1983年09月18日—1983年10月01日
第六届全运会	广东	1987年	1987年11月20日—1987年12月05日
第七届全运会	北京	1993年	1993年09月04日—1993年09月15日
第八届全运会	上海	1997年	1997年10月12日—1997年10月24日
第九届全运会	广东	2001年	2001年11月11日—2001年11月25日
第十届全运会	江苏	2005年	2005年10月12日—2005年10月23日
第十一届全运会	山东	2009年	2009年10月16日—2009年10月28日
第十二届全运会	沈阳	2013年	2013年08月31日—2013年09月12日

第六章　马拉松简介

马拉松(Marathon)长跑是国际上非常普及的长跑比赛项目,全程距离 26 英里 385 码,折合为 42.195 公里。分全程马拉松(Full Marathon),半程马拉松(Half Marathon)和四分马拉松(Quarter Marathon)三种。以全程马拉松比赛最为普及,一般提及马拉松,即指全程马拉松。

第一节　起　源

马拉松赛是一项长跑比赛项目,其距离为 42.195 公里(也有说法为 42.193 公里,但比赛都是用 42.195 公里)。这个比赛项目的起源要从公元前 490 年 9 月 12 日发生的一场战役讲起。

这场战役是波斯人和雅典人在离雅典不远的马拉松海边发生的,史称希波战争,雅典人最终获得了反侵略的胜利。为了让故乡人民尽快知道胜利的喜讯,统帅米勒狄派一个叫菲迪皮茨的士兵回故乡报喜讯。

菲迪皮茨是个有名的"飞毛腿",为了让故乡人早知道好消息,他一个劲地快跑,当他跑到雅典时,已上气不接下气,激动地喊道"欢……乐吧,雅典人,我们……胜利了"说完,就倒在地上死了。

为了纪念这一事件,在 1896 年举行的现代第一届奥林匹克运动会上,设立了马拉松赛跑这个项目,把当年菲迪皮茨送信跑的里程——42.195 公里作为赛跑的距离。马拉松原为希腊的一个地名。在雅典东北 30 公里。其名源出腓尼基语 marathus,意即"多茴香的",因古代此地生长众多茴香树而得名。体育运动中的马拉松赛跑就得名于此。

1896 年举行首届奥运会时,顾拜旦采纳了历史学家布莱尔(Michel Breal)以这一史事设立一个比赛项目的建议,并定名为"马拉松"。比赛沿用当年菲迪皮茨所跑的路线,距离约为 40 公里 200 米。此后十几年,马拉松跑的距离一直保持在 40 公里左右。1908 年第 4 届奥运会在伦敦举行时,为方便英国王室人员观看马拉松赛,特意将起点设在温莎宫的阳台下,终点设在奥林匹克运动场内,起点到终点的距离经丈量为 26 英里 385 码,折合成 42.195 公里。国际田联后来将该距离确定为马拉松跑的标准距离。女子马拉松开展较晚,1984 年第 23 届奥运会才被正式列入比赛项目。

1896 年首届奥运会后,马拉松赛在世界各地广泛举行,美国从 1897 年起举行波士顿马拉松赛,至 2000 年已举办了 104 届,成为世界上历史最悠久的马拉松赛。马拉松在公路上举行,可采用起、终点在同一地点的往返路线或起、终点不在同一地点的单程路线。比赛时,沿途必须摆放标有已跑距离的公里牌,并要每隔 5 公里设一个饮料站提供饮料,两个饮料站之间设一个用水站,提供饮水或用水。赛前需经身体健康检查,合格者方可报名参加比赛。

由于马拉松比赛一般在室外进行,不确定因素较多,所以在 2004 年 1 月 1 日前马拉松一直使用世界最好成绩,没有世界纪录。2004 年 1 月 1 日,国际田联宣布了一项新决定:包括马拉松在内的公路赛跑和竞走项目将告别只有世界最好成绩的时代，开始拥有世界纪录。

国际田联宣布这个决定后，英国长跑女将拉德克利夫被正式认定为女子 10 公里、20 公里和马拉松三个项目的世界纪录保持者，而波兰人科热日尼奥夫斯基则是男子 50 公里竞走的第一个世界纪录拥有者。

第二节 比赛规则

原本马拉松比赛没有设世界纪录，只有世界最好成绩。但国际田联（IAAF）为了刺激公路比赛的发展，决定从 2004 年 1 月 1 日开始，设立马拉松、竞走等公路比赛的世界纪录。

选手的身体情况需得到比赛医疗机构的认可，方能参加比赛。

北京奥运会马拉松比赛运动员不能随便喝水

42.195 公里的距离对于人类来说，是一次对体能极限的挑战。在比赛中，运动员虽然也会从路边的小桌子或者是路边站立的人手中接过来一些水。而这饮用水却不是谁都可以随便递的。

在马拉松赛中，比赛的起点和终点都提供水和其他饮料，而在比赛路线上，每隔 2.5 公里有一个饮料站。水和饮料放在运动员经过时容易拿到的地方，运动员也可自备饮用水，并且可以在他们要求的地方设置饮料站。饮用水和湿海绵提供站设置在两个饮料站之间。在那里，长跑运动员和竞走运动员经过时可以取到饮用水，还可以从海绵中挤水冲洗头部，起到冷却作用。除此之外，运动员不能从比赛线路上其他地方获得饮料。

可以说，“水”是马拉松比赛中规定最为严格的部分。除此之外，运动员只要在裁判的监督下沿正确的路线比赛即可，如有特殊原因，还可在裁判员的监督下离开赛跑路线，但如果不在监督下离开就会失掉比赛资格。

第三节 著名赛事

一、国际赛事

（一）波士顿马拉松

波士顿马拉松开始于 1897 年 4 月 19 日，是全球首个城市马拉松比赛，当时只有 15 位跑者参加。从创办至今，波士顿马拉松每年一次，从没间断过，通常在 4 月中旬进行。在 1986 年以前，波士顿马拉松一直沿用古希腊的方式，对优胜者的奖励只有头戴橄榄叶编成的花冠，颁发奖杯，但没有奖金。

波士顿马拉松沿袭了其古老的传统，优美的原野、点对点的快速赛道、空前的现场观众，一切都体现着这个古老马拉松的魅力。但遗憾的是，很多选手都无缘体验波士顿马拉松，因为它对参赛资格有着严格的限制。但这并没有阻止人们前去尝试，正是由于有了这种排他性，才更增加了波士顿马拉松的吸引力，世界尖子运动员都以在这个赛事中夺冠为荣。

波士顿的道路起伏很大，所以男子没出过世界最好成绩，女子马拉松于 20 世纪 70～80 年代（在女子马拉松赛事还不多的情况下）产生过 3 次世界最好成绩。

2001 年 4 月 16 日第 105 届波士顿马拉松赛，1996 年奥运会亚军韩国的李凤柱冲破两名肯尼亚选手的围堵和奥运会冠军博拉的追赶，夺得冠军(成绩为 2 小时 9 分 43 秒)，他中断了肯尼亚人 10 年的垄断而举世轰动。李凤柱回到汉城时，受到英雄凯旋般的欢迎。

路线：比赛从波士顿正西方的 Hopkinton 出发，穿过 7 个小镇，最后在位于波士顿市中心的 Copley 广场结束。整个路线的起伏较大，特别是在开始阶段。

(二)纽约马拉松赛

如果说有哪个马拉松赛可以毫不犹豫地宣称自己是世界上最受欢迎的，那一定是纽约马拉松。纽约马拉松的声誉仅次于波士顿，创办于 1970 年，每年 11 月初举行，参赛者最多超过 10 万人，声势浩大，通过纽约大吊桥时连桥身都震动，场面非常壮观。没有哪一个马拉松可以像纽约马拉松那样吸引如此众多的来自世界各地的跑手，这个城市独特的魅力、比赛壮观的氛围以及塞满赛道两旁的令人不可思议的观众使得越来越多的人加入到这个赛事中。如果你希望感受到城市马拉松的活力和激情，你一定不能错过纽约马拉松。

20 世纪 80 年代，挪威长跑女将韦茨共 9 次在纽约夺冠，是马拉松历史上夺冠次数最多的人。1981 年，美国名将萨拉萨尔在这里创造了 2 小时 8 分 13 秒的世界最好成绩，他自 1980～1982 年获得 3 连冠，罗杰斯在 1976～1979 年共获得 4 连冠。1994 年，肯尼亚女选手洛鲁佩首次在纽约跑马拉松，她那时 21 岁，身高 1.50 米，体重 38 公斤，看上去还像未成年的孩子，但她却以 2 小时 27 分钟 37 秒一举夺魁。此后，洛鲁佩便成为肯尼亚最杰出的长跑女将。

20 世纪 90 年代后，纽约马拉松除冠军奖金外还另加一部奔驰车，非常有吸引力。

路线：起点设在通向 Staten 岛的 Verrazano-Narrows 桥上，穿过纽约的五个城区后，抵达中央公园结束。此路线绝对是一次纽约节日文化之旅。

(三)柏林马拉松赛

每年 9 月下旬举行的柏林马拉松跻身于世界级马拉松之林，很大程度上要感谢它破世界纪录的赛道以及具有超高效率的赛事组委会。但柏林马拉松带给大家绝不仅仅是这些。柏林马拉松吸引了大量的观众，热闹而喧哗，比赛路线可以让你来一次 20 世纪历史回顾之旅。你会跑过雄伟壮丽的历史建筑和现代、高科技、充满商业色彩的楼宇。虽然最近几年柏林马拉松的主题是世界纪录，但柏林马拉松最引以为豪的——它是真正的群众性马拉松。

1977 年，在女子马拉松还没有普及时，前东德女运动员瓦伦西克在这里跑出了 2 小时 34 分 47 秒的世界最好成绩。到 1998、1999 年，柏林在马拉松历史上大放异彩，28 岁的巴西人达·科斯塔在 1998 年刷新了登西莫保持 10 年之久的世界最好成绩(2 小时 6 分 50 秒)，他是第 2 个跑进 2 小时 7 分钟以内的人。1999 年，洛鲁佩把她本人在鹿特丹创造的女子世界最好成绩缩短了 4 秒钟，使柏林的地位陡增。21 世纪的第 1 年，柏林再次跃进历史，日本运动员高桥尚子把女子世界最好成绩改写为 2 小时 19 分 46 秒，第 1 个突破 2 小时 20 分钟大关。

2003 年柏林马拉松组委会决定做一些改革，除像新年一样释放烟花外，参赛选手将穿过勃兰登堡门，然后再往前跑 300 米冲过终点。同时将允许 35000 人参加比赛。

路线：

除了两个大约 17 和 21 英里长的坡道外，柏林马拉松的路线总的说来非常平坦、宽敞并且相对笔直，特别是比赛刚开始的 2 英里和接近终点冲刺的部分。沿路将有很多可以吸引你眼球的东西，除非你完全专注于冲击世界纪录了。

(四)伦敦马拉松赛

伦敦马拉松诞生于1981年，当时是受了纽约马拉松的启发而生成的。伦敦马拉松每年4月下旬举行，绝对是每一个跑手的节日，宽阔的场地、景色优美的路线、热情的观众、排山倒海般的欢呼声，再加上快速的路线和几乎完美无瑕的组织工作，这一切无疑深深吸引着那些马拉松资深跑手。

伦敦马拉松曾经是历史上产生男女世界最好成绩最多的城市，但那是在早期。20世纪80年代后期，受到几个高奖金美国赛事的挑战，伦敦马拉松组织者急中生智，在比赛中增加了化妆队伍，使比赛别开生面，还常有新娘身穿婚纱和穿西服领带的新郎携手跑完42公里193米的距离。

20世纪80年代初，伦敦产生过3次女子世界最好成绩，最后一次是挪威女将克里斯蒂安森1985年第1个突破2小时22分钟大关，创造了2小时21分6秒的世界成绩。2001年最引人瞩目的是世锦赛和奥运会10000米亚军、5次世界越野赛冠军特加特首次在这里跑马拉松，虽然没能夺冠，但他以2小时8分15秒夺得亚军，仍显出很强的实力。男子组第10名的成绩是2小时12分2秒，各名次之间的差距只有几秒，表明比赛的水平较高，竞争很激烈。2003年伦敦马拉松赛上，英国本土选手、世界女子马拉松最好成绩保持者拉德克里夫再次实现自我突破，以2小时15分25秒的成绩谱写下最新的女子最好成绩。

路线：从位于伦敦西南的布莱克希思格林尼治公园出发，经过国会大厦和白金汉宫，抵达靠近圣琼斯公园的终点，沿途可以欣赏到伦敦许多历史名胜。虽然路线曲折、迂回，甚至某些地方可以说狭窄，但没有山坡。

二、国内赛事

国内赛事包括：北京国际马拉松赛，厦门国际马拉松赛，上海国际马拉松赛，南京国际马拉松赛，太原国际马拉松赛，郑开国际马拉松赛，黄河口国际马拉松赛，青岛国际马拉松赛，重庆国际马拉松赛，大连国际马拉松赛，丹东鸭绿江国际马拉松赛，兰州国际马拉松比赛，天津国际市民马拉松赛，广州国际马拉松赛，天津国际马拉松赛，深圳国际马拉松赛等。

中篇　体育健身

第七章　田　径

第一节　田径运动简介

田径运动是各项运动的基础。它能全面地、有效地发展人的身体素质和运动技能，对其他各项运动技术的发展和成绩的提高都有很好的作用。因此，各项体育运动都把田径运动作为提高身体素质的训练手段。实践证明，许多优秀运动员，特别是球类运动员，都有较高的田径运动能力和素质水平。可见，田径运动是各项运动的基础。

田径运动的项目较多，锻炼形式多样，场地、设备和器材比较简单，练习时不易受到性别、人数、时间和季节等条件的限制，便于广泛开展。

田径运动包括竞走、跑、跳跃、投掷以及由跑、跳、跃、投掷的部分项目组成的全能运动，共计 40 多项。以时间计算成绩的项目叫径赛；以高度或远度计算成绩的项目叫田赛；全能运动项目，则是以各单项成绩按《田径运动评分表》换算分数计算成绩的。

正式国际田径比赛的项目如下：

1. 竞走：场地赛 5 km、10 km，公路赛 20 km、50 km。
2. 跑。

表 7-1

	男　子　组			女　子　组		
短距离跑	100 m	200 m	400 m	100 m	200 m	400 m
中距离跑	800 m	1500 m	3000 m	800 m	1500 m	
长距离跑	5000 m	10000 m		5000 m	10000 m	
跨栏跑	110 m 栏 (1.067 m)	400 m 栏 (0.94 m)		100 m 栏 (0.84 m)	400 m 栏 (0.762 m)	
障碍跑	3000 m					
马拉松	42.195 km			42.195 km		
接力跑	4×100 m	4×100 m		4×100 m	4×100 m	

3. 跳跃：男、女同为跳高、撑竿跳高、跳远、三级跳远。
4. 投掷。

铅球：男 7.26 kg，女 4 kg；　标枪：男 800 g，女 600 g；　铁饼：男 2 kg，女 1.5 kg；

链球:男 7.26 kg,女 4 kg。

5. 全能。

男子十项全能:第一天:100 m、跳远、铅球、跳高、400 m;

第二天:110 m 栏、铁饼、撑竿跳高、标枪、1500 m。

女子七项全能:第一天 100 m 栏、铅球、跳高、200 m;

第二天:跳远、标枪、800 m。

第二节　田径比赛规则简介

一、径赛项目

在田径运动会中,所有赛跑项目(包括跨栏及接力跑),都属于径赛项目。参赛者的名次,乃决定于其身体躯干(有别于头、颈、臂、腿、手或足)抵达终点内侧之垂直线为止时的顺序。径赛成绩相同而影响进入下一赛次时,若情况许可,均予以录取,否则应予重赛。在决赛中成绩同是第一,总裁判有权决定是否重赛,若认为无须重赛,则维持赛果;至于其他名次,就算成绩相同,亦无须重赛。

(一)短跑及中、长跑

在国际赛事中,所有 400 m 或以下的径赛项目,必须采用蹲踞式起跑及使用起跑器。在“各就位”及“预备”口令之后,参赛者应马上完成有关动作,任何参赛者不能在合理时间内完成有关动作,则属起跑犯规。

除此以外,在“各就位”后,以声音或动作扰乱他人,得判以起跑犯规。在枪声响起前有任何起跑动作,亦属起跑犯规。对起跑犯规的参赛者,发令员应予以警告,再犯则取消其参赛资格(此例不适用于男子十项全能及女子七项全能比赛)。

400 m 以上的竞赛项目,口令只有“各就位”,当所有参赛者均准备妥当及静止后,便可鸣枪开始比赛。

在划分线道进行的径赛项目或其部分中,参赛者不得越出其指定之赛道,否则会被取消资格。在任何径赛项目中,若冲撞、突然切入或阻碍其他参赛者,亦会被取消资格。反过来说,若任何参赛者被推或迫离指定之赛道,只要未获得实际利益,不必取消其参赛资格。同样情况,任何参赛者在直道中越出其跑道或在弯道中越出其跑道之外侧,只要没有得益及未有阻碍他人,亦不算犯规。

(二)跨栏

各参赛者必须在自己的线道内完成比赛,而且当参赛者跨越栏架时,若其腿或足从低于栏架顶的水平线跨越,或跨越并非自己赛道上的栏架,均应被取消资格。若裁判员认为参赛者故意以手或足撞倒任何栏架,亦应取消其参赛资格。

(三)接力跑

4×100 m 接力跑是分道进行,接棒者可以在接棒区前 10 m 内起跑。在 4×400 m 接力跑中,第一棒全程及第二棒的第一弯道是分道跑,第二棒运动员要跑至抢道线后方可自由抢道。第一棒的传接必须在参赛者指定的线道内进行,其余各棒的传接,裁判员会根据第二及第三棒运动员通过 200 m 起点处之先后，按次序让其第三及第四棒的队友在接棒范围内，由内至外排列等候接棒。所有接棒者均不可以在接棒区外起跑。接力棒必须拿在手上，直到比赛结束为止，任何人掉棒，必须由其本人拾回，而且要在不影响别人的情况下，方可越出自己的跑道以拾回接力棒。所有接力赛事，必须在接棒区内完成交接棒。“接棒区内”的判定是根据接力棒的位置，而不是根据参赛者的身体或四肢的位置。任何参赛者在传接棒完毕故意越出跑道以妨碍其他参赛队伍的，其队伍可以被取消资格。

二、田赛项目

1. 所有赛跑项目以外的赛事，均属田赛项目，田赛项目又可分为掷类及跳类。除跳高外，若参赛人数超过 8 名，每人应有 3 次试掷(跳)机会，试掷(跳)成绩最好的 8 名参赛者可获得另外 3 次试掷(跳)的机会。若超过一名参赛者同时获得相同于第 8 名的成绩，则每位成绩相同于第 8 名的参赛者，均可再获 3 次试掷(跳)的机会。若参赛的总人数是 8 人或以下，则每位参赛者应给予 6 次试掷(跳)的机会。

若参赛者同时参加了田赛和径赛项目，或一项以上的田赛项目，而在比赛时间上有所冲突时，田赛项目裁判可让参赛者在每一轮中更改赛前预定的试掷(跳)次序，但每一位参赛者在任何一轮的比赛中，不得有多于一次试掷(跳)的机会(跳高除外)。

2. 用距离决定胜负之田赛项目，以参赛者全部试掷(跳)中之最佳成绩计算名次。遇上最佳成绩相同时，应以次佳成绩定胜负，如此类推。若仍无法定出胜负而又涉及竞逐第一名时，则成绩相同者须依原来顺序进行比赛，直至分出胜负为止。

3. 用高度决定胜负之田赛项目，遇上最佳成绩相同时，以最少试跳次数成功越过最后高度之参赛者应获排较前的位置。如仍未分胜负，则全场比赛中试跳失败次数最少(包括最后跳过之高度)之参赛者应获排较前的位置。若仍无法分别胜负而涉及竞逐第一名，虽然有关之参赛者有可能曾经在不同高度作试跳而相继失败，裁判应以其中最低之高度上，再给予一次试跳机会。如仍无法分别高下，则每次升高或降低 2 cm 让有关参赛者加跳一次，直至能定出胜负为止，而且在此情况下，有关参赛者必须试跳，以便判定名次。

不涉及竞逐第一名，则由成绩相同之有关参赛者并列同等名次。

4. 若田赛参赛者无理延误试掷或试跳，便算一次失败，如再次延误比赛，会被取消继续比赛下去的资格，但之前所创之成绩仍被承认。在正常情形下，每次试掷或试跳的时间不得超过一分半钟，当跳高比赛只剩下二或三人时，此时限应增至三分钟。若只剩下一人时，此时限应增至五分钟。

5. 铅球。

参赛者必须在推掷圈内，由静止状态开始，把铅球以单手由肩上推出。在整个推铅球的过程中，铅球应接触或接近参赛者的下颚，并且不得低于此位置，也不得移至肩线之后。推掷时，参赛者可以触碰推掷圈及抵趾板的内缘，但身体的任何部位若触到推掷圈或抵趾板上缘，或推掷圈外面的地面，均视作试推失败。铅球未着地前，参赛者不得离开推掷圈。离开推掷圈时，亦必须从其后半圆离开。

在推掷的过程中，参赛者可以中途停顿，甚至把铅球放下，以及离开推掷圈(但仍要符合上述规定)，然后重新由静止位置开始推掷。

铅球必须完全落在扇形地区角度线范围以内方为有效。丈量时应从铅球着地痕迹之最近端拉向推掷圈之圆心，以推掷圈内缘至铅球着地痕迹近缘之距离为成绩。距离之计算须以 0.01 m 为最小单位，不足 0.01 m 者应以较低的读数计算成绩。

6. 铁饼。

除了投掷方式上的不同外，所有推铅球的规则通用于掷铁饼项目。

7. 标枪。

参赛者应握着标枪之握把处，自肩上或投掷手臂上方把枪掷出，投掷时不得把枪抛出或甩出。自开始投掷至标枪离手期间，参赛者不得转身完全背向投掷弧。标枪着地前，参赛者不得离开助跑道，离开时亦要在助跑道两边平行线的直角方向及投掷弧的两端延长线后面走出。在投掷过程中，只要未触犯上述规定，参赛者可中途停顿，甚至把标枪放下，并且离开助跑道，然后重新回到助跑道投掷。

标枪着地时，枪尖必须比其他部分先着地，并且完全落在扇形地区的角度线之内，该掷方算有效。丈量对应由枪尖着地之最近点，通过投掷弧线之圆心，量度至投掷弧线的内缘作为该掷之成绩。

8. 跳高。

比赛开始前，裁判员必须向参赛者宣布起跳的高度，及每次晋升的高度，直至只剩下一位参赛者为止。

除非只余下冠军参赛者，否则横杆的升幅不得少于 2 cm，而且横杆的升幅不得增加，在只剩下冠军参赛者的情况下，横杆的升幅可按其意愿而做出决定。

参赛者必须单脚起跳。若起跳后，横杆不停留在支架上或在尚未越过横杆前，身体的任何部位触及两支架间或两支架外的地面(包括其着地区)，则以试跳失败论。如果参赛者在试跳时，其脚部触及着地区，而裁判员认为并未因此而获得利益，则该跳仍算有效。

参赛者可以在任何一个高度开始起跳，往后亦可以自由选择高度试跳，但不管高度如何，连续三次试跳失败，便会丧失继续比赛的资格。若参赛者曾放弃某高度的第一次试跳，其后便不得在同一高度上再次要求试跳机会(成绩相同时之额外试跳除外)。

9. 跳远。

若参赛者触犯下列任何情况，均作试跳失败论：

(1)不论起跳与否，身体的任何部位触及起跳线前方的地面。

(2)不论是否超过起跳线，在起跳板两端以外起跳。

(3)着地时，身体的任何部分触及着地区以外的地面，而该点较其落在着地区之位置为近。

(4)完成试跳后，在着地区向后行。

(5)以使用任何翻腾动作试跳。

除上述(2)行为外，参赛者未到达起跳板即开始起跳，不得判作失败。丈量试跳成绩时，应以身体任何部分在着地区表面留下的痕迹，与起跳线或其延长线间的最短距离为准。距离之计算须以 0.01 m 为最小单位，不足 0.01 m 者应以较低的读数计算成绩。

10. 三级跳远。

三级跳远必须顺序由单足跳、跨步跳及跳跃三个部分组成。第一步起跳后，须以同足着地，进行第二次起跳；第二步起跳后，则要以另一足着地，然后再作第三次(最后一次)起跳。除场地外，跳远之所有规则，均适用于三级跳远项目上。

11. 用具及场地。

(1)标准径赛跑道长 400 m,由两个半圆的弯道及两条平衡的直道组成,普遍采用合成聚合物建设。田径场通常有 8 条跑道,每条跑道的宽为 1.22 m 至 1.25 m,虽然各径赛项目的起点未必一样,但终点都是设在直道的最终处,并且和跑道成直角。大部分田赛项目的设施(例:铁饼、标枪、铅球、跳高及跳远等),都是建于跑道范围以内的地方。

(2)栏架须用金属或其他合适的材料制成,上面之横木可用木或其他合适的材料制造,并须漆成黑白或相同对比颜色相间的条纹。栏架的高度及栏间距则应不同的项目而调整,不过无论比赛的距离为何,每条线道上都会放置十个栏架。

表 7-2

比赛项目	栏高(m)	起点至第一栏(m)	栏间距(m)	最后一栏至终点(m)
男 110 m 栏	1.067	13.72	9.14	14.02
男 400 m 栏	0.914	45	35	40
女 100 m 栏	0.840	13	8.5	10.50
女 400 m 栏	0.762	45	35	40

(3)接力棒

接力棒为中空之圆形短棒,外表要平滑,用木、金属或其他坚硬的物质制成。

(4)铅球

推掷圈内缘之直径为 2.135 m,角度线应于推掷圈中心向外伸展,成 40°的夹角。铅球必须用实心的铁或适当的材料制造,表面必须光滑,球亦要呈圆形。在国际赛事中,男、女子所采用的铅球重量分别为 7.26 kg 及 4 kg。

(5)铁饼

投掷圈内缘直径为 2.5 m,并有护笼包围投掷圈,护笼的安装应成 U 字形,开口在前面。角度线的设置及夹角与铅球相同。铁饼本体为木或其他合适的材料所制,外缘箍以圆形的金属圈。在国际赛事中,男、女子所采用的铁饼重量分别为 2 kg 及 1 kg。

(6)标枪

投掷区包括一条 30～36.5 m 长,4 m 宽的助跑道,其扇形落地区的夹角为 29°。枪杆必须用金属制成,横切面要呈正圆形。在国际赛事中,男、女子所采用的标枪重量分别为 800 g 及 600 g。

(7)跳高

助跑道最短应有 15 m,跳高架之间的距离在 4～4.04 m 之间。横竿可以用木、金属或其他适合的材料制造,但横切面必须为圆形。落地区的范围应不少于 5 m×3 m。

(8)跳远

助跑道不应短于 40 m,其宽度与径赛跑道相同。起跳板与着地区近端的距离,应在 1～3 m之间,其长度为 1.22 m,宽为 20 cm,板的前端应放置一块黏土显示板。起跳板与着地区的距离最少应有 10 m,着地区的宽度应在 2.75～3 m 之间,并采用有适当湿度及较松的沙粒堆成。

(9)三级跳远

起跳板的大小与跳远相同,起跳板与着地区远端的距离不得少于 21 m。男子国际赛事中,起跳板至着地区近端的距离通常不少于 13 m,其他比赛中,此距离可略为缩短。

第八章　游　泳

第一节　游泳运动概述

一、概况

游泳是一种凭借自身肢体动作和水的相互作用力、在水上漂浮前进，或在水中潜游而进行的有意识的技能活动。是人类在长期生产劳动和大自然斗争中产生的，它一直与人类生存、生产、生活相联系。也是随着人类社会的形成、发展起来。游泳运动包括游泳、跳水、水球、花样游泳四项，统统隶属于1908年7月14日成立的国际业余游泳联合会（简称国际游联——FINA）管辖。由于这四项水中运动水平的发展及其特点，各自形成一套独立的竞赛体系。

游泳运动历史源远流长，在不断演变的过程中形成以模仿动物的动物取名的蛙泳、蝶泳；按身体姿态取名的仰泳、侧泳；有的则根据动作形象取名的如爬泳。由于爬泳的技术结构比较合理，速度最快，所以现代高水平的自由泳比赛，一般都采用爬泳。

目前，游泳运动按其竞赛的性质分为两大类，一是按竞赛规则所规定的比赛项目，分男女、不分年龄同池角逐，称之为竞技游泳。采用规定的自由泳、仰泳、蛙泳、蝶泳及混合泳，在不同的距离里比速度。这类比赛有很高的观赏性，如国际上的奥运会游泳比赛、世界锦标赛、国际游联杯赛（世界杯赛）等以及我国的全运会游泳比赛、全国锦标赛、全国冠军赛及全国短池游泳赛等。还有一种分男女分年龄组的比赛，虽属竞技游泳类别，但赋予特定的含义。二是根据民间普遍采用，在军事、生产和生活上使用价值较大的泳式进行活动的，称之为实用游泳。通常包括爬泳、蛙泳以及反蛙泳、潜泳、踩水、水上救护、武装泅渡等。在全民健身的热潮中，实用游泳对提高全民的健康、自娱自乐、开展广泛的大众游泳活动，具有一定的促进作用，其竞赛方法、项目可根据不同的要求而设定。

二、我国游泳运动的发展情况

历史记载，游泳作为生产和生活的重要手段而不断发展，距今5000多年前的原始社会渔猎生活时期就有“刳术为舟”的记载，春秋战国时期，要求士兵有较高的游泳技能、掌握水上作战的本领。齐桓公率“扶身之士五万人以待战于曲蔷”打败越国。《武林旧事·观潮》一文中生动描绘出宋代江南水乡人民高超的游泳技能“吴儿善泅者数百，皆披发文身，手持十幅大彩旗，争先鼓勇，溯迎而上，出没于鲸波万刃之中，腾身百变，而旗尾略不沾湿，以此夸能”。近代，林则徐曾重振水师，演习水兵本领、抵御外强。

我国近代游泳运动产生于19世纪中叶到19世纪末，在中国的沿海城市如香港、上海、青岛、大连等最早出现近代游泳运动。1887年英国人在广州沙面修建了最早的室内长25m、宽15m游泳池，1892年上海的外侨建造了游泳池，1909年上海建造了中国自己的游泳池并规定每年都举行比赛，1915 年第二届远东运动会上，我国以总分 41 分获得团体第一名，1934 年第七届远东运动会，我国号称“美人鱼”的杨秀琼包揽 350 m 自由泳、100 m 自由泳、100 m 仰泳和 4×100 m 接力四项冠军，尽管如此，旧中国的游泳运动开展仍十分落后，游泳竞赛活动也只局限于沿海少数城市，水平也低下。

新中国成立后，游泳场馆、江河湖海，为广大群众性游泳活动提供条件，游泳运动技术水平迅速提高，1954 年已将新中国成立前所有的游泳纪录刷新，1953 年吴传玉首次在世界青年联欢节上获得 100 m 仰泳冠军，1957—1960 年我国著名的游泳运动员戚烈云、穆祥雄、莫国雄三人共五次打破男子 100 m 蛙泳世界纪录，至 1960 年，我国共有 13 人 22 次进入世界前 10 名的行列。“文革”后，游泳运动水平大幅度下降的趋势得到根本好转，到 1977 年已全部改写原各项全国纪录。1980 年 8 月，国际游联恢复了我国在这个组织的合法席位，1982 年第 9 届亚运会中国获得了 3 枚金牌，1984 年在第 10 届亚运会游泳比赛中，我国以 10 枚的金牌数结束了日本长期以来亚洲泳坛霸主的地位，上海的杨文意以 24″98、24″79 的成绩先后创造了女子 50m 自由泳世界纪录。同年第 24 届奥运会，我国女子游泳健儿获得三银一铜，四项第七，一项第八，排列世界第三位。进入 20 世纪 90 年代，第 11 届亚运会上中国以 23 枚金牌占据亚洲泳坛绝对优势，林莉、杨文意、庄泳、乐靖宜、戴国宏、贺慈红等优秀运动员多次打破世界纪录。

群众性健身游泳活动近年来呈现出蓬勃发展局面，过去游泳活动的对象多数为中小学生，时间也只是在炎热的夏季，现在全国大中小城市都新建规模不一的游泳馆，一年四季均可参加游泳健身活动，吸引了不同层次的爱好者。人们已不满足夏天纳凉、嬉水，冬季洗浴、玩耍，更需要在游泳活动中如何科学锻炼身体、陶冶情操，达到健身的目的。

第二节　游泳运动的特点和对人体的作用

一、提高肌体对外界环境的适应能力

游泳是在水中的特殊环境中进行的运动项目。水的导热能力比空气大 23 倍左右，据测定人体在 12℃的水中停留 4 min 所散发的热量，相当人在陆地上 1 h 所散发的热量，人体在水中(18℃)，大约散失 83.6～125.4 J/min 热量，为同温空气中的 25 倍左右，加之游泳时肌肉活动所耗热量，人体必须尽快补充热量，从而促进了体内新陈代谢的加强。经常进行游泳锻炼能改善体温调节能力，以适应外界气温变化的需要，提高了人体免疫系统机能和抗御疾病的能力。如遵医嘱，还可配合治疗一些慢性病，如慢性肠胃病、神经衰弱、轻度脊柱侧弯等等。

二、提高呼吸系统的功能

据测定，在相同气压条件下，水的密度比空气大 800 倍左右，人体若在水中静止不动，水深每增加 1 m，每平方厘米体表面积所受的压力要增加 0.1 个大气压。人站在齐胸深的水中，胸腔受到高达 12～15 kg 的水压，感觉呼吸急促，比陆上费力，这就迫使呼吸肌必须用更大的力量来完成呼吸动作。经常进行游泳锻炼，可增大呼吸肌的力量。扩大胸部活动幅度，增大肺的容量，提高呼吸系统的机能。

三、增强心血管机能、预防心血管疾病

游泳时，人体处于平卧姿势，在水的压力下，肢体的血液易于回流心脏。游泳时心跳频率加快、心血输出量大大增加，长期进行游泳锻炼，心脏体积明显呈运动性增大，收缩更加有力，血管壁增厚，弹性更大，安静时心率徐缓。有人做过这样的测试：一名游泳运动员每分钟心率约为 50～55 次，优秀运动员最低可达到 38～46 次，一般人大约在 65～75 次；游泳运动员肺活量可达 5500～7000 ml，一般人则为 3000～5000 ml。游泳还能刺激血液中运输氧气的血红蛋白数量的增加，提高人体摄氧能力。

四、能提高运动系统的机能

游泳时，从颈部到足踝的各个关节都参与了运动，全身的肌肉力量、速度、耐力和关节灵活性都提高，使身体得到协调发展，得到了全面的锻炼，时间长了就自然形成肩宽、胸厚、腰窄、腿部肌肉匀称的“流线型”健美体形。另外，经实践证明，自幼从事游泳系统训练的少年儿童，由于骨骼、肌肉和关节得到充分的锻炼，他们的身体发育远远超过了不参加游泳锻炼的少年儿童。看来，学游泳要从小抓起，坚持锻炼，会使你一生受益。

五、能塑造优美的体型

游泳可以使胖子变瘦、瘦子变壮。人体肥胖多是由内分泌、营养、遗传等因素引起的，缺乏运动的人较易肥胖。胖子游泳时，人在低于常温下的水中从事有氧运动，散发更多的热量，这样就势必消耗更多的能量物质，经常参加游泳运动就可逐渐去掉体内过多的脂肪，而不会长得肥胖。当瘦子经常参加游泳之后，他的机体也是经常接受低温刺激，这就能消耗更多的能量物质。于是，运动的需要和他的消化机能就发生了矛盾，出现了“供不应求”的现象，为了达到供求平衡，这时就吃得多了，从食物中得到的营养超过了身体总量的需要，久而久之，皮下脂肪会相对增厚，但这种增厚不是肥胖。身上肌肉所占整个身体总量的比例就会增加，再加上皮下脂肪的相对增厚，瘦子会渐渐变得肌肉丰满起来。

6. 在国防和生产上的作用

坚持游泳锻炼，不但能使神经、呼吸和血液循环等系统的机能得到改善，而且，也是人在大自然中自救生存的本领，同时，游泳在生产建设上有很高的实用价值，许多水上作业、水利建设、防洪抢险、渔业等，掌握好游泳技能才能更好地完成生产、建设任务。在国防建设上，游泳是军事训练项目之一。游泳运动是我国重点发展的体育运动项目。游泳被誉为 21 世纪人们最喜爱的体育娱乐活动之一，对丰富人们的精神文化生活有积极作用。

第三节　游泳运动技术及其训练

竞技游泳包括爬泳、仰泳、蝶泳和蛙泳。爬泳是身体俯卧在水中，成较好的流线型，两腿上下交替打水，两臂轮流向后划水，运动结构简单，推进力均匀，既省力又能产生最大速度的一种泳姿。仰泳也叫背泳，顾名思义，即人仰卧在水中游泳的一种姿势，脸露出水面，呼吸方便。蝶泳是由蛙泳演变而来的，因其移臂动作像展翅飞舞的蝴蝶而得名，采用海豚式打腿。蛙泳是人类模仿青蛙动作的一种游泳姿势，它有平稳、省力、呼吸自然、泳距长等优点。下面就蛙泳和爬泳两种泳姿的技术及教学方法逐一介绍。

一、蛙泳

(一)身体姿势

蛙泳在游进中,身体必须保持较好的流线型姿势,充分发挥手臂和腿的推进作用。

身体水平地俯卧水中,稍抬头,头部置两臂间,掌心朝下,两眼俯视前下方,这时身体纵轴与水平面约成 5°～10°角(图 8-2),当吸气时,下颏露出水面,肩部升起,这时身体与水平面的角度较大,约 15°。

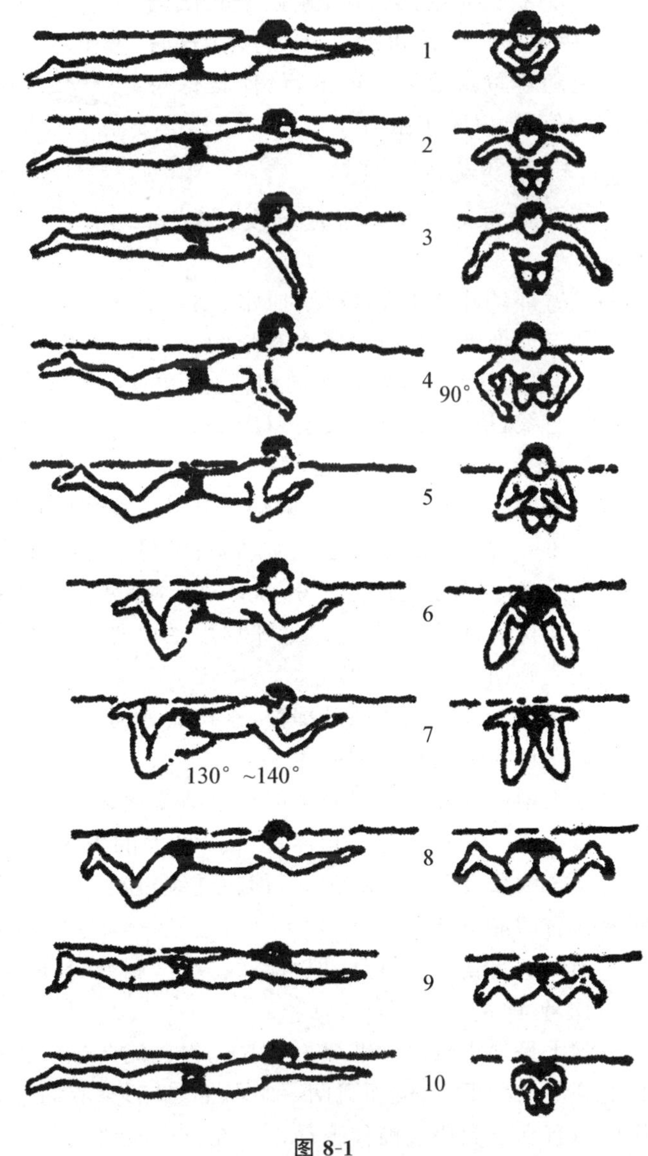

图 8-1

(二)腿部动作

蛙泳腿部动作是推动身体前进的主要动力。腿部动作是由收腿、翻腿、蹬腿、滑行四个阶段组成。

1. 收腿。开始收腿时,两腿随着吸气动作自然向下,两膝自然逐渐分开,小腿向前回收,脚踵向臀部靠拢,边收边分,收腿时,力量要小,放松、自然,两脚和小腿回收时要收在大腿的投影截面内,以减少回收时的阻力,收腿结束后,大腿和躯干约成 110°～140°角,两膝内侧与髋关节同宽(图 8-1)。

2. 翻脚。收腿结束时,脚仍向臀部靠拢,这时两膝向外侧翻开,这样能使脚和小腿内侧对着蹬水方向(图 8-3),并加大了对水面积,这样为大腿发挥更大力量做好积极准备。

3. 蹬腿。蹬水动作实际包含有夹水动作,由于蹬水较窄,在两腿并拢时腿有向下压的动作,这种动作可以使身体升起,有利于向前行。蹬水动作效果的好坏,取决于下列三个因素:

(1)腿部关节移动路线和方向。当向后蹬水时,蹬水方向尽量造成使人体产生向前的作用力。蹬腿时应以大腿发力,先伸髋关节,其次是伸膝、伸踝关节,使蹬水的方向尽量向后(图 8-3)。

(2)蹬水时对水面积的大小。蹬水面积大,则能造成较大的推进力,脚掌外翻,以及小腿尽量处于垂直部位,是造成增大蹬水面积的重要条件。

(3)腿的蹬夹速度。由于阻力与速度的平方成正比，蹬水动作速度越快，所造成的推进力也越大，游速也越快。所以蹬腿时，要充分发挥腿部肌肉力量，同时要加速鞭水动作。

4. 滑行。蹬腿结束后，腿处于略低的部位，脚距离水面约 30～40 cm 左右，这时人体应随着蹬水效果向前滑行，使腿保持较高的位置，以减小阻力。

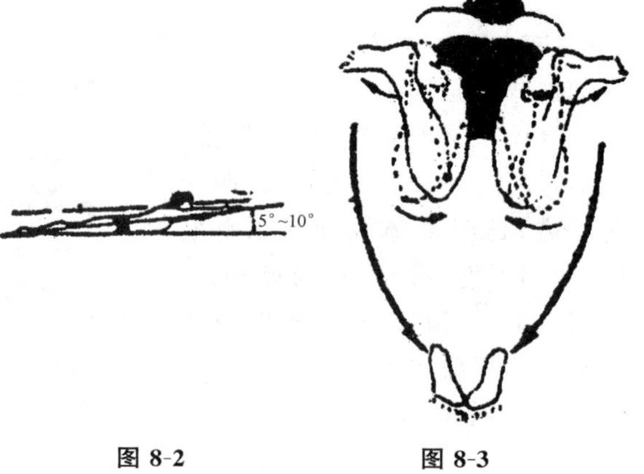

图 8-2　图 8-3

(三)臂部动作

现代蛙泳技术，强调充分发挥臂划水的作用。臂部动作由开始姿势、抓水、划水、收手和向前伸臂五个阶段紧密相连的。

1. 开始姿势。两臂自然向前伸直，两臂与水平面平行，掌心向下，手指自然并拢，使身体成一直线，形成较好的流线型(图 8-1-1)。

2. 抓水。从开始姿势起，手臂先前伸，并使重心向前，前臂和上臂立即内旋，掌心向斜下方并稍勾手腕，两手分开向侧斜方压水，当手掌向臂感到有压力时，就开始划水(图 8-1-2)。抓水一方面能给划水创造有利条件，另一方面还能造成身体上浮和前进的作用。

3. 划水。划水是产生牵引力的最有效阶段，在紧接抓水动作后，加速向后划水，整个划水过程保持肘部较高的位置，蛙泳划水主要是拉的力量，其方向是向侧、下、后、内方。划水路线是椭圆曲线(图 8-1-3)。

划水时肘部保持较高的部位，这样做是为了臂能在最有效的角度内向后划水，因此蛙泳的划臂在任何部位都要求肘比手高。

划水中前臂和上臂屈的角度是不断变化的。一般优秀运动员划水主要阶段，肘关节都屈成接近 90°角，因为这个角度能发挥最大的力量，同时能很好地利用胸大肌肉群的力量，手臂划至两臂夹角约 120°角时，即应连续过渡到向里做收手动作，划水和收手时，手走的路线应在肩的前下方。

当前划水技术的特点：划水路线较宽，屈臂、高肘、手较深。

4. 收手

收手是划水阶段的继续。收水过程也能产生较大的推进力和上升力。动作是由内向上收缩到头的前下方，继而成两手掌向上，最后掌心向下并拢前伸(图 8-1-4、图 8-1-5)，收手动作应当有利于做快速前伸手动作。在整个收手动作过程中，手的动作应积极地、快速地、圆滑地来完成，收手结束时，肘关节低于手，大小臂成锐角。

5. 伸臂

伸臂动作是由伸直肘关节、肩关节来完成，掌心由朝上逐渐向下方，同时向前伸出(图 8-1-7～图 8-1-10)。

现代蛙泳臂的技术特点是：快速伸臂、紧密配合腿的动作。因此，在伸臂的同时，肩要向前伸，不能有停顿现象。

蛙泳臂划水是一个完整的动作，划水轨迹是向侧→向下→向后→向内→向前方向移动

（图 8-4）。划水力量是由小到大，划水速度是由慢到快。目前强调高肘划水，在划水过程的前部分，注意以肘关节为支点，发挥前臂屈肌的作用。在划水最有效部分，应注意以肩关节为支点。动作方向是两臂向后拉，并内收，要发挥肩带肌肉的作用，配合紧张有力的蹬水，使动作连贯而不间断地产生向前的牵引力。

图 8-4

蛙泳由于是臂腿相互交替产生向前的推进力，因此，臂腿配合的时机是十分重要的。配合得好，游速均匀效果好。配合得不好，出现减速效果差。

臂划水时腿伸直放松，收手时收腿，臂将伸直时开始蹬腿，接着臂腿伸直滑行。

（四）呼吸与动作配合

蛙泳的呼吸是和手臂划水动作紧密配合的。呼吸方法是用口吸气，用口或鼻呼气。当前在蛙泳呼吸技术中，有早吸气和晚吸气两种：早吸气是两臂划水开始时，头和口露出水面将气吐完，并迅速深吸气，继而随伸臂低头闭气，当两臂开始滑下时逐渐呼气（图 8-5）；晚吸气是随着臂的有力划水动作，头和肩上升时吸气。

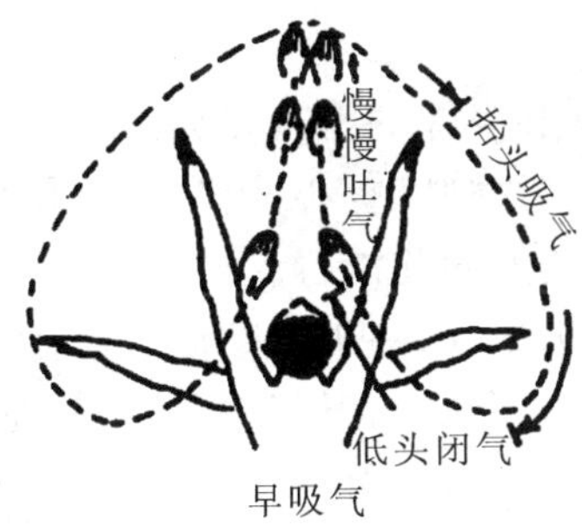

早吸气

晚吸气

图 8-5

对初学者来说，应采用“早吸气”技术较有利，运动员则适合采用“晚吸气”的技术。

蛙泳臂、腿、呼吸的完整配合，一般为一次划臂一次蹬腿一次呼吸，也可以二至三次臂腿动作呼吸一次。

（五）蛙泳技术的教学

蛙泳教学顺序是先学腿，后学臂和呼吸，再学臂、腿配合以及完整配合。

1. 熟悉水性

熟悉水性是游泳教学中重要的一个环节，是学习游泳的必经阶段。在熟悉水性教学时，应在齐腰深水中进行。

（1）水中行走练习。目的是体会水中的阻力和浮力。初步掌握身体在水中维持平衡的能力。

①扶池边向前、向后、向两边行走。

②集体手拉手向前、向后、向侧行走。

③用两手保持平衡，并变换方向的行走。

④各种方向的走、跑、跳、转身、下沉、跃起等。

(2)呼吸练习。目的是初步掌握游泳的呼吸方法、呼吸过程、呼吸节奏,适应头浸入水中的刺激,消除怕水心理。

①扶池槽或在同伴帮助下,用口吸气后闭气,慢慢下蹲把头浸入水中,停留片刻后起。口鼻出水后,先呼气后吸气。

②同上练习,要求头浸入水停留片刻后鼻慢慢将气呼完,然后起立在水面上用口吸气。

③同上练习,头浸入水中稍闭气后,用口鼻开始呼气。随着缓慢地起立而后渐加大呼气量,口接近水面时加速将气呼完,紧接着用口在水面上快而深地吸气,多次重复。

④两脚左右开立,上体前俯将脸浸入水中,做同上练习,但不同的是随头逐渐向前上抬(或向侧转)时开始加大呼气量。

呼吸是游泳教学的难点。呼吸练习要贯穿游泳教学的始终。

(3)浮体练习

目的是体会水的浮力,学会控制身体平衡和水中站立的方法,为进一步练习打下基础。

①原地站立,深吸气后闭气,下蹲低头抱膝团身,用前脚掌轻轻蹬离池底,自然漂浮于水中。站立时,松手两臂前伸下压抬头。同时两腿下伸,脚触池底站立,两臂侧分水维持平衡。

②在抱膝浮体的基础上闭气,松手两臂两腿自然伸直。站立时,收腹、屈膝、收腿,两臂下压抬头,两腿向下伸,脚触池底站立。

(4)滑行练习

目的是进一步体会水的浮力,掌握水中的平衡和身体的滑行姿势。

①两脚前后开立,两臂前伸,两手并拢,深吸气后屈膝,重心前移,当头和脸浸入水中时,前脚掌轻蹬池底,随后两腿并拢伸直,使身体呈流线型向前滑行。

②背对池壁,一手拉池槽,一臂前伸。同时一脚站立,一脚紧贴池壁,深吸气后低头。上体在水中前倾成俯卧姿势,然后上收支撑腿,两脚贴住池壁,臀部靠向池壁,随即两臂前伸并拢。头夹于两臂之间,两脚用力蹬壁,使身体呈流线型向前滑行。

2. 腿部动作的教学

目的是建立蛙泳腿的“收”、“翻”、“蹬”的概念,学习腿部的完整技术(图 8-6)。

图 8-6

图 8-7

(1)陆上模仿练习

①坐在岸上或池边,上体稍后仰,两手后撑,按口令做蛙泳的腿部动作练习(图 8-7),开始分四拍做,体会收、翻、蹬夹、停的动作,再过渡到两拍,最后是一拍的完整练习,注意翻脚动作。

②俯卧凳上或出发台上,做蛙泳腿的模仿练习,先由同伴帮自己被动做,再自己主动做;由同伴控制做,最后由自己独立做(图 8-8、图 8-9);先分解练习,逐渐过渡到完整动作练习。注意收腿角度、动作路线和节奏。

图 8-8

图 8-9

（2）水中练习

①一手抓池槽，一手反撑池壁成俯卧姿势，由同伴帮助做同陆上练习 B 内容。重点练会翻脚和弧形蹬夹水动作（图 8-10、图 8-11）。

②两手扶浮板中后部，两臂向前伸直。由同伴帮助做同上练习（图 8-12）。注意边收边分，翻脚及时，蹬夹连贯，用力恰当。

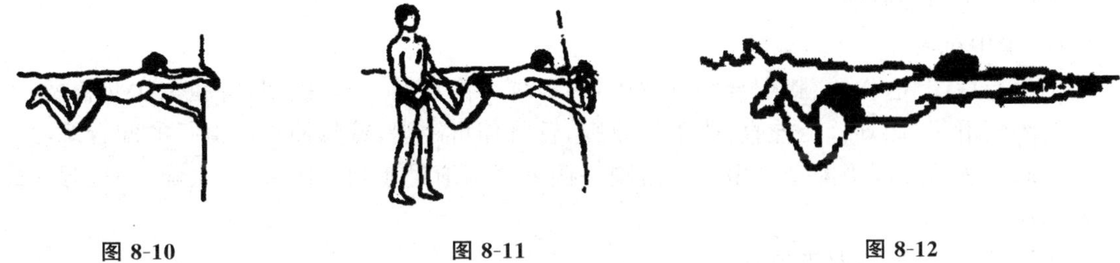

图 8-10　　图 8-11　　图 8-12

③扶板蹬腿练习，逐渐加长游距，改进和提高腿的动作。注意动作节奏和放松（踝关节放松）。

蛙泳腿教学的重点，是收、翻、蹬夹动作中的连接、节奏、时机、蹬腿的方向和路线。

3. 手臂与呼吸配合教学

（1）陆上模仿练习

①两脚开立，上体前倾，两臂向前伸直相并，掌心朝下，先按划、收、伸三拍做蛙泳臂动作，再按划、伸两拍练习，最后只用一拍做完整练习（图 8-13）。

②同上练习加呼吸配合，强调滑下时开始抬头，划水时吸气，收手时低头闭气，伸臂时呼气，整个呼气由小到大，开始呼气要小，然后逐渐加大呼气量。嘴将出水时进一步加速将气呼出，呼与吸之前是无停顿，嘴一出水面应顺势快而深地吸气。

（2）水中练习

①站立齐腰深的水中，做同陆上练习 A 的连贯动作（图 8-14）。划水不要用力，着重体会划水时方向路线，收臂时动作不停，臂伸直稍停。

②同陆上练习 B 内容。

③在水走动中做同上练习内容。

④由同伴抱住腿或大腿夹浮板做臂与呼吸的配合练习（图 8-15，图 8-16）。

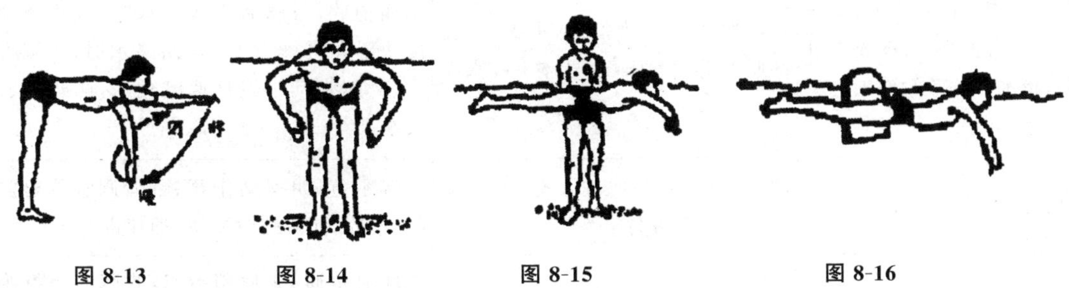

图 8-13　　图 8-14　　图 8-15　　图 8-16

开始可多做几次划臂配一次呼吸，逐渐过渡到一次划臂一次呼吸，划臂不可过大、过后。教学重点是划水的方向路线和臂与呼吸的配合时间。难点是呼吸动作与节奏，应在水上反复练习。蛙泳臂的动作不宜分解过多，收手时不要停顿。

4. 完整动作教学

目的是学习正确的臂与呼吸及腿的配合技术以及手、腿依次用力的相互关系。

(1)陆上模仿练习

①站立,两臂向上伸直并拢,一腿支撑一腿做模仿练习。两臂向两侧划水。收手同时收腿,收腿即将结束开始翻腿。臂将伸直时蹬腿。臂、腿伸直稍停,然后连贯做。

②同上练习加呼吸。

(2)水中练习

①滑行后闭气,作臂、腿配合的分解练习,即划一次臂后,蹬一次腿,臂腿依次交替做。

②闭气滑行,做划臂腿伸直,收手又收腿,臂将伸再蹬腿,臂腿伸直后滑行的配合练习。

③同上练习加呼吸配合。由多次蹬腿一次划臂逐渐过渡到一次臂、一次腿、一次呼吸的完整动作。

④逐渐增加游距,改进技术。

在水中教授完整配合时,开始阶段应强调慢频率、低游速、小划臂、有明显的滑行,以保证学生集中注意力,体会臂领先、腿和呼吸跟臂配合的技术。采用完整技术能游 20m 左右后,应要求学生加长距离游,尽量学习晚吸气配合技术(初学蛙泳时一般均表现为早呼吸)并加大划臂幅度。

5. 易犯错误及纠正方法

蛙泳教学中常见错误动作与纠正方法见表 8-1。

表 8-1　蛙泳常见错误动作及纠正方法

部位常见错误	原　　因	纠正方法
腿蹬水时没翻脚或翻脚,一脚蹦直剪水	动作概念不清;小腿肌肉对翻脚动作未建立感觉或体会;蹦脚尖已形成动作定型	讲解示范,明确要领;陆上模仿和多在水中做翻脚的强制性练习;强调蹬水时保持脚翻勾(勾脚大拇指和脚尖)状态
平收腿,蹬得过宽	动作概念不清;收腿时两膝外张(向水平方向);旧动作定型影响	讲解示范,明确要领,陆上模仿;用矫枉过正方法,要求收、蹬腿,用绳子固定两膝距离,限制其外张
收腿时脚的部位太低;头和上体抬得太高;大腿收得过多,蹬水后关节没伸展	腰部肌肉过于放松;低头提臀、腰部肌肉适度紧张,使身体平卧水面	积极收小腿,控制大腿与躯干夹角,脚沿水面前收,收腿后小腿应垂直,收小腿速度快于大腿,整个收应慢;蹬水时,大腿发力、大腿带动小腿加速蹬夹水,顺势将髋关节展开
收腿过快或收腿过多	动作概念不清;收腿过分用力,动作节奏未掌握好	讲解示范,明确动作要领;强调收腿要放松、慢收,而蹬腿时要快、加速进行
收腿蹬腿时臀部上下起伏	收腿时头、肩过低,收腹提臀、收大腿过猛、过多	蹬腿时挺腹;头肩稍抬起,收腿时稍挺腹不主张收大腿。而应主动收小腿;收腿时不蹬腿时也就不挺腹,大腿用力,髋关节展直

续表

部位常见错误	原　　因	纠正方法
蹬夹分解或只蹬不夹	概念不清；蹬到膝已伸直后再夹水；蹬腿过猛，减速被动并拢两腿	讲解示范，明确要领；腿蹬出去在两膝未伸直就应积极向里夹水；蹬腿应加速进行，蹬腿最后的1/4应迅速伸踝关节，加速并拢两腿
收腿时游速突减，蹬水时不走	收腿过快，收大腿过多；蹬腿时脚与小腿不对水	强调慢收、成跪收、控制大腰与躯干夹角约为130°左右；强调慢收腿到位，小腿约与水垂直，并先翻脚后蹬腿，蹬水速度快
臂划水时用手摸水（划不到水）	动作概念不清；划水时拖肘（前臂与水面平行）；手臂力量差	讲解示范，明确要领；开始划水时，臂应稍内旋并勾手腕；划水时肘应高于手，形成臂屈肘高，并加强手臂力量训练
划水路线太后，超过两肩连线；两臂划水至略比肩宽就加速划水	划水加速过晚；急于用力划水，收手过晚；抬头吸气时间过长或吸气时间抬头过晚	用前臂小幅度划水，至两上肩夹角约120°角时就转入收手；强调滑下时开始抬头，划水时快而深地吸气，收手时低头闭气
手臂前伸时边伸边划	动作概念不清；急于划水前进或急于抬头吸气	讲解示范，明确要领；臂要完全伸直并拢，稍有滑行后再做下一次动作
收手后臂停顿在胸前	动作概念不清；收手时减速	讲解示范，明确要领；收手应加速并不停顿前伸
配合蹬腿同时划臂	概念不清；配合节奏紊乱，急于划臂	强调蹬腿后，臂腿伸直并拢稍有滑行，采用蹬三次腿划一次臂再到蹬二次腿划一次臂直到蹬一次腿划一次臂的配合
蹬腿同时伸臂；收手后停顿或划水过后	收腿太早太急	强调先伸手臂再蹬腿（即臂将伸直再蹬腿）；强调划手时收腿，且收腿时速度不应太快
不吸气或吸气时喝水；喝到吸气，呛水	鼻呼气，用嘴吸气水中未呼气，待抬头出水后再呼气，造成吸气不足，或抬头出水后还有呼气动作，也是吸气不足；嘴尚未出水面就将气呼完，一张嘴就抬头太慢，吸气时间太短	加强水中原地呼吸以及臂与呼吸的配合练习，掌握嘴出水瞬间把气呼完；臂前伸时开始呼气，要有节奏，口将出水加速呼气，嘴一出水顺势吸气；划水时吸气用嘴

二、自由泳(爬泳)(图 8-17)

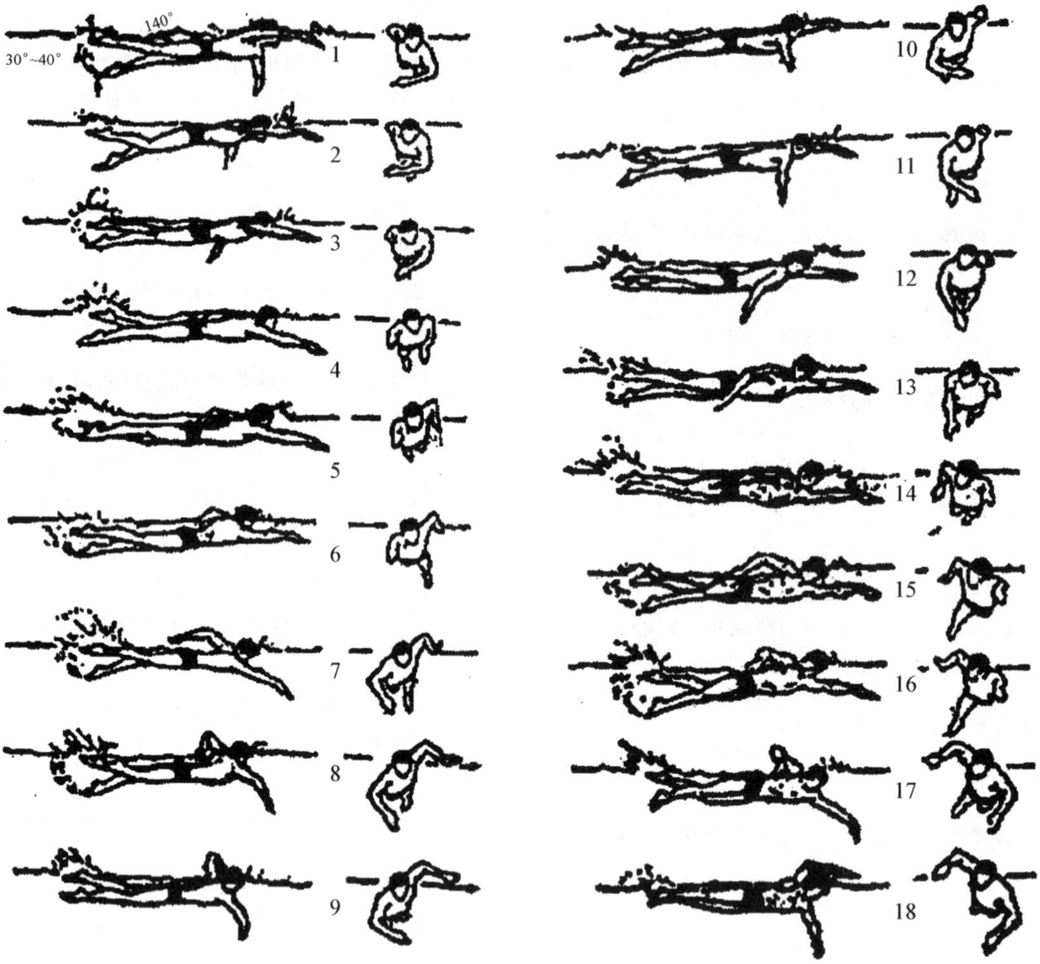

图 8-17

爬泳时,人在水中成俯卧姿势,两腿上下交替打水,两臂轮流划水,动作很像爬行,所以称为爬泳。它是四种竞技游泳中速度最快的一种姿势。根据规则规定,自由泳比赛可采用任何一种姿势,因而人们通常都采用爬泳技术,故爬泳也称自由泳。为了便于分析,将它分成几个部分。

(一)身体姿势

身体较平直地俯卧水中,身体纵轴与水平面成 3°～5°夹角,头部应自然的稍抬起,约与身体纵轴成 20°～30°角(图 8-18)。两眼注视前下方,头的三分之一露出水面。游进中由于受两臂交替划水和转头换气动作的影响,使躯干有节奏地围绕身体纵轴左右

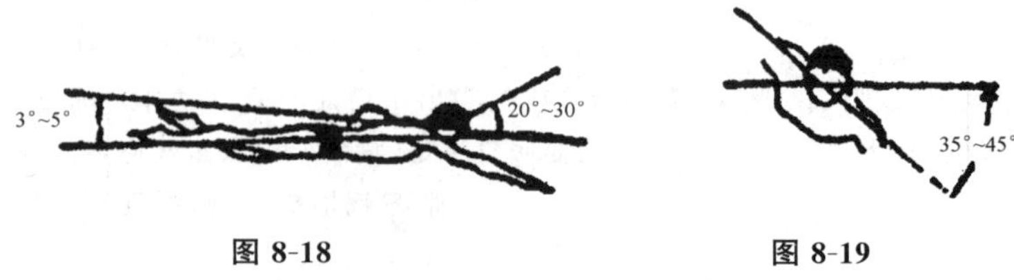

图 8-18　　图 8-19

转动，转动时肩轴与水平面构成的夹角约 35°～45°(图 8-19)。身体自非吸气的一侧比向吸气一侧的转动应减少10°～15°。

(二)腿部技术

它主要是起平衡和保持身体成流线型的作用。正确的打水动作是脚稍内转，呈“内八字形”，踝关节放松，向上和向下打水的动作应从髋关节开始，由大腿肌群发力，带动小腿和脚，进行鞭状的打水动作。向上打水结束时，膝关节屈约 160°，脚接近水面，两脚尖上下打水的最大距离不超过 30～40 cm。整个打水动作应连贯，有节奏，向下打水是产生推进力的主要动作，所以应以较大的力量和较快的速度进行(图 8-17-1)。

(三)臂的动作

爬泳的两臂划水是推动身体前进的主要动力。为了便于分析臂划水的动作，将整个划水动作分为入水、抱水、划水(拉水和推水)、出水和空中移臂几个阶段，但它们是一个不可分割的连续过程。

1. 入水。入水时，肘关节略屈并高于手，手指自然并拢，手心朝外以大拇指领先切入水中，或手指斜下方切插入水。臂入水的顺序是：手—前臂—上臂。入水点在身体纵轴线到同侧肩向前的延长线上或之间(图 8-20、图 8-21)。

2. 抱水。入水后手臂积极插向前下方。当手臂滑至与水平面成 15°～20°时，手掌转向斜内后方并屈肘、屈腕，在抱水结束时，大臂与水平面约成 40°，肘关节屈至 150°左右，此时动作就像用臂前伸去抱一个圆桶一样(图 8-22-3)。

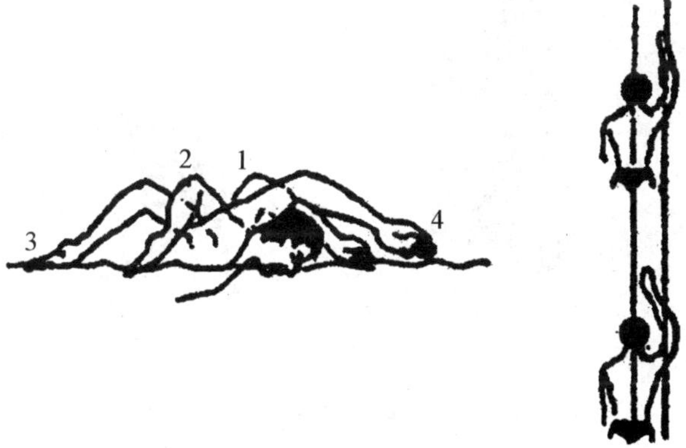

图 8-20　　图 8-21

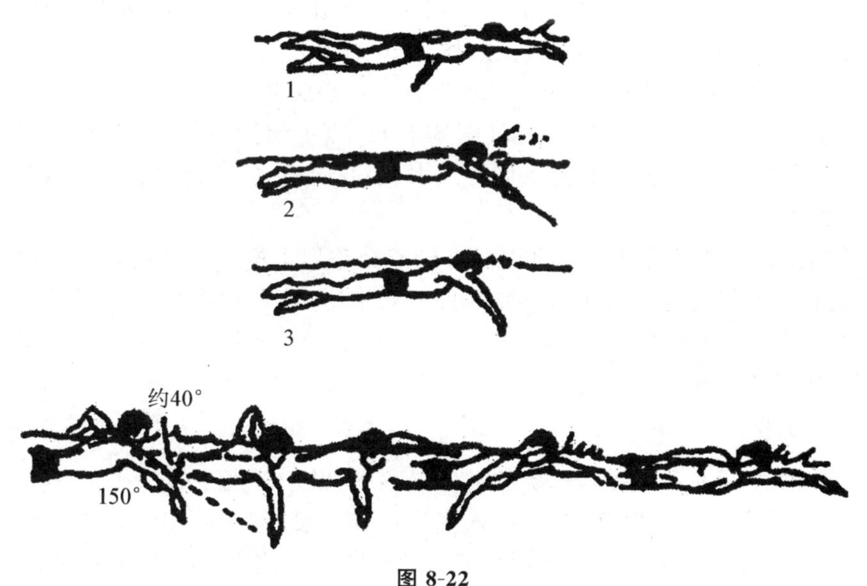

图 8-22

3. 划水。划水是产生最大推进作用的主要阶段。划水阶段是从抱水结束至手臂在体后与水平面成 15°～20°(约至大腿旁)这一动作过程。整个划水阶段可分为拉水和推水两部分,以肩的垂直为界,从整个臂部划至肩下方与水面垂直之前称拉水,过垂直面后称推水(图 8-23)。

(1)拉水:是屈臂进行,抱水结束继续屈肘,当臂划至肩下方时,手在体下靠近身体纵轴,屈肘约为 90°～120°(图 8-24)。整个拉水动作保持高肘姿势,且前臂的移动速度快于上臂。

(2)推水:是由屈臂到伸臂来完成的。推水时肘关节要向上,向体侧靠近,而手掌在划水过程中,必须始终与水平面保持垂直。从而以最大的面积对水,有利于推水时产生更大的反作用力和手臂向上出水的动作,这就需要在推水时要逐渐伸开腕关节,使手展开,与前臂构成一个约为 200°～220°角(图 8-25)。

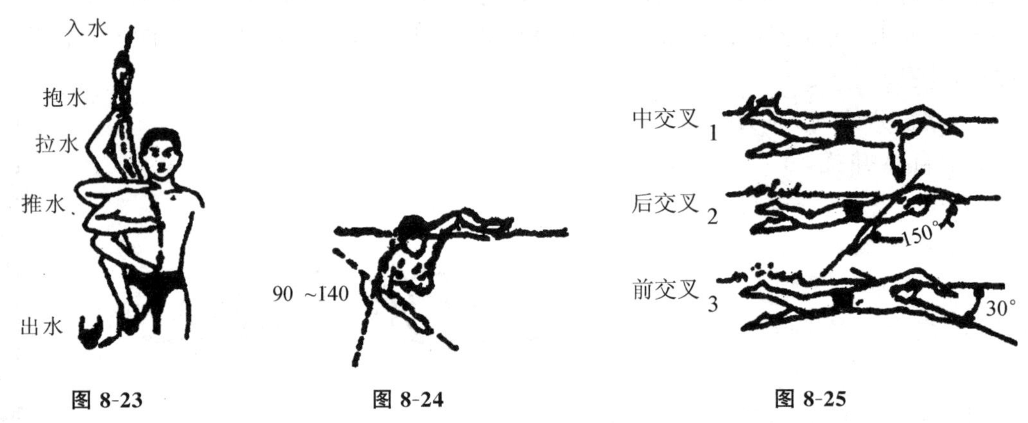

图 8-23　　图 8-24　　图 8-25

整个划水动作,手的轨迹从水平面来看,是一条“S”形的路线(图 8-23),即划水的开始阶段,手在肩前;划水的中间阶段,手在胸腹下;划水结束时,手在大腿旁。从侧面看,手的轨迹并不在一个平面上,而实际轨迹是一个复杂的三度曲线。

4. 出水。划水结束后,借助推水的惯性,由上臂带动,肘部向外上方做“提拉”动作,将前臂和手提出水面,掌心向后上方。出水时,肩和上臂几乎同时出水,接着是前臂和手掌出水,手臂的出水动作要柔和,迅速而不停顿(图 8-20-1)。

5. 空中移臂。移臂开始时,肘的位置较高,微屈,手腕放松,手心向后,由肘带动前臂和手向上向前移动。此时手落后于肘关节(图 8-20)。当手前摆过肩时,手和前臂赶上肘部,并逐渐加快移动速度向前,向内和向下伸臂入水,手心向后、向下转向斜外方做入水动作(图 8-20-2、图 8-20-3)。

6. 两臂的配合。爬泳在游进中是以两臂轮流交替划水推动身体前进的。因此,两臂配合的协调、正确是保持匀速和高速的重要条件。划水时,依照两臂所处位置,可以分为三种配合形式,即前交叉、小交叉和后交叉(图 8-25)。初学者一般用前交叉配合技术,它容易维持身体平衡,便于掌握呼吸和体会动作。

(四)呼吸动作

游自由泳时,一般在两臂各划一次的动作过程中,做一次完整的口呼气—吸气—憋气—呼气动作。现以右转头吸气为例,当右手入水后口和鼻慢慢呼气(图 8-17 之 2～8),头开始转动。右臂划至肩下时,向右侧转头,呼气量加大(图 8-17 之 9～12),右臂向上划水将结束时呼气量进一步加大(图 8-17 之 13、14),右臂出水后,张口吸气(图 8-17-15),移臂至肩平线时吸气结束并开始向左转头(图 8-17 之 16～18),随着臂继续移动,转头憋气,头部复原。当头部动作稳定时,右臂入水,开始慢慢呼气。

(五)完整的配合技术

主要有三种:其一有 6∶2∶1 的配合,即打六次腿,双臂各划一次,呼吸一次;其二有 4∶2∶1;其三 2∶2∶1 的配合,还将采用不规则的混合次数打腿技术的配合,对不同的人来说,采用何种的配合技术应根据各自的不同的情况和特点,选择不同的配合形式。

自由泳技术可归纳为:

两腿交替上下打之,
大腿发力膝盖不弯,
入水抱水后推有力,
出水向前伸直移臂,
两臂轮流划水各一,
打腿各三转头呼吸。

(六)练习方法

1. 腿打水练习(图 8-26～图 8-30)。

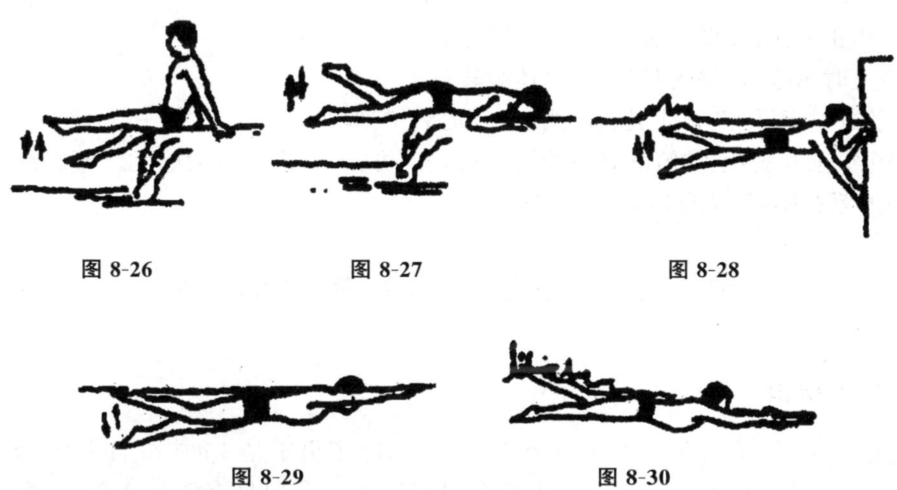

图 8-26　图 8-27　图 8-28

图 8-29　图 8-30

2. 体前屈 90°,单臂或双臂的划水练习(图 8-31、图 8-32)。

图 8-31　图 8-32

3. 手扶板，一手练习(也可配合呼吸)。

4. 水中走动做划水练习(也可配合呼吸)。

5. 腿夹浮板，划水练习。

6. 由同伴托其下肢，划水练习，

7. 憋气配合游。

8. 两臂轮流划水几次，配合一次呼吸。

9. 划水各一，作一次呼吸。

(七)易犯的错误及纠正方法

1. 屈膝过大。

2. 屈髋过大。

3. 勾脚尖打水。

4. 直腿打水。

1～4 纠正方法:强调正确技术概念，多做练习，体会关节依次屈伸的鞭状式。

5. 入水点不正确。

6. 直臂入水和划水。

7. 划水时摸水。

8. 空中移臂没有保持高抬肘姿势，而是直臂移动。

5～8 纠正方法:多做模仿练习，体会动作。

9. 吸气时怕呛水，抬头吸气，或身体翻转过大。

10. 游进时，身体没有伸展成流线型，而是呈“S”形。

9～10 纠正方法:立或俯卧姿势的转头换气模仿练习，建立肌肉感觉。要有意识地控制腰部肌肉的紧张感，保持身体的充分伸展。

第四节　游泳运动竞赛规则简介

一、比赛项目

在奥运会上，男子和女子各有 16 个比赛项目，除了男子是 1500 m 自由泳，女子是 800 m 自由泳以外，其他项目男女一样。奥运会目前正式比赛项目有四种泳姿:自由泳，仰泳，蛙泳和蝶泳。其中仰泳、蛙泳和蝶泳的比赛距离都在 100 m 到 200 m 之间，自由泳则分 50 m、100 m、200 m 和 400 m，以及女子 800 m 和男子 1500 m。个人混合泳也是奥运会的比赛项目，它的长度有 200 m 和 400 m 两种，运动员必须在比赛过程中分别使用四种不同的泳姿游相同的距离，顺序依次是蝶泳、仰泳、蛙泳和自由泳。而在混合泳接力项目中，四名运动员也必须分别使用不同的泳姿，顺序则是仰泳、蛙泳、蝶泳和自由泳。其他的接力项目还有 4×100 m 和 4×200 m 自由泳接力。奥运会游泳比赛使用的是 50 m 长的标准池，所有距离在 50 m 以上的比赛都必须在途中折返。

二、技术规定

1. 转身。在转身的时候，自由泳和仰泳允许运动员使用身体的任何部分来触及池壁，这就允许运动员可以在水下转身后，用脚去蹬池壁。转身的一个例外的规则就是在个人混合泳当中，当运动员从仰泳转换泳姿到蛙泳的时候，他必须保持仰泳的姿势直到触及池壁。

2. 开始和结束。奥运会上，任何一个运动员在出发时如果有错误都会被取消比赛资格。在悉尼奥运会，所有的游泳运动员的比赛时间和地点都是由一个电子系统自动决定的。运动员出发的时候，出发台上的压力板将记录数据。每条泳道两边的墙上都有触摸板，当运动员触壁的时候也会被记录。由于触摸板和出发台是互连的，因此赛会的官员可以判断参加接力比赛的运动员是否是在他的队友触壁以后才入水的。接力比赛当中，如果任何一个运动员在他的队友触壁前 0.03 s 之前离开出发台的话，这个队将被自动取消比赛资格，除非犯规队员回到起点重新开始(运动员可以在队友触壁的时候做跳水动作，但是脚必须接触出发台)。自由泳和仰泳中，到达终点的时候，运动员可以只用一只手触壁，而在蛙泳和蝶泳中，必须使用双手触壁。

3. 预赛分组和排位。每一项比赛中，最快的 24 名运动员，根据他们的报名成绩，分成三组参加预赛，每组 8 名选手。在游泳比赛中，最快的运动员被安排在最后一场预赛的第 4 道，第二的被排在第二场预赛，第三名排在第一场预赛，第四名又被排在最后一场预赛，如此类推。如果在一项比赛中有超过 24 名运动员通过了报名资格，剩下的运动员将被安排参加开始的附加比赛。

在 400 m 或者更长的接力和 11 项个人项目中，最快的 8 名选手将直接进入决赛。而对于 200 m 以及更短的所有项目，预赛中成绩最好的 16 名选手将参加两场半决赛。排位将决定半决赛的形式。预赛中成绩最好的选手在半决赛中排在第 4 泳道，第二名排在第 5 泳道，他们被安排在泳池的最中间两道，第三名在第 3 道，第四名在第 6 道，以此类推。

4. 泳姿。

(1)自由泳。自由泳其实并不是规定一种泳姿，而是自由选择，大多数选手都选择了这种传统的爬泳。在混合泳里面，自由泳实际上有着严格的规定：在自由泳阶段，运动员必须使用爬泳。涉及自由泳的主要规则是在整个比赛过程中，身体的一部分必须一直保持在水面以上，运动员不能在水下游，也就是说，除了比赛开始和转身阶段他们可以在水下游 15 m 外，必须一直遵守这条规则。

(2)仰泳。仰泳运动员在开始的位置必须保持他们的脚和脚趾在水面以下。从仰泳这个名字我们可以知道，运动员在游泳过程中，要保持背部朝下脸部朝上，而在整个过程中，运动员也可以做一定数量的旋转动作。在开始阶段和转身时，运动员还可以在水下游最多 15 m。

(3)蛙泳。蛙泳运动员必须脸朝下，使用水平的划水动作，脚和手在一个水平面内一起运动。在开始和转身阶段，运动员在水下游动时，手和脚分别只能做一次划水和踢腿动作。除此之外，每一次完整的划水动作之后，运动员的头部都必须露出水面。在比赛结束以及转身时，运动员必须双手触及池壁。

(4)蝶泳。蝶泳是从蛙泳的规则中发展出来的，和蛙泳很相像，除了划水和踢腿动作都是在垂直平面上进行，而蛙泳是在水平面上。和蛙泳运动员相比，蝶泳运动员除了开始阶段和每次转身以后可以在水下潜行最多 15 m 之外，必须脸部朝下在水面游。选手们在转身和结束的时候也必须使用双手触壁。在蝶泳中，两臂膀必须一起向前摆动，脚必须一起踢出去(大多数蝶泳运动员都采用海豚踢)。

5. 泳池。悉尼奥运会使用的泳池长 50 m，深 3 m。整个泳池分 10 道，最外面的两道在比赛中不使用。泳道之间使用泳道线来标记，从结束端看，从右向左依次标记一到八号。在奥运会期间泳池的水温必须保持在 25℃～27℃之间。

第五节　游泳时的注意事项

1. 游泳是在水中活动的一项运动。在没有掌握游泳技能前，在水中很容易站不稳失去平衡，而且还会呛水。即使会游泳的人也常会因身体不适，疲劳或准备活动不充分，产生肌肉痉挛（抽筋）、动作失调，发生事故甚至于溺水死亡。俗话讲“打死会拳的，淹死会水的”有一定的道理，所以游泳时不得麻痹大意。

2. 参加游泳活动前首先要进行身体检查，凡患有心脏病、高血压、活动性肺结核、传染性肝炎、皮肤病、化脓性中耳炎、精神病以及有开放性伤口等病人，不宜下水游泳。凡正在生病者也不宜下水游泳，如伤风感冒、扁桃腺炎、腹泻、严重沙眼、红眼病、外伤化脓等。如果勉强下水游泳，反而会加重病情。

3. 游泳前要认真做准备活动。人的内脏器官有一定的“惰性”，从安静状态过渡到运动状态需要一定时间，否则会出现四肢无力、动作不协调、关节活动不灵活现象。认真做好准备活动，能提高神经系统的兴奋性，促进血液循环，皮温上升，肌肉的弹性增强，加大关节的活动范围，从而动作协调，有利于身体适应游泳活动的需要，并可防止肌肉痉挛和拉伤。一般准备活动包括慢跑、徒手操、游泳模仿操等，要注意使各关节充分活动开。

4. 参加游泳活动的时间应放在饭后 1 h 后进行。饱腹参加游泳，受到冷刺激，容易引起胃痉挛、打嗝，出现腹痛或呕吐。空腹时人体血糖降低，游泳需消耗大量能量，饥饿时游泳会产生头昏、四肢绵软无力，甚至于昏厥现象。所以，空腹者游泳前 0.5 h 应适当补充些食物。一个人身体疲劳时，身体的应激能力下降，肌肉活动不协调，不宜进行游泳。饮酒后，人体的运动功能普遍下降，身体反应迟钝，动作笨拙，在水中极易产生危险，因而酒后不宜游泳。

5. 活动时间长短因各人的体能状况而异，如天气寒冷水温较低、身体感到不适，水中活动时间可短些。如出现寒颤、嘴唇发紫、皮肤出现鸡皮疙瘩，应立即起水保暖，起水后应迅速擦干身体或热水淋浴，及时穿上衣服。为防止患眼病感染，起水后应点些眼药水。

6. 女性月经期因子宫内膜脱落形成创伤面，子宫颈口略扩大，所以不宜下水游泳，以防止疾病。

第六节　游泳救护

游泳救护是保障游泳安全的重要环节。加强游泳救护，贯彻以防为主的精神，对于保障游泳者的生命安全，顺利开展群众性游泳活动，都有重要意义。因此，在广泛开展游泳活动的同时，加强救护工作，掌握和学会一定的救护知识和技能是非常必要的。

游泳救护包括间接救护、直接救护和岸上急救等。

一、间接救护

间接救护是指利用救生器材对溺者施救的一种方法。此法既省力，又安全迅速。常用的救护器材和使用方法有：

(一)救生圈

在救生圈上系一条绳子，当发现溺者，可将救生圈掷给溺者。如在江河里，就向溺者的上游掷去，溺者得到救生圈后，将他拖带至岸边。

(二)竹竿

在溺者距离堤岸(或船)较近时，可用竹竿将他拖至岸边。

(三)绳索

使用绳索时，先在绳索的一端结一鲜明的漂浮物，另一端结一个套，套在左手。然后将盘起来的绳子掷在溺者的前方，以便溺者抓住将其拉回。

(四)木板

在没有其他救生器材的情况下，木板也可用来救护溺者。将木板掷给溺者，亦可扶木板游向溺者，然后将他拖带上岸。

以上介绍的救护器材和救护方法是对神志还比较清醒的溺者使用的。

二、直接救护

在没有救护器材，溺者离岸较远，或溺者处在神志不清的状态下，救护者必须入水进行直接救护。这种救护，要求救护者必须具有舍己为人的精神，并有较好的游泳技术和懂得一些救护的基本知识。直接救护包括有入水前观察、入水、游近溺者(包括解脱)、拖带、上岸(包括抢救)等过程。

(一)入水前的观察

入水前，要对周围环境做简单的观察，如辨别水流方向、水面的宽窄等。救护者要遵循入水后尽快游近溺者进行施救的原则，迅速选择入水地点。

(二)入水

入水要快，并要注意安全和目标。根据不同的环境，采用不同的入水方法。

1. 在熟悉的水域或游泳池，可采用游泳出发入水，但出水动作要快，以免失去目标。

2. 在不熟悉的水域，则应采取跨步式方法以脚先入水。动作要领是：起跳后，两臂侧前举，两腿前后分开，前腿稍屈前伸，后腿屈膝。当身体接触水面时，两腿向下夹水。手臂迅速压水，使身体处于较高位置，头露出水面。这样既能看清目标，起游及时，而且入水浅比较安全(图 8-33)。

若在离水面较高的地方入水，亦可采用屈膝团身法入水(图 8-34)。

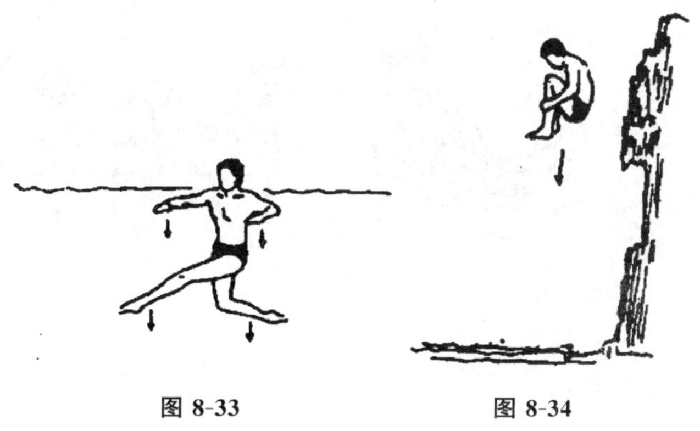

图 8-33　　图 8-34

（三）游近溺者

游近溺者时速度要快，并保持镇静、沉着，不要失去目标。在接触溺者时，为了避免被溺者抱住，一般要从溺者背后接近。若要正面接近，应在离溺者 3～4 m 处，深吸一口气后潜入水中，两手扶住溺者的髋部将他转体背向自己，然后拖带（图 8-35）。另一种方法是游近溺者后，用左（右）手反握住他的左（右）手，用力向左（右）边拉，借助惯性使溺者背向自己，然后进行拖带（图 8-36）。

图 8-35　　图 8-36

（四）水中解脱

在水中救护过程中，遇到头脑不清正在挣扎的溺者时，救护者一定要冷静、沉着。这时溺者只要抓住东西，就不会放手。如被抓住或抱住，则应进行解脱。解脱时要利用杠杆原理，动作要求迅速、熟练、干脆。下面介绍几种常用的解脱方法。

1. 虎口解脱法：虎口指溺者拇指与食指之间部位。当救护者臂部任何部位被抓住时，都可采用这样的方法。例如：溺者双手从上抓住救护者的两手腕时，可紧握双拳向溺者的拇指方向外旋，肘内收，即能解脱（图 8-37 之 1）。若是从下抓住救护者的两腕时，则紧握双拳向溺者的虎口内旋，肘关节向外展，也能解脱。另外，如溺者的两手从下抓住救护者的一只腕时，则该手可紧握拳头，另一手从溺者的两臂中间穿出，握住自己被抓的手突然向下拉即可解脱（图 8-37 之 2、3）。

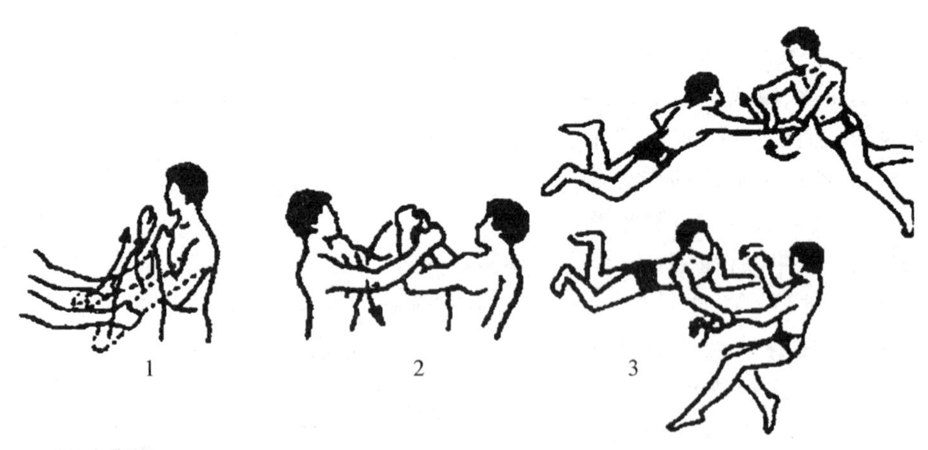

图 8-37

2. 托肘解脱法：溺者从正面或后面抱住救护者的头或颈时，救护者可一手抓住溺者的手腕往下拉，另一手将其肘部向上托，自己顺势向下滑脱，并迅速将溺者转至背向自己（图

8-38、图 8-39)。

图 8-38

3. 推扭解脱法:若被溺者从正面抱住腰部时,救护者可一手接住溺者的后脑勺,另一手托其下颌,并用力向上、向后推,或向外扭转他的头部,并趁势将溺者转至背向自己,即可解脱(图 8-40 之 1)。

4. 扳指解脱法:若被溺者从后面抱住腰部时,则可用两手分别抓住溺者两手的一指,向两侧用力扳开,然后放开溺者的一只手,另一手用力向侧牵拉,使其转体背向自己(图 8-40 之 2)。

5. 外撑解脱法:救护者的上体和两臂同时被溺者抱住时,则用力将自己的两臂向左右两侧撑开,同时身体迅速下沉,然后用两手托住溺者的两肘用力向上举,头从溺者的两臂中间钻出来,解脱后使其转体背向自己(图 8-40 之 3)。

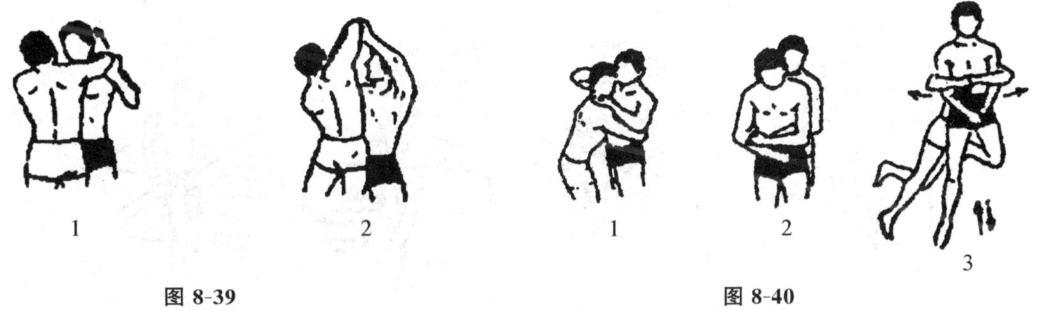

图 8-39　　图 8-40

(五)拖带

拖带溺者一般采用侧泳和反蛙泳两种泳式进行。

1. 侧泳拖带法:先使溺者仰卧水中,然后用上手托住溺者的后脑,另一手在体侧划水,两腿做侧泳的蹬剪水动作,游向岸边(图 8-41 之 1)。另一种是一手从溺者的胸前抱住对侧下腋,用上述动作进行拖带(图 8-41 之 2)。

2. 反蛙泳拖带法:救护者仰卧水中,两手扶住溺者的两颊或两腋,用反蛙泳的蹬腿动作使体前进(图 8-42)。

(六)上岸

遇到处于昏迷状态的溺者,将他拖带至岸边后,还需要把他扶上岸以便抢救。这在

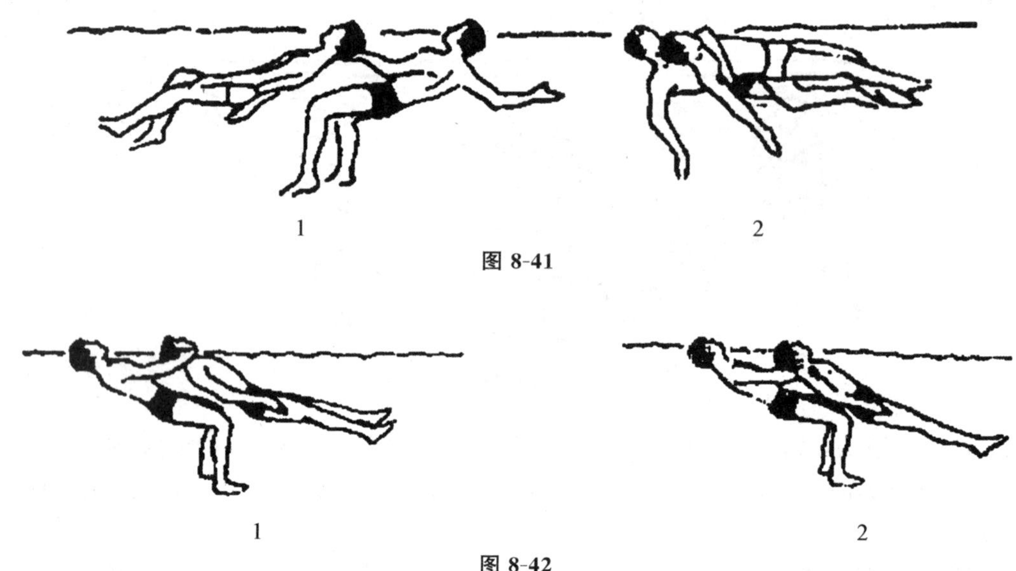

图 8-41

图 8-42

浅滩或斜坡的河岸比较容易，如在游泳池或陡坡，上岸就比较困难。其方法是：救护者用一手握住溺者的右臂，并将其右手放在岸上，并用自己的另一手压在溺者的右手上，然后自己先上岸。接着两手握住溺者的两手腕，将他往水中沉一沉，借助水的浮力把他拉上岸（图 8-43）。

图 8-43

三、岸上急救

溺者被救上岸后，如已昏迷，呼吸微弱或已停止呼吸，应迅速采取措施进行急救或送医院抢救。

（一）清除口鼻中异物

先将溺者的衣服和腰带解开，擦干身体，清除口鼻中的淤泥、杂草、泡沫和呕吐物，使上呼吸道畅通。如有活动假牙，应取出，以免堕入气管内。如溺者牙关紧闭，救护者应用力摩擦他腮上隆起的肌肉，使口张开。或在溺者头后，用两手大拇指由后向前顶住溺者的下颌关节，并用力向前推，同时两手食指与中指向下扳其下颌骨，使口张开。

(二)空水

在完成上述处理后,应立即进行空水,将进入溺者呼吸道、肺部和腹中的水排出。其方法是:救护者一腿跪地,另一腿屈膝,并将溺者腹部放在腿上,使他的头下垂,然后,用一手扶住溺者的头,使他的嘴向下,另一手压他的背部,使水排出(图 8-44),并立即进行人工呼吸。

(三)人工呼吸

人工呼吸的方法很多,这里仅介绍口对口的吹气法和俯卧压背法两种。

1. 口对口吹气法:这种方法简便易行,效果比较好。操作方法是:将溺者仰卧,救护者在他的身旁,用一手捏住溺者的鼻子,另一手托住他的下颌,深吸一口气,然后用嘴紧对溺者的嘴吹气。吹完一口气后,嘴和捏鼻子的手同时离开,并用手压他的胸部,帮助呼气。如此有规律地进行,每分钟约做 15~20 次。开始稍慢些,以后可适当加快,直至溺者呼吸正常为止(图 8-45)。

2. 俯卧压背法:这种方法的优点是溺者为俯卧位置,可减轻呼吸的阻塞,方法也比较简单,容易掌握。操作方法是:将溺者俯卧平板或平地上,一臂前伸,另一臂弯曲垫于头下,脸向侧,使口鼻呼吸畅通。救护者两腿跪在溺者大腿两侧,两手按住溺者后背的肋腰部位。操作时要注意拇指相对,靠近脊柱,四指稍分开,俯身向前下方推压,将溺者肺内空气压出,形成呼气。然后,救护者身体还原,同时两手放松,让溺者的胸廓扩张,使空气进入肺内,形成吸气(图 8-46)。按上述方法操作,每分钟约做 18 次左右,直至溺者的呼吸恢复正常为止。

图 8-44

图 8-45

图 8-46

第九章　篮　球

第一节　篮球运动简介

19 世纪中叶以后，欧洲工业革命继续发展，生产技术不断得以创新，人们的思想观念也逐步发生转变，渴望和追求文明、健康、富裕的生活方式成为时代发展的潮流。在新的社会条件下，各种各样的户外活动和竞技运动出现了前所未有的蓬勃发展局面，篮球运动便在这样的大环境孕育下产生了。

现代篮球运动是由美国马萨诸塞州斯普林菲尔德市（春田市）基督教青年会干部训练学校、出生于加拿大的体育教师詹姆斯·奈史密斯（James Naismith）于 1891 年发明的。他受儿童游戏的启示，借鉴当时已有的足球、长柄曲棍球和玛雅人古老的场地球等运动，发明了这种适宜冬季在室内进行的项目。

篮球自问世以后，很快得以广泛传播，以发展时间来划分的话，其演进历程可以分为初创阶段（19 世纪 90 年代—20 世纪 20 年代）、完善与推广（20 世纪 30 年代—40 年代）、普及与提高（20 世纪 50 年代—60 年代）、全面飞跃（20 世纪 70 年代—80 年代）、创新与发展（20 世纪 90 年代至今）等五个阶段。特别是自 20 世纪 30 年代以后，随着 1932 年由葡萄牙、瑞士、希腊、罗马尼亚、阿根廷、意大利、拉脱维亚和捷克斯洛伐克八国在日内瓦开会宣告国际业余篮球联合会的建立，从而使国际篮球比赛规则初步统一，以及男子篮球列入 1936 年第 11 届奥运会竞赛项目，篮球运动进入了现代发展阶段，即现代篮球竞技运动形成。至 20 世纪 40 年代末 50 年代初，世界男、女篮球锦标赛赛制先后建立，美国 NBA 职业篮球联赛开始，以及 60 年代末 70 年代中期女子篮球运动列入 1976 年第 21 届奥运会竞赛项目，篮球运动得到了世界性的大发展，竞技水平得到了大提高。至 80 年代，随着篮球运动发展进程中高度与速度的提高与加快，技术、战术的创新发展，个人攻防能力的增强，对抗性加剧，现代篮球竞技运动呈现向高大和高空拼争的特征。尤其 90 年代初美国 NBA 职业篮球运动员组成的“梦之队”进入在西班牙举行的第 25 届奥运会，进一步促进了现代篮球运动的大发展。

国际篮联（FIBA）是国际奥委会认可的世界各地篮球运动的管理机构。其使命是管理篮球、判定规则，使之执行并在全球各地发展篮球运动。现在国际篮联共有 212 个会员国家，已经成为世界第一大国际体育组织，仅次于排球，在田径和足球之上。作为奥运项目，列第五位。

1895 年，美国人来里博士（Dr Lyon）受北美青年会的派遣到中国天津筹建城市青年会，同年，他将篮球运动传入中国。篮球运动在中国从传入到普及、发展和提高的过程，可依次分为三个阶段：（1）1895 年至 1949 年新中国的成立；（2）1949 年新中国的成立至 1995 年；（3）1996 年至今。

在传入中国后的初期，篮球运动主要在天津、上海及北京等有限的城市青年会组织和某些中等以上学校少数学生中开展，男子篮球列为1910年旧中国第1届全国运动会的表演项目，1914年列为正式比赛项目；女子篮球于1930年列为正式比赛项目。

1949年后，篮球运动在中国传播、普及、发展进入了一个新阶段。20世纪50年代初便建立了篮球管理机构，倡导“狠、快、准、灵”的技术风格和“以我为主，以攻为主，以快为主”的战术指导思想，在与苏联及其他欧美强队比赛中也取得了良好成绩，只是因为当时国际政治环境的限制，我国优秀篮球运动队伍未能参与大型洲际及国际性竞赛。

20世纪70年代后期，中国恢复了在国际篮球组织的合法席位，从此走上国际竞技舞台，中国篮球运动也进入了新的历史性发展时期。特别是自80年代中期至90年代中期的十多年间，中国篮球事业进一步得到全面而空前的大普及、大发展、大提高。

中国篮球协会于1996年改革传统的竞赛体制，试行了在吉林省、前卫体协、北京体育师范学院、上海交通大学等8个省市、单位尝试组建的职业篮球队，并举办引进外籍球员加盟的第一次主客场赛制的全国职业篮球联赛，随后成立了各种形式的近似半职业性篮球俱乐部，后举办了甲A、甲B和乙级队主客场制联赛，使中国篮球竞技运动竞赛制度开始与国际接轨，逐步向职业化过渡，进而有序地推动了篮球运动产业化进程。随之1998年中国大学生体育协会推出了CUBA联赛，以及各种形式的业余性篮球俱乐部和篮球竞赛活动，群众性篮球活动再度蓬勃发展起来。

篮球是一种对抗性和挑战性很强的体育项目，同时也是一项健身益智和提高人的竞争力、创造力以及发掘人的潜能的极好的运动。通过参加篮球运动可以增强人们的竞争意识和进取精神；可以提高人们的团体意识和互助精神；可以培养人们的良好品质和高尚道德，有益于塑造一个完美的人。因而，篮球运动受到社会的特别关注并得到越来越多的人的喜爱。目前，在我国大学校园里，篮球运动已经成为一项“育人工程”，大学把开展篮球运动作为素质教育的重要途径。随着经济的发展与社会的进步，篮球运动的市场价值也日益为人们所认识。美国NBA把篮球打造成为年产百亿美元的体育产业，这也为世界篮球运动的发展提供了一个产业化的模式。

第二节　篮球基本技术

一、移动

基本站立姿势：

1. 站立时，两脚自然开立，屈膝，重心落在两腿之间，上体稍前倾，手臂自然放于体侧，肘微弯，两眼平视，随时准备向各个方向启动(见图9-1)。

2. 原地持球时，保持上述姿势，持球于胸腹之间，并做好传、运、投球的准备(见图9-2)。

3. 防守时，基本站立姿势可用前后步或平行步站立。前后步防守时，前脚同侧的手臂伸向前方，另一手臂向另一侧伸出(见图9-3)。平行步防守时，身体正对对手，两臂左右张开或随球挥动以干扰对方投篮和传球(见图9-4)。

4. 跨步急停接球时，第一步脚落地的同时接球，然后保持基本持球姿势(见图9-5)。

5. 转身。一脚向中枢脚脚尖方向跨出的步法叫“前转身”(见图9-6)。一脚向中枢脚脚跟方向跨出的步法叫“后转身”(见图9-7)。

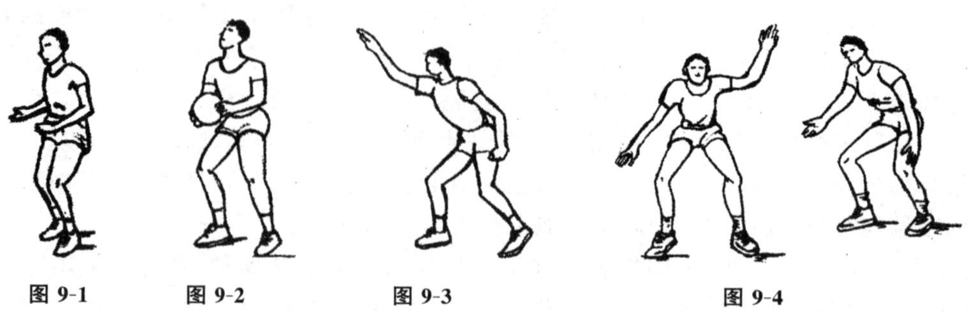

图 9-1　图 9-2　图 9-3　图 9-4

6. 滑步。滑步可分为侧滑步、前滑步和后滑步。侧滑步：两脚左右开立与肩同宽，膝微屈，上体稍前倾，两臂侧伸，目平视，盯住对手。滑步时，身体不要上下起伏，随时调整重心，保持身体平衡。前滑步、后滑步的动作结构、用力过程和侧滑步相似，只是滑行和用力方向不同。

图 9-5　图 9-6

图 9-7

二、传、接球

（一）传球的动作方法

传球由持球和传球两个动作组成，双手持球是最基本的持球方法。持球时，双手自然分开，拇指相对成“八”字形，用拇指根部以上部位握住球的两侧后下方。传球是全身协调用力，最后通过伸臂、抖腕和手指用力拨球将球传出（见图 9-8）。

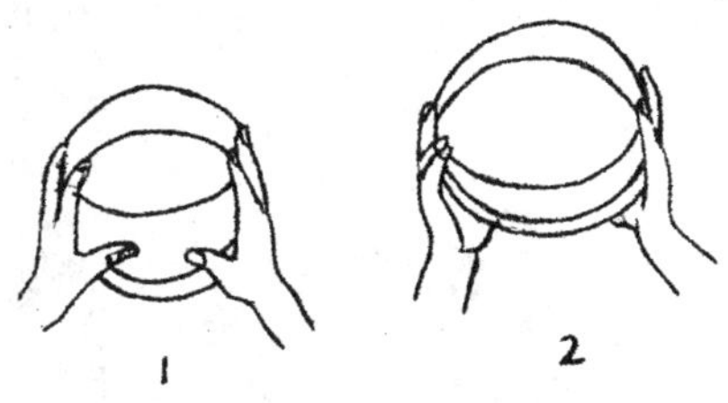

图 9-8

1. 双手胸前传球 动作要领:身体按基本姿势站立,双手持球于胸前,传球时,双手持球先做由下而后向前的弧线转动,当球转到胸前时,迅速向前伸臂,手腕翻转、拇指下压,通过食指、中指用力拨球将球传出(见图 9-9)。

2. 双手(或单手)低手传球 近距离的隐蔽传球,用于两进攻队员擦身而过时。传球时,持球于腹前或腰侧,出球时前臂外旋、手腕前屈、手指向上将球轻拨而出(见图 9-10)。

图 9-9　　图 9-10

3. 双手头上传球 动作要领:双手持球于头上方,两肘弯曲,传球时,前臂内旋、手腕前屈,手指用力拨球将球传出(见图 9-11)。

4. 单手肩上传球 动作要领:以右手为例,双手持球于胸前,传球时,左脚向传球方向迈出半步,左肩对着传球方向,同时右手引球至右肩上方,传球时,右脚蹬地,同时转体并迅速向前挥臂,手腕前屈,通过手指用力拨球将球传出(见图 9-12)。

图 9-11　　图 9-12

5. 单手体侧传球 动作要领:以右手为例,成基本姿势站立,双手持球于胸前,传球时,右手持球后引，经体侧向前作弧线摆动，手腕前屈，用食指、中指的力量拨球将球传出（见图 9-13）。

图 9-13

（二）接球的动作方法

1. 双手接胸前高度的球　动作要领：接球时两眼注视来球，向来球方向伸臂迎球，手指自然分开，两拇指呈“八”字形，手指向来球方向伸出，两手呈半圆形，当球触及手指时，双臂后引缓冲来球力量并持球于胸腹前（见图 9-14）。

图 9-14

2. 双手接头部高度的球　动作方法与双手接胸前高度的球相同，只是伸臂接球时，双手伸向前上方。

3. 双手接反弹球　动作要领：要跨步迎球，上体前倾，两臂向前下方伸出，接球五指自然分开，两手把反弹起来的球接住拉至胸腹前（见图 9-15）。

图 9-15

（三）传、接球的练习方法

1. 原地传、接球的练习。可采用自抛自接，做原地接胸部高度、原地接反弹或地滚球的练习。

2. 原地相对传、接球的练习。可采用原三角或扇形站立做传、接球的练习。

3. 移动传接球练习。可采用二人在跑动中做传、接球练习，三角移动传、接球练习。

4. 传、接球与切入、投篮、掩护等技术动作的组合练习。

三、运球

(一)运球的动作方法

1. 高运球　动作要领:运球时两肘微屈,上体稍前倾,目平视,以肘关节为轴,前臂自然伸屈,手腕、手指柔和而有力地按拍球的后上方,球的落点控制在运球手臂的同侧、脚的外侧前方,球的反弹高度在胸腹之间(见图 9-16)。

图 9-16

2. 运球急起急停　动作要领:突然急停时,采用两步急停,使身体重心降低,手按拍球的前上方,使球停止向前运行。运球急起时,两脚用力后蹬,上体急剧前倾,迅速起动(见图 9-17)。

图 9-17

3. 体前变向换手运球　动作要领:运球队员与对手接近时,为了摆脱和超越对手,可以用体前变向换手运球。队员先用左手向对手右侧运球,当对手重心向右侧偏移时,突然改变运球方向,使球从自己身体左侧变向右侧,左脚迅速向右前方跨出,上体右转,以臂、腿保护球,右手迅速控制住球(见图 9-18)。

图 9-18

4. 运球转身　动作要领：当队员向对手某一侧运球被封堵时，且双方距离很近，无法用体前变向运球，可以用后转身运球。以右手为例，变向时，左脚在前为轴，做后转身的同时，右手将球拉至身体的后侧方，然后换手运球，加速前进(见图 9-19)。

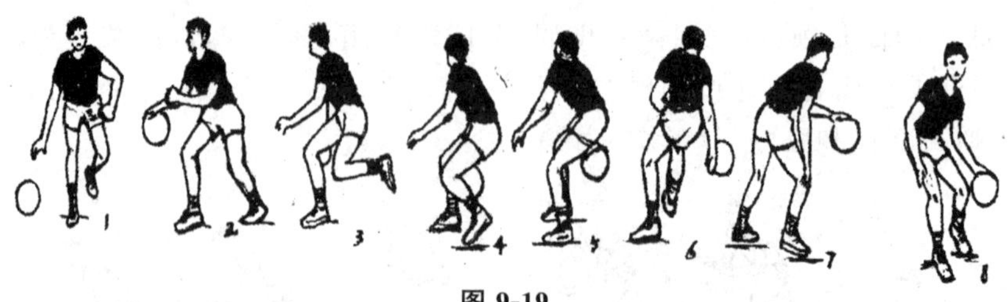

图 9-19

5. 背后运球　动作要领：当防守队员重心转向运球队员有球侧阻截时，可以用背后运球变向，防止对手抢截。用右手运球从背后换左手时，右脚前跨右手将球拉到右侧身后，迅速转腕按拍球的右后方，使球反弹至左侧的前方，换左手运球加速前进(见图 9-20)。

图 9-20

6. 胯下运球　动作要领：防守队员迎面贴着运球队员并试图抢球时，可以用胯下运球保护球。以右手为例运球变向时，左脚在前，右手按拍球的右侧上方，使球从两腿之间胯下穿过，右脚前迈，换手运球前进(见图 9-21)。

图 9-21

(二)运球的练习方法

1. 原地运球的练习。根据教师的信号做高运球、低运球等各种方式的运球。

2. 在跑动中运球。

3. 在跑动中结合多种运球方式的组合练习。

4. 运球与篮球的其他动作技术的组合练习。

四、投篮

(一)投篮的动作方法

1. 原地单手肩上投篮　动作要领：以右手投篮为例，右手五指自然分开，手心空出，屈肘持球于右肩上，左手扶住球的左侧，上臂与地面接近于平衡。两脚左右或前后开立，重心落在两脚之间。投篮出手时,下肢蹬地发力,右臂向前上方伸直,手腕前屈,食指、中指用力拨球,使球后旋转,身体随投篮动作向前上方伸展,脚跟稍微提起(见图 9-22)。

图 9-22

2. 行进间单手低手投篮　动作要领:以右手投篮为例,右脚跨出后接球,左脚跨出后用力起跳,右腿提膝,双手向前上方举球。当身体达到最高点时左手离球,右手外旋,掌心向上,手臂充分向球篮方向伸直,接着屈腕,食指、中指、无名指用力拨球,插板或空心投篮(见图 9-23)。

图 9-23

3. 行进间反手投篮　动作要领:当进攻队员沿底线突破到篮下,已经处于篮圈下面,可以运用反手投篮。在最后一步起跳时,上体向后仰,抬头看篮,手掌向上,持球前部下方,当球到达最高点时,手腕沿着小指方向转动拨球,将球投出,碰板入篮(见图 9-24)。

图 9-24

4. 勾手投篮　动作要领：以右手投篮为例。右手勾手投篮时，左臂屈肘保护球，左肩侧对球篮，投篮手持球由胸前经体侧向右肩上方划弧举球，当球举至最高点时屈腕，手指拨球，将球投出碰板入篮或空心入篮(见图 9-25)。

图 9-25

5. 原地跳起单手肩上投篮　动作要领：右手投篮时，双手持球呈基本站立姿势，起跳时，下肢用力蹬地垂直向上跳起，同时举球于右肩上方(尽可能高一些，可避免封盖)，当身体达到最高点时，左手离球，右臂抬肘伸臂，手腕前屈，食指、中指用力拨球通过指端投出，落地时两脚前脚掌着地，屈膝缓冲(见图 9-26)。

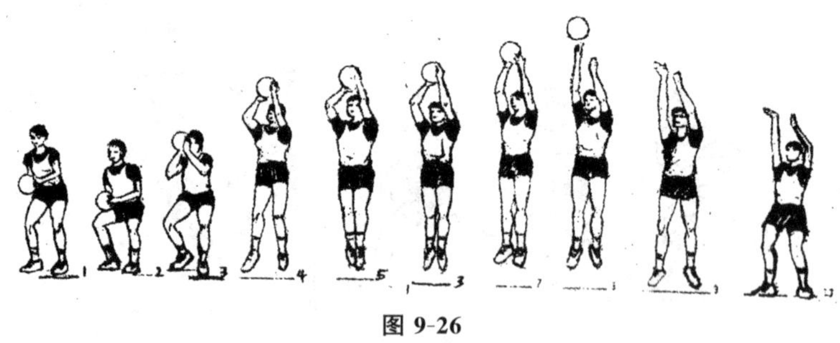

图 9-26

6. 急停跳起投篮　动作要领：是进攻队员在行进间运用突然急停摆脱防守队员后投篮的方法，分持球急停跳投和运球急停跳投两种。接球急停跳投是在快速移动中，用跨步或跳步急停接球，并及时起跳投篮。运球急停跳投是突破结合跳投的重要方式(见图 9-27)。

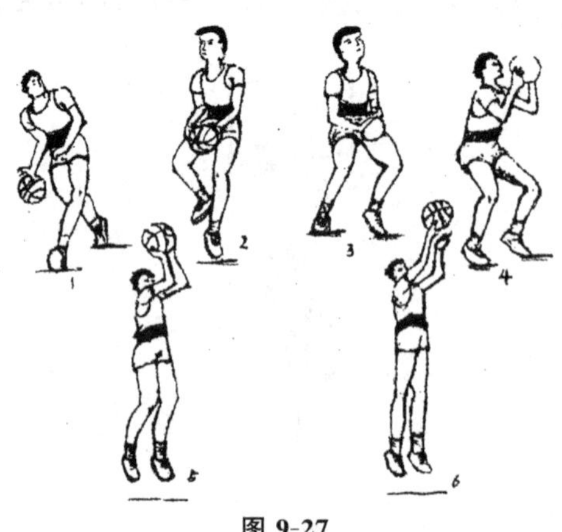

图 9-27

(二)投篮的练习方法

1. 原地模仿性练习。
2. 各种角度、距离的原地或跳起投篮练习。
3. 移动中做原地或跳起投篮练习。
4. 结合运球或传球做行进间投篮练习。
5. 在有防守的情况下进行练习。

五、持球突破

持球突破是一种攻击性很强的技术,是完成个人进攻的主要手段。持球突破是以运球和脚步动作为基础,由蹬、跨、侧身、探肩、推放球和加速等环节组成。

(一)持球突破的动作方法

1. 顺步持球突破 动作要领:以左脚为中枢脚为例。左脚内侧蹬地,右腿迅速向右前方跨出,同时上体右转探肩用右手推放球,左脚迅速前迈,超越对手(见图 9-28)。

图 9-28

2. 交叉步持球突破 动作要领:以右脚为中枢脚为例。两脚左右开立,两膝微屈,持球于胸腹之间。突破时,左脚向左前方跨出,假做向左侧突破,当对手重心向左偏移时,右脚前掌内侧迅速蹬地,上体右转探肩,然后左脚内侧蹬地并向右侧前方迈出,右手推放球于右腿前侧,快速超越对手(见图 9-29)。

图 9-29

(二)持球突破的练习方法

1. 原地持球练习交叉步和顺步突破的动作。
2. 向前、侧方抛球,然后跑动,跳步急停接球后练习不同的突破技术方法。
3. 突破与运球急停跳投以及传球技术相结合的组合练习。

六、防守对手

(一)防守无球队员

1. 防守目的 不让或者少让对手在有效的攻击区内接球,令勉强接到球的对手处于不利位置。

2. 防守位置　防守队员应在对手与球篮之间偏向有球一侧的位置上，必须随时抢占“人球兼顾”的有利位置，做到“近球紧、远球松、内紧外松、松紧结合”。

3. 防守姿势　防守距离球较近的对手时，采用面对对手侧向球的斜前站立姿势；防守距离球较远的对手时，采用面向球，侧向对手的站立姿势。

（二）防守有球队员

1. 防守目的　尽力干扰和封盖对手投篮，堵截其运球突破，封锁助攻传球，并积极地运用抢、打球等技术，以达到获得控制球权的目的。

2. 防守位置　站在对手与球篮之间的位置。掌握对手离球篮近则靠对手近，对手离球篮远则离对手远的原则。

3. 防守姿势　有平步防守和斜步防守。

防守时打球的技术：

(1)打球（见图 9-30）　打球时，对手持球较高，可采用由下而上的方法打球，掌心向上，击球的下部；对手持球较低，可采用由上而下的方法打球，掌心向下，用掌外侧击球的上部。打球要求出手要快且准确，同时不要轻易被对手的假动作所迷惑而失掉重心和防守位置。

图 9-30

(2)抢球（见图 9-31）　抢球时，要看准时机，迅速上步，快速而有力地抓住球。

图 9-31

(3)盖帽（见图 9-32）　盖帽时，准确判断对手起跳及出球时机，当对手起跳时快速跟随起跳，身体手臂充分伸展，迅速而果断地点拨球，将球打落。打球时前臂不要下压，以免犯规。

防守的练习方法：

(1)原地做防守模仿练习。

(2)做一对一（两人相距 2～3 m、半场、全场）的攻防练习。

图 9-32

七、抢篮板球

(一)抢篮板球的动作方法

篮板球是获得控制球权的重要来源之一,一个球队抢篮板球的能力,对争取比赛主动和比赛胜利起着重要的作用。抢篮板球技术动作由抢占位置、起跳动作、抢球动作和抢球后的动作组成。

1. 抢占位置　根据对手和投篮队员所处的位置,正确判断篮板球的反弹方向、距离,运用快速的脚步动作,抢占有利的位置。抢占位置有转身挡人抢位和跨步、上步摆脱对手抢位两种。

2. 起跳动作　当抢占有利位置时,身体保持两腿微曲、上体稍前倾。起跳时,两脚用力蹬地,两臂上摆并向上伸,腰腹协调用力,身体充分伸展,准备抢球。

3. 抢球动作　根据攻、守队员位置及球的方向,抢球可分为以下三种。

(1)双手抢篮板球:起跳到空中时,身体充分伸展,两臂伸向球的方向。当指端触到球的刹那,双手用力握球,腰腹用力,迅速屈臂将球拉至胸前部位,双手外展保护球。

(2)单手抢篮板球:起跳后,身体在空中充分伸展,用靠近球一侧的手臂尽力伸向球,当手指触及球时,屈指、屈腕、屈肘,用力将球拉至胸前,另一手迅速扶球,将球握紧。

(3)点拨球:起跳后,身体在空中充分伸展,用单臂向球伸出,并用手指将球拨给同伴。

4. 抢球后的动作　空中抢到球后,一般是双脚落地,落地后,双脚开立屈膝、两肘外展,保护球。

(二)抢篮板球的练习方法

1. 向上抛球,做原地双脚起跳至最高点,用双手或单手抢球动作。

2. 在篮板下接篮板球的练习。

3. 一对一抢篮板球练习。

4. 半场五对五攻守篮板球练习。

第十章　排　球

第一节　排球运动简介

排球运动是1895年美国人威廉·莫根发明的。因场上队员分排站位，故称为排球。排球运动诞生以后首先在美洲传播，但很长一段时间内只是作为一种娱乐活动而不是运动竞赛项目。

排球运动问世后，由美国的传教士和驻外国的军队先后带到了世界各地。由于排球运动易于接受，且深受各阶层的喜爱，在世界各地得到了快速地发展。1947年1月国际排联在巴黎成立。1949年举行了第一届世界男子排球锦标赛，1952年举行了第一届世界女子排球锦标赛。1964年排球被列为奥运会正式比赛项目。特别是墨西哥人阿科斯塔在1984年担任国际排联主席后，排球运动得到了空前的发展，国际排联队伍空前壮大，至1998年会员国已发展到210多个，居世界各单项运动协会之首。

排球运动1905年传入我国时，仅在广东等地开展。1914年第二届全国运动会时排球正式被列为比赛项目。我国排球运动经历了16人制、12人制、9人制和6人制的演变过程。

20世纪50年代初，东欧各国主要依靠高点强攻和个人进攻战术的变化取胜，一直处于世界领先地位。自我国进入世界排坛后，把传统的9人制排球中"快板球"的打法运用到6人制排球中，创造并发展了一套以快球为中心的快攻掩护战术，开始形成了我国快攻打法的特点。在排球运动的发展过程中，中国排球运动的发展为促进世界排球运动的发展做出了卓越贡献。1979年中国男、女排取得了亚洲冠军，实现了冲出亚洲的愿望。1981—1986年中国女排五次连获世界大赛的冠军。

经过100多年的发展，排球运动已由一种最简单的娱乐性球类运动，发展成为具有现代高水平竞技性的，被广大群众所喜爱和参与的体育活动。排球运动至今已形成"家族"系列，融竞技性、健身性、观赏性为一体，有沙滩排球、软式排球、气排球等。

第二节　排球基本技术与练习方法

一、准备姿势和移动

准备姿势和移动是排球运动中各项技术的基础技术。任何一项排球技术在比赛中运用的效果，在很大程度上取决于准备姿势和移动技术。

(一)准备姿势

两脚支撑的位置：两脚左右开立，略比肩宽。站左半场的队员，左脚在前(约一只脚的距离)，右脚在后；站右半场的队员，右脚在前，左脚在后；站在场中央的队员，两脚平行开立比肩稍宽。

身体基本姿势：双目注视来球，两膝弯曲并内扣，膝部的垂直面超出脚尖，脚跟提起，身体重心的着力点在前脚掌拇指根部，上体前倾，两肩的垂直面超出膝部。

手的位置：两臂自然弯曲，并置于胸腹之间，两手心相对，手指自然张开。

（二）移动

移动是接好球的重要条件。无论任何方向的来球，身体必须面对来球方向。因此，要尽快地移动取得好位置，做好接球前的准备姿势，移动速度的快慢取决于这样几种因素：(1)预判和判断的能力；(2)从看到信号到做出动作的反应速度以及起动的速度；(3)移动步法的熟练程度和速度，以及变向移动的能力；(4)移动后的制动技术；(5)完成动作的速度，以及完成动作后立即保持姿势的速度。

在排球运动中，来球的方向、速度、性能和落点不同，在做各项技术动作时对于人与球之间的距离要求也不同。因此，不但需要有快速奔跑的能力，而且还需要以不同的移动步幅和移动步法来调整球与人的位置关系。通常采用的几种移动步法是：滑步、交叉步、跨步、跨跳步、跑步、后退步等，各种步法应在实践中结合运用。

在快速移动以后，还必须注意制动的技术。移动时，由于惯性作用，身体会继续向前冲，不能保持稳定的姿势，这就需要很好的制动技术以及制动后马上向反方向起动的能力。制动技术掌握的熟练程度，直接影响到下一动作的质量。

（三）练习方法与手段

1. 学生集体做准备姿势，强调两脚的位置；
2. 原地跑或慢跑中，看教师发出的信号，迅速做准备姿势；
3. 学生在准备姿势的基础上，看教师手势做向前、后、左移动；
4. 两人一组，一人抛球一人按步法要求移动接球；
5. 各种形式的移动接力。

二、发球

发球是比赛的开始，同时也是进攻的开始。现代的发球技术已越来越具有强大的攻击能力。攻击力强的发球不但可以直接得分，更主要是可以破坏对方的接发球，削弱其进攻威力，减轻我方的防守压力，取得比赛的主动权。所有发球技术的动作结构都是相同的，但根据不同的发球技术又有不同的技术特点。发球技术的动作结构可以分为准备姿势、抛球、击球手形、挥臂击球四个技术环节。

发球的种类很多，不管采用哪一种发球，要想把球发好，必须注意以下几点：

(1)抛球稳：抛球是基础，要求掌心向上平稳地把球抛起。每次抛球的高度和身体的距离应基本固定。

(2)挥臂快：手臂的挥动速度与球飞行速度成正比，手臂挥动快，则球的速度快。

(3)击球准：用力方向必须和所要发出球的方向相一致。

(4)正确的手法：击球手法不同，发出球的性能也不同。不同的发球种类应使用不同的击球方法。

（一）正面下手发球

这种发球简单易学，失误率较小。但速度慢，力量小，攻击性差，适用于初学者。

发球前面对球网，两脚前后站立，左脚在前，右脚在后，两膝微屈，上体前倾，左手持球置于腹前，右臂自然下垂。发球时，左手将球在体前右侧抛起，离手 20～30 cm。在抛球的同时右臂向后摆动。

击球时右脚蹬地，身体重心前移，右臂伸直，以肩为轴，向前摆动到腹前，用虎口或掌根击球的后下部。随着击球动作重心前移，迅速入场(图 10-1)。

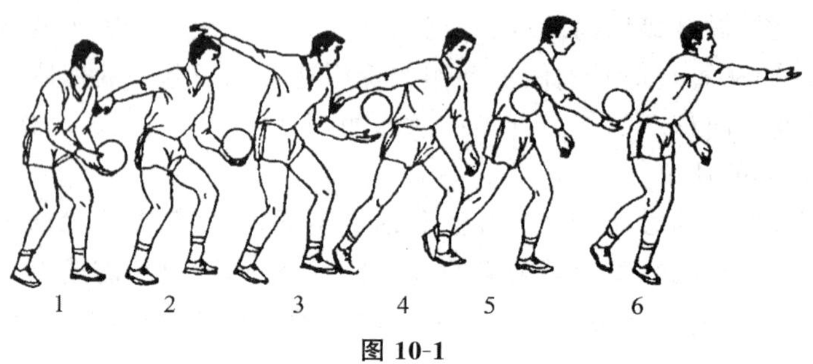

图 10-1

（二）侧面下手发球

1. 准备姿势：左肩对网站立，两脚左右开立，与肩同宽，两膝微屈，上体稍前倾，重心落在两脚间或稍偏右脚，左手持球置于腹前。

2. 抛球：左手将球抛至胸前，约离身体一臂之远。

3. 击球：在抛球的同时，右臂摆至右侧后下方，手指微屈而紧张，利用右脚蹬地和向左转体的力量，带动右臂向前摆动，在腹前用全掌击球的后中下部，将球击出。击球时，手臂要伸直，眼睛要看球。

（三）正面上手飘球

发球前在发球区选好位置，面对球网站立，左脚在前，右脚在后，重心落在后脚上。左手持球置于胸前，观察对方的站位布局，选定最佳落点。

发球时左手将球平稳地向右肩的前上方抛起，高度适中。在抛球的同时，右臂抬起，并屈肘后引，五指并拢，指尖朝上，手腕保持一定的紧张度。

击球时利用蹬地转体的动作带动手臂有力地向前上方挥动，重心随之移至左脚，以手掌根击球的后中下部，击球的力量要集中、迅猛，击球的作用力通过球的重心使球不旋转地向前飞行，击球结束时手臂要有突停动作。击球后，右脚随着击球动作自然前移，迅速进场(图 10-2)。

（四）勾手大力发球

这种发球的特点是力量大，弧度平。由于球向前旋转，从而加快了球的下落速度，容易造成对方措手不及，有较强的攻击性，但这种发球需要很好的体力，技术要求高，掌握不好容易造成发球失误。

发球前左肩对网站立，两脚开立与肩同宽，两膝微屈，重心落在脚与脚之间。双手持球于腹前。发球时，双手将球平稳地抛至头的左前上方，高约 1 m。在抛球的同时，右腿稍屈，重心移至右脚上，上体向右倾斜并转动，同时右臂向右后倾摆动，抬头看球。随着右腿用力蹬地，利用挺胸及转体的动作带动手臂向上挥击。

图 10-2

击球时迅速收胸、收腹、转体，身体的重心移至左脚上。击球的手臂要伸直，并要协调、自然地向上作弧形摆动，击球的手掌应放松，用全掌击中球的后下部，并利用手腕的推压动作使球向前旋转。球发出后，顺势迅速进场(图 10-3)。

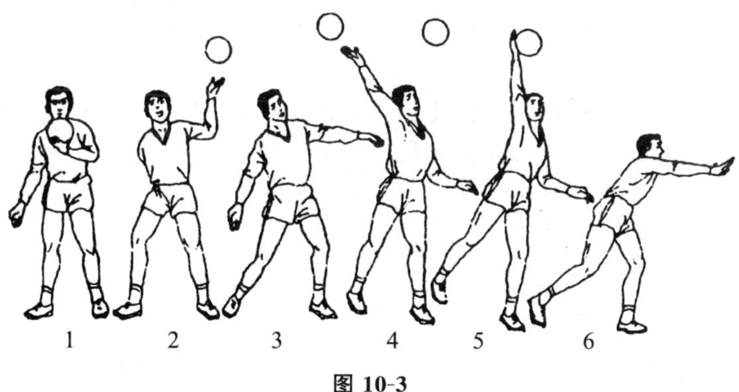

图 10-3

(五)练习方法

1. 徒手练习。按照动作方法要领，让队员做徒手模仿练习，或做击固定球练习。

2. 抛球练习。右手持球练习向上抛起(掌心向上，平稳抛起，球不旋转)。根据发球的性能，抛球的高度和落点要合适。

3. 两人一组短距离不上网对发。

4. 抛击配合练习。近距离对墙发球，体会发球时抛球与击球的配合。

5. 上网发球。两人一组隔网对发，距离由近到远，直至发球区内。体会击球用力和动作连续性。

6. 分两组端线后发球比赛，看哪一组积分多。

三、垫球

垫球是排球的基本技术之一，是接对方进攻性击球的主要技术动作，是组织进攻和反攻战术的基础。因此，提高垫球技术的熟练程度和运用能力，是争取胜利的重要条件。

(一)正面双手垫球

适合接速度快、弧度平、力量大、落点低的各种来球，在接发球和后排防守时广泛采用，是各项垫球技术的基础。

1. 准备姿势：做好准备姿势，迅速判断，及时移动，正面对准来球方向。

2. 击球手形：两手掌根紧紧靠，两手手指重叠合掌互握，两拇指平行。两臂自然伸直，手腕下压，小臂外展靠拢，手腕关节以上的前臂形成一个垫击的平面(图 10-4)。

3. 击球动作：击球时，蹬腿提腰，含胸提肩，压腕抬臂等动作密切配合，手臂迅速插入球下，将球准确地垫在手腕以上 10 cm 的小臂上。击球时，两臂保持平衡固定，身体和两臂自然地随球伴送，以便控制球的落点和方向(图 10-5)。

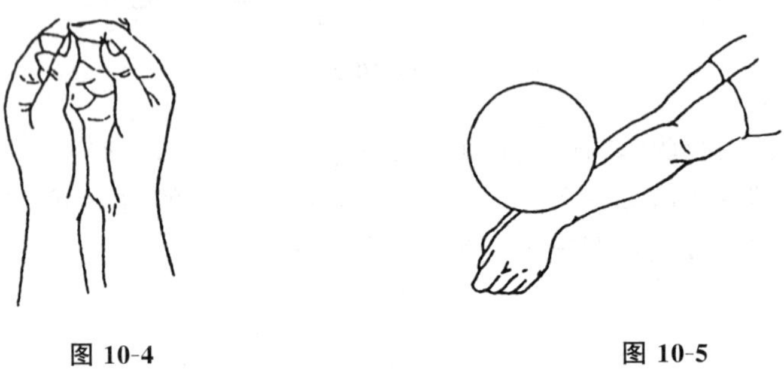

图 10-4　　图 10-5

4. 手臂角度：手臂角度对控制球的方向、弧度和落点有很大影响，应根据垫球距离和入射角等于反射角的原理加以调整(图 10-6)。

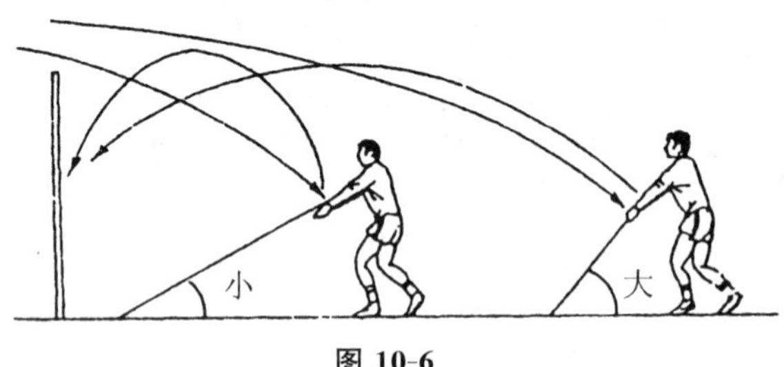

图 10-6

正面双手垫球应掌握插、夹、提三个动作要领。插：两臂伸直，插到球下。夹：两臂夹紧，含胸收肩，用两前臂的平面击球。提：提肩送臂，身体重心随出球方向前移。垫击过程中要做好移、蹬、跟三个环节。移：快速移动，对准来球。蹬：支撑平稳，两腿蹬起。跟：随用力方向，腰紧跟(图 10-7)。

图 10-7

（二）体侧垫球

来球飞向体侧而来不及移动对正来球时，要采用侧垫。侧垫时切忌随球伸臂，这样会造成球蹭手而向侧方飞出，应先用两臂到侧方截击来球。还应注意两臂不要弯曲，以保持击球平面，否则会因手臂不直或两臂间距离太大而垫不好球（图 10-8）。

（三）背垫

背垫就是背向出球方向击球。背垫时，要清楚出球的方向、距离。用力时，要抬头后仰，两臂伸直向后扬臂（图 10-9）。

图 10-8　　**图 10-9**

（四）练习方法

1. 徒手模仿。先做原地垫击模仿动作，然后做徒手移动后垫击模仿动作。强调身体重心移动，蹬地抬臂协调用力，注意步法与手法的配合。

2. 垫固定球。一人双手持球于胸前，另一人原地或移动后用垫球动作击球，体会手臂触球部位和全身协调用力。

3. 两人一组，一抛一垫。两人距离由近到远，先是一人抛，一人原地垫，然后是一人抛，一人移动垫。要求抛球落点准确，角度适当。垫球者移动对准球，采用正面垫击。抛球弧度逐步降低，速度逐渐加快，难度慢慢加大。

4. 对墙连续自垫。对墙垫时，要求手臂角度固定，用力适当，控制球的高度，用蹬腿动作发力，注意身体协调用力。

5. 转换方向垫。三人一组成三角形，一人抛球，一人变方向垫球，另一人接球或传球给抛球者，循环往复。

6. 二人相距 7～8 m，一发一垫。

7. 二人相距 5～6 m，第一次把球垂直垫起，第二次把球垫给对方，连续进行。

8. 三人一组相隔 10 m 以上，一发一垫一调，做若干次轮转，让接球人体会垫球时出球方向的改变。

四、传球

传球是用手指和手腕的弹力进行上手击球的技术动作。是排球的最基本最原始的击球方法。在比赛中主要用于衔接防守和进攻。可广泛用于接发球、二传等。传球的方式很多，有正面传球，背传，侧传，跳传。其技术环节可分为：准备姿势、迎球、手形、击球用力几个部分。

（一）双手正面传球

准备姿势：正面对准来球，两脚开立，比肩宽，一脚在前，两脚尖适当内收，脚跟稍提起，两膝稍屈。两肩放松，眼睛注视来球，两手自然弯置于胸腹前。

手形：两手手指自然张开，掌心相对，手指微屈成半球状，手腕稍后仰，以拇指、食指、中指托住球的后下部，无名指和小指在两侧辅助控制传球的方向。拇指相对成一字形或八字形置于额前（图10-10）。

图 10-10

击球时的用力：传球时，利用蹬地、伸膝、展体和伸臂的动作，以拇指、食指、中指发力，无名指和小指控制住球的方向。触球的瞬间，手指和手腕应保持一定的紧张程度，用手指和手腕的弹力以及身体和手臂的协调力量将球传出，用力一定要协调一致。传球距离较近时，手指、手腕的弹力较多；传球距离较远时，必须加强蹬地展体力量（图10-11）。

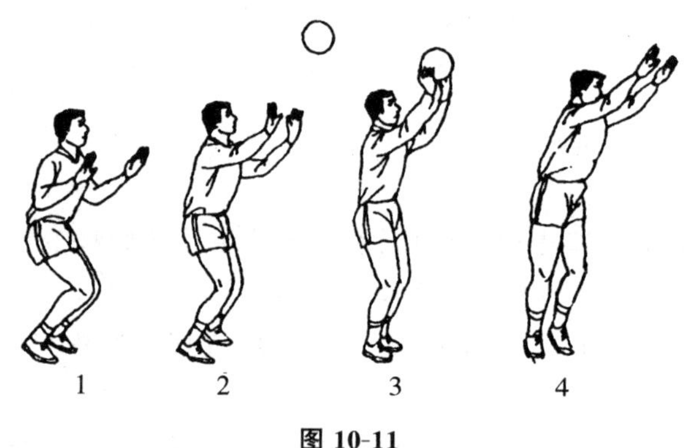

图 10-11

（二）背传

背传是传球基本方法之一。在比赛过程中，使用背传技术能达到出其不意、迷惑对方的目的，使战术多样化。

准备姿势：上体比正面传球时稍直立，身体重心稳定在两脚之间，双手自然抬起，放松置于脸前。

迎球：双手上举，挺胸，掌心稍向上，手腕稍后仰。

击球点：保持在额上方。

手形：与正面传球相同，拇指托球的后下部。

用力：利用蹬地、上体后仰、挺胸、展腹、抬臂及手腕和手指的弹力将球向身体后上方送出（图10-12）。

（三）侧传

身体不转动，主要靠双臂向侧方伸展的传球动作叫侧传。侧传有一定隐蔽性。

侧传的准备姿势、迎球动作与正面传球相同，击球点保持在脸前或稍偏于出球方向一侧。传球手势与正面传球相同，但倾向出球一侧的手臂要低一些，另一侧则要高一些。用力时，蹬地后上体要向出球方向倾斜，双臂向传出一侧用力伸展，异侧手臂动作幅度较

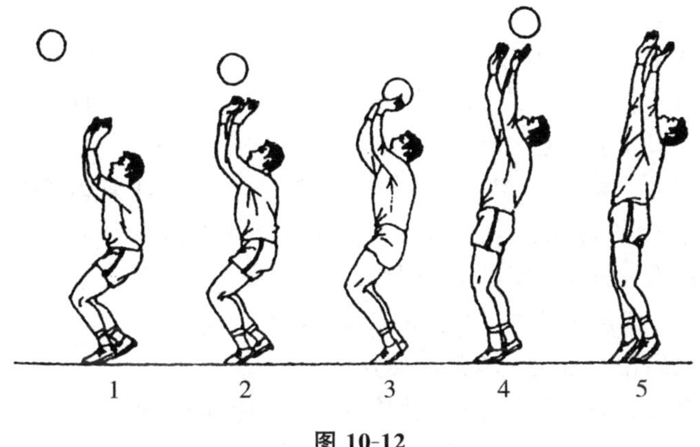

图 10-12

大,伸展较快(图 10-13)。

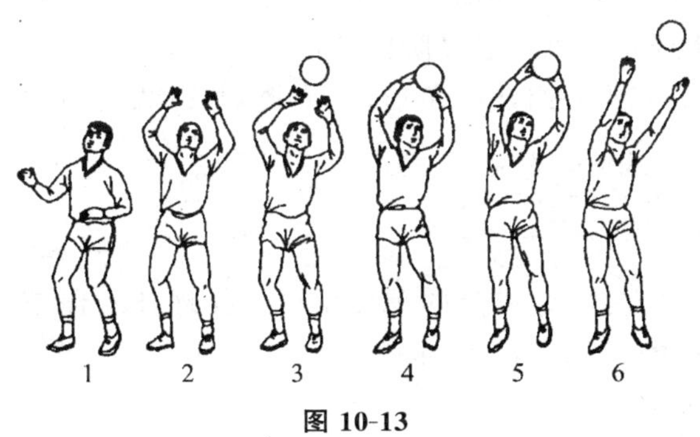

图 10-13

(四)跳传

跳起在空中做传球动作叫跳传。跳传有原地跳、助跑跳、双足跳、单足跳等动作。

起跳最好是向上垂直起跳,不宜向前或向侧冲跳。起跳的关键是掌握好起跳时机,起跳过早或过晚都会影响传球的质量。

起跳后双臂上摆至脸前,身体在空中保持平衡。当身体上升到最高点时,靠伸臂动作和手腕、手指的弹力将球传出(图 10-14)。

图 10-14

（五）练习方法

1. 徒手模仿传球动作。做好准备姿势，蹬地、伸臂，模仿传球推击动作，领悟动作过程。

2. 体会击球点与手形。每人一球按照传球的击球点与手形，摆在额前，然后另一人将球拿掉，看手形是否正确，击球点位置是否合适。

3. 传球的协调用力。两人一组，持球人拿球在合适的击球点做好传球的手形，另一人用单手压着球，持球者用传球动作向上推送球，体会全身协调用力。

4. 贴墙传球。每人一球，贴墙站立，用传球手形拿好球，肘关节贴墙，用传球动作向墙传球，体会传球手形、击球点和手指、手腕的传球用力。

5. 对墙传球。距离由近至远，体会传球用力。

6. 向上自传。个人进行，先原地传，后移动传；先传低球，后一高一低传。

7. 两人一组，一人抛球，另一人传球。先抛准球，让传球人原地传；后两侧抛球，让传球人移动传。

8. 两人对传。可以一固定，一移动，或自传一次，再传给对方等。

9. 跑动传球。三人或三人以上成纵队跑动传球。

10. 转换方向传球。三人一组成三角形，一人抛球，一人变方向传球，另一人接球或传球给抛球者，循环往复。

五、扣球

扣球是进攻的最有效方法，是得分的重要手段。扣球技术比较复杂，按其技术结构来讲，扣球技术包括准备姿势、判断、助跑、起跳、空中击球和落地几个相互衔接的部分，整个动作必须协调一致，且有节奏。

（一）准备姿势

两脚开立，两膝微屈，眼睛观察来球，注意力高度集中，随时可向各种方向起动助跑。

（二）判断

判断是扣好球的基础。首先是对一传的判断，然后根据二传传球的方向、弧度、速度、落点选择起跳的地点和决定起跳的时间。判断贯穿在整个助跑与起跳、击球全过程中。

（三）助跑

助跑的目的不仅是为了增加弹跳高度，而且是为了选择起跳点和时间，助跑的方向、速度和步数是根据来球的方向、弧度和速度决定的。助跑的步法一般有两步、三步和多步助跑。助跑的起动时间非常重要，它对于能否发挥最好的弹跳，选择准确的起跳点和扣球路线的变化都有重要的作用。由于每个人助跑的速度不同，制动踏跳的能力不同，弹跳高度不同，因此，起动时间也略有区别。

（四）起跳

起跳的目的在于跳起后达到一定的高度，保持在正确的击球点击球。起跳时，上体前倾，两脚迅速而有力地蹬地踏跳；两臂由体后下方继续向体前上方挥摆，同时快速展腹，带动全身腾空而起。

（五）空中击球

击球是扣球技术的关键环节。起跳后，上体稍向后侧扭转，胸腹自然展出，右臂屈肘举起，肘关节指向侧方，并高于肩部，手置于头的右侧方，手指自然分开。击球时利用迅速转体收腹动作来带动手臂猛烈地挥击。前臂挥动的速度要快，有如挥鞭子的抽击动作。击球时手臂要伸直，用全手掌击球的后中部，手腕快速推压，使球向前下方旋转飞行。

(六)落地

落地时，应由前脚掌过渡到全脚掌，同时顺势屈膝、收腹，以缓冲下落的力量，同时立即准备下一个动作(图 10-15)。

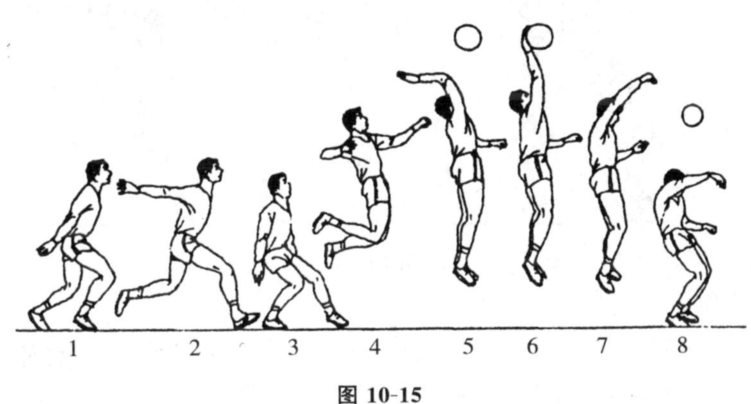

图 10-15

(七)练习方法

1. 学习助跑起跳。包括原地双足起跳练习，一步助跑起跳练习，两步助跑起跳练习和上网助跑起跳练习。

2. 学习挥臂击球。包括徒手模仿练习，扣固定球练习，一抛一扣练习和自抛自扣练习。

3. 学习完整扣球。包括助跑起跳上网扣教师低喂抛球练习，上网扣抛球练习，上网扣传球练习。

六、拦网

拦网是防守的第一道防线，也是得分的重要手段之一。有效的拦网可以遏止对方的进攻，减轻本方防守的压力，为防守反击创造有利条件。特别是每球得分制实施以来，攻击性的拦网越来越得到人们的重视。

拦网技术动作由准备姿势、移动、起跳、空中动作和落地几个部分组成。拦网时除应掌握上述技术外，还应有准确的判断能力，以便准确选择起跳地点、拦网时间和空间。

拦网分为单人拦网和集体拦网。其个人技术是相同的，只是集体拦网需要注意相互间的协作与配合。

(一)准备姿势

面对球网，密切注视着对方动向，两脚平行开立，约同肩宽，两膝稍屈，两手自然弯曲置于胸前。身材高大队员双手可上举过头，随时准备起跳或移动。

(二)移动

根据不同情况可灵活运用并步、跨步、滑步、交叉步、跑步等各种移动步法，将身体重心移动到拦网位置，准备起跳。

（三）起跳

移动后立即制动，使身体正对球网后起跳，或在起跳过程中在空中使身体转向球网。如果是原地起跳则从拦网准备姿势开始，两脚用力蹬地，两臂在体侧划小弧线用力上摆，带动身体向上垂直起跳（图 10-16）。

图 10-16

（四）空中动作

起跳后稍收腹，控制平衡。同时，两手从额前贴近网向上沿伸出，两臂伸直，两肩尽量上提。拦击时，两手尽量伸向对方上空，接近球、两手自然张开，屈指、屈腕成勺形。当手触球时，两手突然抖腕，用力捂盖球前上方。拦击时根据对方扣球线路变化，两手在空中向球变线方向伸出，外侧手掌心在拦击球时内转包球。

（五）落地

拦网后自然落回地面，落地时屈膝缓冲。落地后准备做下一个动作。

（六）练习方法

1. 徒手动作练习。包括网前原地起跳拦网，两人相对网前原地起跳空中拍击手掌，根据教师手势做各种步法移动后起跳拦网，两人相对网前移动，在 2、3、4 号位分别起跳对击拦网，一人主动、一人被动在网前移动起跳拦网。

2. 学习拦网手法。包括原地或对墙做徒手伸臂动作（要求手形正确，手指自然张开），矮网一扣一拦（要求扣球准确，拦网不起跳），教师站在高台上双手持球，学员轮流起跳拦网（掌握正确手形包住球的动作），队员站在高 40～50 cm 的凳子上，做拦球动作，体会伸手和捂盖动作。

3. 教师在高台扣固定路线球，队员移动起跳拦网。

4. 对方扣一般球，单人轮流拦网。

5. 对方扣一般球，双人原地起跳配合拦网。

6. 对方扣一般球，双人移动后起跳配合拦网。

七、技术教学的综合练习方法和手段

1. 四人一组跑动中对垫对传（图 10-17）。

2. 三人三角任意传垫。

3. 两人一组打、防、调。

4. 两人或三人限制线前比赛。

图 10-17

5. 四至五人围成圆圈,自由传、垫、扣。

6. 教师抛球给站在 4 号位的学生,学生将球垫给网前做二传的学生,后撤上步扣二传传来的球,然后拦网(图 10-18)。

7. 接发球比赛:每队派一人发 10 个球,其他五人接发球,并计分。到位 2 分,垫起 1 分(图 10-19)。

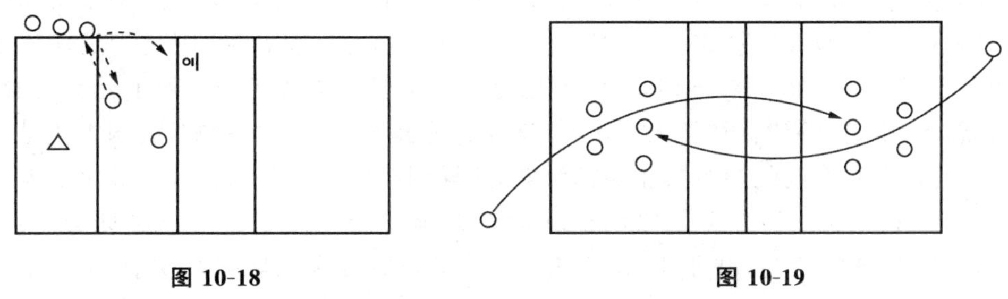

图 10-18　　图 10-19

8. 组织进攻和防守:教师向一方抛球组织进攻,另一方进行防守,赢队再接教师抛球进攻,另一方防守。组织进攻者赢得一分,防守者赢得组织进攻权,不得分。谁先到 15 分算赢一局。

第十一章　足　球

第一节　足球运动简介

一、足球的起源与发展

据有关史料记载，我国古代足球游戏起源于公元前475—公元前221年的战国时代。古代足球游戏称为“蹴鞠”或“蹋鞠”。“蹴”和“蹋”都是踢的意思，“鞠”则是指足球。到了公元前206—公元220年间的汉朝时，“蹴鞠”已是一项重要的游戏活动。到了元、明、清朝，由于受儒家思想“中庸之道”、“君子无所争”以谦让为美德的礼乐观念影响，我国古代足球游戏逐步走向衰落，尤其在明朝明令禁止足球游戏，这样到明朝中期我国古代足球游戏就走向消亡。1908年，在香港成立了我国现代足球运动的第一个组织——南华足球会。1931年中国加入国际足球联合会，并于1936年和1948年先后两次派队参加奥林匹克运动会足球比赛。

古代足球运动起源于中国，现代足球运动的发源地则在英国。1863年10月26日，英国成立了世界上第一个足球协会——英格兰足球协会，人们把这一天作为现代足球的诞生日载入史册。1912年第5届奥运会开始，足球被列为奥运会的正式比赛项目。1904年在法国巴黎成立了“国际足球联合会”。总部设在瑞士的苏黎世。1930年举办了第1届世界足球锦标赛。经过100多年的发展，足球运动已经成为人们喜爱的、被誉为世界“世界第一运动”的体育项目。今天，世界足球比赛主要有世界杯男子足球赛、奥运会足球赛、青年足球锦标赛、世界17岁以下少年足球赛、5人制足球赛以及世界女子足球锦标赛。

二、现代足球运动特点

现代足球具有竞争激烈、对抗性强；比赛参加人数多，运动量大，比赛时间长；技术动作多，战术种类和变化多等特点。比赛的场面壮观，激动人心，吸引着无数的球迷，一些重要的比赛常常是万人空巷，成为世界上拥有球迷最多的体育项目。

第二节　足球基本技术

足球技术在比赛中有着特殊的地位，它是完成战术配合、决定战术效果的前提和保证。有一位名人曾经说过：“足球运动最重要的决定性的部分是技术。”

足球技术可从多层次和不同角度进行分类。根据比赛的攻防转换及运动员职能变换，可将技术分为进攻技术和防守技术；根据运动员的位置分工，可分为守门员技术和锋、卫队员技术；根据运动员的技术方式，又可分为有球技术和无球技术。

一、颠球

颠球是指运动员用身体的各个有效部位连续地触击球，并加以控制尽量使球不落地的技术动作。颠球是运动员熟悉球性最有利的一种练习手段，以增强对球的弹性、重量、旋转及触球部位、击球时用力轻重的感觉。

（一）技术动作要领

1. 双脚脚背颠球　脚向前上方摆动，用脚背击球，击球时踝关节固定，绷紧脚面，击球的下部。有节奏的颠球可以更好地控制击球的力量。

2. 双脚内侧、外侧颠球　抬腿屈膝，用脚的内侧或外侧向上摆动，击球的下部，两脚内侧或外侧交替击球。

3. 大腿颠球　抬腿屈膝，用大腿的中前部位向上击球的下部，两腿可交替击球，也可一只脚做支撑，用另一侧的大腿连续击球。

4. 头部颠球　两脚开立，膝盖微屈，头部稍稍抬起，用前额部位连续顶球的下部，击球时双手打开，维持身体的平衡。

5. 各部位连续颠球 用各部位配合连续颠球，配合的部位越多，难度越大。

（二）练习方法示例

1. 一人一球颠球　体会触球的时间、部位、力量和整个动作的协调配合。

2. 两人一球颠球 用身体各部位触球，掌握好触球的力量，尽量不让球落地。

3. 四五人一组，围圈用两球颠球 可规定每人触球的次数和部位，也可自由掌握。

二、踢球

踢球是指运动员有目的地用脚把球击向预定目标的技术。踢球是足球技术中最重要的技术，主要用于传球和射门。

（一）技术动作结构分析

踢球技术可从不同角度分为多种动作方法。但是每一种踢法都是由助跑、支撑脚站位、踢球腿的摆动、脚触球和踢球后的随前动作五个环节组成。

1. 助跑　助跑是指运动员踢球前的几步跑动，助跑的步数可多可少。根据跑动与击球目标的方位关系，助跑可分为直线助跑和斜线助跑。助跑的最后一步要大一些，这为踢球的充分摆动、增大摆腿速度、制动身体的前冲和提高击球的准确性创造了条件。

2. 支撑脚站位　支撑动作贯穿于整个踢球过程，它包含支撑脚的选位、落位方法，脚的指向和关节支撑等因素。支撑的主要作用是维持身体在踢球过程中的平衡，保证踢球腿充分的踢摆发力，因此，支撑脚实际上起着固定支点的作用。

3. 踢球腿的摆动　击球力量的大小，由多方面的因素决定，而主要的还是取决于踢球腿的摆动。它是踢球力量的主要来源。摆幅大，摆速快，踢出去的球力量就大，球的运行速度就快，运行距离就远。踢球腿的摆动是在支撑脚跨步时（助跑的最后一步）顺势向后摆起的，当膝关节摆到接近球的垂直上方的刹那间，小腿加速前摆击球。

4. 脚触球　包括击球脚的部位和击球的部位。一般来说，用脚的某一部位击球的后中部，作用力通过球心，出球平直。当踢各种活动来球时，应准确判断来球的速度、方向，根据出球目标，合理选择踢球以及脚与球的部位。在现代足球比赛中，运动员已广泛采用了弧线球(香蕉球)踢法。这种踢法主要应用脚背内侧或外侧击球，击球的作用力不通过球心，使球产生旋转，并沿着一定的弧线运行，具有一定的隐蔽性。

5. 踢球后的随前动作　踢球后随着脚的前摆和送髋，使身体重心向前移动，这样既易于控制触球方向和加大踢球力量，又能缓和因踢球腿急速前摆而产生的前冲惯性，以维持身体的平衡。踢球后的随前动作还便于下一个动作衔接。

在上述五个环节中，支撑脚的站位、踢球腿的摆动、脚触球是主要的因素。

(二)各种踢球技术动作要领

踢球的方法很多，但主要有脚内侧踢球、脚背正面内侧踢球、脚背外侧踢球，以及脚尖踢球和脚跟踢球。

1. 脚内侧踢球(又称脚弓踢球)　它是脚内侧部位踢球的一种方法(见图 11-1)。其特点是脚与球接触面积大，触球准确平稳，且易于掌握，是短距离传球和射门常用的脚法。但这种踢球方法触球的力量相对较小。这种踢法有：脚内侧踢定位球、脚内侧踢空中球、脚内侧踢各种方向的地滚球、脚内侧踢各种反弹球。

(1)脚内侧踢定位球：直线助跑，支撑脚踏在球侧约 15 cm 处，膝微屈，脚趾指向出球方向，击球后身体跟随移动，髋关节向前送(见图 11-2)。

图 11-1　　图 11-2

(2)脚内侧踢空中球：根据来球速度和运行轨迹及时移动到位，踢球腿大腿抬起并外展，小腿屈并绕额状轴后摆，利用小腿绕额状轴由后向前摆动，当摆至额状面时与球接触，击球的中部(见图 11-3)。

图 11-3

2. 脚背正面踢球(又称正脚背踢球) 脚背正面踢球由于其解剖特点，摆幅相对较大，加之用脚背踢球接触面(与球)相对较大，因而踢球力量也大，准确性也较强；但出球路线及性能缺乏变换，适用于远距离传球和大力射门(图 11-4)。这种踢法主要有：脚背正面踢法定位球、脚背正面踢侧面半高球、脚背正面踢反弹球、脚背正面踢倒勾球、凌空踢倒勾球、搓击球、抽击球，等等。

(1)脚背正面踢法定位球：直线助跑，支撑前的最后一步稍大些，支撑脚积极支撑，在球的侧面 10～12 cm，脚尖正对出球方向，膝关节微屈，踢球腿随跑动向后摆动，小腿屈曲，支撑的同时踢球腿以髋关节为轴，大腿带动小腿由后向前摆动(见图 11-5)。

图 11-4　　图 11-5

(2)脚背正面踢侧面半高球：根据来球速度及运行轨迹，选好击球点，身体侧对出球方向，身体向支撑脚一侧倾斜展腹，踢球腿抬起，大腿伸，小腿屈，大腿带动小腿由后向前急速摆动，用脚背面击球的中部，同时身体向出球方向扭转，击球后踢球脚随球前摆着地以维持身体平衡(见图 11-6)。

(3)脚背正面踢反弹球：根据来球的速度、落点，支撑脚应该在球的侧面。当球落地的时候，踢球腿要突然发力，在球弹离地面的时候，用脚的正面击球的下方(根据脚击球的部位不同，可以让球在空中的运行轨迹不同)。击球的时候要送髋，膝关节前移，这样出球就不会太高(见图 11-7)。

(4)脚背正面踢倒勾球：根据来球的速度、运行轨迹，及时移动到位；踢球的时候，以髋关节为轴向上摆动，上体后仰，支撑脚膝关节微屈，当球落到身体适当的位置时，用脚背面击球的低中部(见图 11-8)。

图 11-6　　图 11-7　　图 11-8

3. 脚背内侧踢球(又称内脚背踢球)　这是一种用第一跖骨及跖趾关节部位触球的踢球方法。其技术结构与前两类踢球方法相同，但技术结构则有所区别，助跑方向与触球方向约成 45°角，最后一步稍大，脚尖指向出球方向，屈膝，大腿带动小腿，小腿做爆发式摆动，脚尖外转，脚背绷直，用脚背内侧击球。击球后踢球腿和身体随前摆动(见图 11-9)。

4. 脚背外侧踢球(又称外脚背踢球) 脚背外侧踢球是用脚第三、第四、第五跖骨部位接触球的一种方法。此方法灵活性大，出球隐蔽性较强，比赛中各种距离的弧线球和非弧线球都可使用(见图 11-10)。

图 11-9　　图 11-10

5. 脚尖踢球(脚尖捅球) 这是一种用脚尖部位击球的方法。这种踢法出球迅速，多用于雨天比赛。技术动作是:髋关节尽量向前送,双臂维持身体平衡,小腿前伸,击球的后中部(见图 11-11)。

6. 脚跟踢球 这是一种脚跟接触球的方法(见图 11-12)。

图 11-11　　图 11-12

(三)易犯错误

1. 踢定位球 支撑脚站位不对,击球的部位不对,摆小腿幅度不够,踢球腿的方向不对。

2. 踢滚地球 支撑脚站位不对,击球时机不当,助跑的路线不对,脚法的选择不理想。

3. 踢空中球 支撑脚位置不好,击球时机不当,容易出现踢空现象;击球部位不准。

4. 踢旋转球 削球时太薄或太厚,导致了出球质量差,还有击球时不会做沿球面弧线摆动,影响球的旋转效果。

(四)练习方法示例

1. 无球练习:在地面做各种动作的模仿练习,熟悉各种动作的细节;先是模仿一个动作,然后逐步过渡到多个动作,最后过渡到多个动作的连贯。

2. 有球练习:

(1)一人用脚挡住球,另一个人踢球,主要是检查各种踢法的动作准确性以及击球的部位是否正确。

(2)离墙 5～6 m 进行各种踢法的练习,主要强调小腿的摆动是否正确;练习一段时间后可将距离加长到 30 m 左右,主要是进行力量的练习;当静球状态时有一定基础后,再过渡到自己运球中进行各种踢法的练习。

(3)利用障碍物来练习踢旋转球,障碍物的设置可根据实际情况来定。一般先是从距离小逐步过渡到距离大。

(4)两个人的多种踢法的练习:这种练习方法可进行传球和射门的练习,也可进行一人传球,一人射门的练习;如果是练习长距离的传球,另一个人还可以进行接球的练习。

三、接球

接球是指运动员有目的地用身体合理部位将运行中的球接下来,以便更好地完成下一个动作。接球的质量好坏直接影响到下一个动作的质量。

(一)技术动作结构分析

接球的技术可分为以下三个环节。

1. 观察和移动　这是接球的前提,先观察好来球速度、方向、球的旋转等等,迅速做出反应,然后及时移动,使自己处于最佳的接球位置。

2. 选择接球的部位和方法　根据不同来球的速度、球的旋转以及球的运行路线,选择不同的击球部位和方法。

3. 随球移动　接球动作完成后要随球移动，为下一个动作做好铺垫。

(二)技术动作要领

接球的动作有多种，比较常用的有脚内侧、脚背正面、脚背外侧、脚底、大腿、胸部、头部等不同部位的接球技术。

1. 脚内侧接　此方法由于脚触球面积大，动作简单，容易掌握，在比赛中应用率是最多的；主要用来接滚地球、反弹球、空中球。

(1)接滚地球：支撑脚尖对着来球，接球脚踢膝，大腿外展，脚尖翘起，脚内侧对着来球，当球与脚接触的瞬间，脚稍稍向后引，把球接在脚下(见图11-13)。

(2)接反弹球：根据来球选择好位置，及时移动到位，支撑脚相对落在球落点的侧前方，支撑脚微屈，接球腿后摆且放松，当球落地时，用脚轻推球的中上部(见图11-14)。

图 11-13

图 11-14

(3)接空中球：根据来球的速度以及运行轨迹，及时移动到位，抬接球腿，用内侧对准球，脚触击球的瞬间后撤，将球停在需要的位置(见图11-15)。

2. 脚外侧接球　将接球点放在接球腿一侧，支撑腿关节微屈；接球腿提起屈膝，对着接球后球运行的方向，抬腿稍稍高于球的半径(见图11-16)。

图 11-15

图 11-16

3. 脚背正面接球　此方法多用于接高空球。根据来球的速度、球的运行轨迹，及时移动到位，脚背面与球的下部接触的瞬间，接球脚向下撤，缓冲来球下坠的力量(见图11-17)。

4. 胸部接球 胸部接球的部位较高，加上胸部面积大，肌肉较发达，易于掌握，所以是接高球的一种较有效的方法。有挺胸式和收胸式两种方法。

(1)挺胸式接球：面对来球，双脚开立，上体后倾，下颌微收，并看着来球，两臂自然张开，维持身体平衡(见图11-18)。

(2)收胸式接球：面对来球，双脚开立，挺胸引球，接球时收胸、收腹，臀部后移将球接在身体前面(见图11-19)。

(三)易犯错误

1. 接滚地球：抬脚过高，导致球从脚下漏过去；触球过高，将球卡死在接球地点；接球时缓冲不够，球停得不好；

图 11-17　　图 11-18　　图 11-19

2. 接反弹球:判断球的落点和球反弹的路线不准确,使球送脚下漏过去;停球的位置不理想。

3. 接空中球:对来球的运行路线、力量、速度判断不准,停球的位置不好。

(四)练习方法

1. 个人接球技术练习

(1)利用墙来进行各种接球练习。先送原地开始,到运动中,再从球的落点低过渡到高;然后逐步加大触球的力量,练习接来球时力量大的各种球;再有就是距离逐步从近到远,提高接球的准确性。

(2)个人将球抛高或者提高,练习各种接高空球练习。

2. 多人接球技术练习

(1)两人对面站立,一人练习踢滚地球,一人练习接球;

(2)两人在跑动中进行传接球练习,提高踢球能力的同时也提高接球能力;

(3)多人练习,综合各种踢球技术,在跑动中练习各种接球技术,如接滚地球、反弹球和高空球,等等。距离和力量可以逐步地加远和加大。

四、运球

运球有狭义和广义之分。狭义是指用身体的某一部分接触球,使球能在运球者的控制下运行;广义是指球不仅仅是随人一起运动,还必须运用运球方法达到突破防守目的。

(一)技术动作分析

运球技术动作通常是由运球方法的选择与准备、跑动中间断触球、为下一个动作的衔接做好准备三个环节组成。运球方法的选择与准备是根据场上的情况,瞬间做出的选择;跑动中间断触球是运球的最关键环节,从运球开始,就要根据场上的情况迅速做出反应,什么时候需要低重心、加速、变速、用假动作、改变方向,等等,都是一瞬间的反应,最终的目的是避开对手的防守,并将球控制到需要的地方;为下一个动作的衔接做好准备是指运球任务结束之后,需要传球或者是射门所选择的最有利位置。

(二)技术动作要领

在比赛中常用到的运球技术有脚内侧、脚背正面、脚背内侧和脚背外侧运球等技术。

1. 脚内侧运球　运球前进时支撑脚始终在球的前面,位于球的侧前方,支撑脚微屈,重心落在支撑脚上面,用脚的内侧推球前进(见图 11-20)。

2. 脚背正面运球 运球时身体保持正常跑动姿势,上体稍前倾,步幅不宜过大,运球腿提起,髋关节前送,提踵,脚尖下指,在着地前用脚背正面触球将球推动前进。

3. 脚背外侧运球 运球时保持正常的跑动姿势,上体稍前倾,步幅不宜过大,运球腿提起，膝关节微屈，髋关节前送，提踵，脚尖绕矢状轴向内旋转，使脚背外侧正对着运球方向（见图 11-21）。

图 11-20　　图 11-21

4. 脚背内侧运球　身体稍侧转并自然放松，步幅小，上体前倾，运球腿外展提起，脚尖外展，使脚背内侧对着运球方向。

除了以上几种运球方法之外还有拨球、拉球、扣球、挑球、颠球等运球技术。

（三）运球过人方法

顾名思义，运球过人就是利用运球技术，根据临场需要，准确判断和把握对手的防守站位和重心变化情况，利用速度、方向或动作的变化，获得时间和空间位置优势，从而突破对方防守的一种技术手段。运球过人方法主要有以下几种：

1. 利用速度强行过人　持球者以突然的快速推或拨球并快速地奔跑越过对手的阻拦。这种方法主要是利用自己的起动速度或抓住对手突停突起或突然起动时所耽误的时间差。

2. 利用身体的掩护强行过人　当持球者接近对手时双方速度减慢，持球者侧身利用身体靠住对手以另一侧脚将球拨开，同时转身将对手倚在身后并随球越过对手。

3. 利用变速运球过人　对手在持球者侧面，持球者用另一侧脚运球，利用运球速度的变化达到摆脱或超越对手的目的。

4. 恰当地组合推、拨、挑、扣、颠等动作过人　以单脚或双脚轮流选用上述的动作，使组合起来的动作适时地变化运球的方向和速度，给对手造成错觉，运球者抓住其漏洞越过对手。

5. 利用穿裆球过人　当运球者遇到对手从正面拦阻时，发现对手两脚开立较大，运球者可抓住时机将球从对手两脚之间推过，自己身体从防守者侧面越过并继续控制球。

6. 人球分路过人　当防守者出脚抢球时，运球者先将球推到前方，等防守者的抢球脚未触击球，重心也移过来时，运球者迅速从防守者的另一侧越过去控球。

7. 利用假动作过人　此方法是运球者利用腿部、上体的晃动使对手产生错觉，在对手做抢球时，使其重心产生错误的移动，运球者抓住机会从另一侧越过对手并控制好球。

（四）易犯错误

1. 眼睛只盯着球，观察面小，不能够随机应变。

2. 身体僵硬影响动作的协调性。

3. 运球技术运用不恰当，运球时不能够按照运球者的意图运行。

4. 运球时重心过高，步幅过大，影响了控球质量。

（五）练习方法

1. 在慢跑中练习各种单脚的运球方法，运球路线沿直线进行。
2. 在足球场上沿中圈用脚内侧、脚背外侧、脚背内侧练习弧线运球。
3. 在慢跑中用单脚交替练习各种运球方法。
4. 在慢跑中用双脚交替练习各种运球方法。
5. 拨球练习和拉球练习。
6. 拉球转身180°运球练习和单脚交替拉球转身180°练习。
7. 扣球转身变向运球练习。
8. 运球绕杆练习。
9. 从低头运球过渡到抬头运球。
10. 扣拨组合练习。
11. 扣推组合练习。
12. 拉、推、拨组合练习。
13. 假动作练习。

五、抢截球

抢截球技术是指运动员在规则允许的范围内，使用身体的合理部位将对手的控球权夺过来或破坏掉。

（一）技术动作结构分析

抢截球是由选位、抓住时机实施抢截和实施抢截后的下一动作衔接三个环节组成。

1. 选位　主要是观察持球者的运球速度、运球路线，及时地移动到准备实施抢截的有利地点。

2. 抓住时机实施抢截　在这个环节中，要做到把握时机，判断准确，果断实施。

3. 实施抢截后的下一动作衔接　抢截后应迅速恢复到下一个动作所需要的状态和位置。

（二）技术动作要领

1. 正面跨步堵抢 抢球者两脚前后开立，面对着来球，重心下降于两脚间，屈膝，当运球者和抢球者的距离缩小到抢球者大跨一步可以触击球时，抢球者应及时用脚内侧去堵截球（见图11-22）。

2. 合理冲撞抢球 此方法使用于防守者与进攻者并肩时。在这个抢球过程中，要充分利用合理冲撞这个规则，利用对方同侧脚离地的过程，用肘关节以上的部位冲撞对手同样的部位，使对手失去平衡，并乘机将球控制好（见图11-23）。

3. 正面铲球　移动接近控球者，膝关节微屈，重心下降，在球离开控球者脚时，抢球者双脚沿地面向球滑铲（双脚不要偏离地面过高），并尽快起身。

4. 异侧脚铲球　当双方都在跑动中时，防守者应根据与球的距离，同侧脚用力蹬出，异侧脚向前沿地面对着球滑出，脚底将球铲出。此动作多用于防守中。

5. 同侧脚铲球　防守者根据双方离球的距离迅速做出反应，在对手不能触击球时，用异侧脚用力蹬出，同侧脚沿地面向前滑出，用脚背外侧将球踢出；也可用脚尖将球捅出。

图 11-22

图 11-23

（三）易犯错误

1. 正面堵抢时，容易产生触球部位不准确和堵抢时机不对造成失误。

2. 侧面铲球冲撞时，冲撞动作不正确，造成犯规。

3. 铲球时脚离地面过高，超过了球的高度，易伤害对手造成犯规。

4. 抢断球的时机、出击时机与动作配合不及时，不协调造成失误。

（四）练习方法

1. 两人一球练习。将球放在一个队员的脚下，另一个人在慢速中运用各种抢截球技术抢截球。然后过渡到一人运球，另一个人在慢速中运用各种抢截球技术抢截球。

2. 两个人同向慢跑，在跑的过程中要做出合理冲撞的动作来，体会合理冲撞的时机、部位和如何发力。

3. 一人直线运球，另一人由后赶至成并肩时实施合理冲撞并控制球。

4. 铲球练习。球由静止逐步过渡到运动中，增强在比赛中的实战感觉。

5. 将抢截球技术的练习与射门或者传球技术连接起来练习。

六、头顶球

顾名思义，头顶球就是指运动员用头部有目的地将球击向预定的目标的动作。使用头顶球不仅可以进行传球、抢断球、高球射门，而且利用鱼跃头顶球可以扩大控制范围。

（一）技术动作结构分析

头顶球技术动作由移动选位、身体的摆动、头触球、触球后的身体平衡四个环节组成。

1. 移动选位　指运动员根据来球的力量、速度、球在空中的运行路线迅速做出反应，选好击球点，及时地移动到最佳的位置。

2. 身体的摆动　身体的摆动是由全身的许多部位的肌肉协调力来完成的，是头顶球力量的主要来源。为了击球的准确性，必须在身体摆动时就要考虑打来球的方向与球顶出的方向的关系，使身体摆动发挥最大的作用。

3. 头触球　此环节的主要任务是确保顶出球的准确性。

4. 触球后的身体平衡　维持身体平衡的主要因素有合理的摆臂，脚步的移动，落地时屈膝、踝和来球的冲力。

（二）技术动作要领

1. 前额正面头顶球　这是由额肌覆盖的额骨正面部位去击球的一种方法，触球部位在前额正面。此技术又分为原地头顶球、跑动头顶球、原地跳起头顶球、跑动中跳起头顶球、鱼跃头顶球和向后蹭顶球。

(1)原地头顶球：身体正对着来球方向，眼睛注视着来球，两脚左右开立，双臂自然张开，当球运行到垂直地面的垂直线时，两脚迅速用力蹬地，身体向前摆动，在触球瞬间做爆发式振摆，用前额正面击球中部，身体随球前摆(见图 11-24)

(2)跑动头顶球：顶起动作要领和原地顶起相同，只是在第一环节应正对来球跑出去抢点。

(3)原地跳起头顶球：此技术主要用于本方或对方传来高球时。当球运行至身体额状面时，迅速收腹，上体前摆，触球面颈部做爆发式振摆，用前额将球击出(见图 11-25)。

图 11-24　　图 11-25

(4)跑动中跳起头顶球：一般助跑起跳时使用单脚起跳。根据来球的速度、运行轨迹，选好起跳位置，起跳点稍大点，还要用力蹬地起跳，上臂曲肘自然上提其余各环节与原地起跳头顶球相同(见图 11-26)。

(5)鱼跃头顶球：对于离身体较远的低空球来不及处理，必须抢点击球时可用鱼跃头顶球技术，此技术多用于门前抢救险球和射门。判断好来球的路线和选择好击球点后，单脚或双脚向前蹬地，身体接近水平状态向前跃出，上臂微屈前伸，掌心向下，利用身体向前跃出，用前额正面击球(见图 11-27)。

图 11-26　　图 11-27

(6)向后蹭顶球：分原地蹭顶与跳起蹭顶。第一环节分别与原地前额正面和跳起前额正面头顶球相同，当球运行到身体上空时，利用挺胸、展腹、扬下颌，身体向后上方伸展，用前额正面靠上的部位击球的下部，将球向后上方顶出(见图 11-28)。

2. 前额侧面头顶球

(1)原地头顶球：基本技术与原地前额正面头顶球相同，只是击球点不一样，击球点是前额侧面(见图 11-29)。

(2)跑动头顶球：与原地前额侧面头顶球动作要领相同，不同的是此动作是在快速跑动中开始和完成。

图 11-28

(3)跳起头顶球:跳起动作及第一环节与前额正面跳起头顶球相同。在跳起后的身体上升阶段上体向出球的相反方向侧摆,在最高点时,上体急速向出球力向摆出,颈部扭摆甩头,用前额侧面击来球的后中部(见图 11-30)。

图 11-29

图 11-30

3. 易犯错误

(1)心里害怕,闭着眼睛,造成了错误的部位顶起。

(2)对来球的速度、力量、运行轨迹判断不准确。

(3)时机把握不好。

(4)身体的协调能力不好影响了顶球的力量。

(5)对身体的控制能力差,影响出球的力量和准确性。

4. 练习方法

(1)个人练习方法

①在原地做各种头顶球模仿练习。

②双手拿球,用头部去击球,体会击球的部位。

③利用墙进行练习。自己把球抛向墙,利用墙的反弹力进行练习。

(2)多人练习方法

①多人的抛球。头顶球练习,能够训练出队员对运行中的球的判断力。

②顶起射门练习。顶起队员站在球门附近,掷球者将球抛到罚球点附近,顶球者跑上去顶起入门。

③远距离练习方法。两人相距 20 m 左右,一人传过顶球给对方,另一人将球顶回去。

④三人向后蹭顶球练习。甲抛球给乙,乙蹭顶给丙,丙接球后给回甲,如此循环。

⑤争顶球练习。三人一组,一人抛球,另外两人去争抢。

⑥鱼跃头顶球练习。在沙坑或垫子上进行。一人抛球,另一人练习。

七、假动作

在足球比赛中，为了争取更多的时间和空间，运动员常常采用虚假动作来掩饰自己的意图，使对方造成错误的判断，形成对自己有利的形势。

（一）技术动作分析

1. 如何使用假动作并加以实施 在比赛中要根据场上的实际情况来做出使用各种假动作的决定。做假动作时必须逼真，不真实的假动作不能够引起对方错误的判断，失去了原有的意图。

2. 假动作后的衔接动作 要根据对手受骗后重心的位置，迅速做出决定。在比赛中假动作和真动作要结合使用，这样真真假假，才能够起到更好的效果。

（二）技术动作要领

1. 传球前的假踢　先向一方做假动作，当对手去堵球时，他的重心就偏离了，突然改变踢球脚法将球从另一方向传出（见图 11-31）。

图 11-31

2. 接球前的假接　在对手紧逼的情况下，可先向一侧做假接动作，当对手的重心偏离时，突然改变向另一侧接球。

3. 接球前的假顶和顶球前的假接　接高球时，对手迎面上来准备在自己接球后抢截，可先作出假顶动作，使对手减速或停下，然后再突然用头或胸部将球接住。

4. 运球过人假动作

(1)运球过人使用虚晃动作来欺骗对手。

(2)用减速或者停顿的假动作来骗过对手的防守。

5. 抢球假动作 此假动作使用于防守者。如先用假动作去堵截一个方向，迫使对手不敢从这个方向出球，而转向另一方向出球，却正是抢截真动作的方向，就可将球截获。

（三）易犯错误

1. 动作不够逼真。

2. 动作衔接不够紧凑。

3. 观察能力不够，随机应变能力缺乏。

4. 缺乏自信心，不敢做动作。

（四）练习方法

1. 向右（左）假踢，向左（右）拨球前进。

2. 向右（左）假拨，向左（右）拨球前进。

3. 向右（左）假踢出球，瞬间改用前脚掌将球拉回，再用左（右）推拨球前进。

4. 向右（左）跨过球，向左（右）拨球前进。

5. 个人颠球,将球颠高,然后做左下肢和身体的虚晃假动作。

八、掷界外球

掷界外球不受越位规则的制约,不仅用于比赛的恢复,还可以为进攻创造更好的机会。

(一)技术动作结构分析

1. 掷界外球是下端固定的爆发式的平摆动作,需要稳固的支撑。
2. 根据身高和臂长掌握合理的掷出角,一般不超过45°。
3. 掷球的远度和球出手的速度有关,速度快则远。
4. 掷球时可利用助跑来增加球出手时的速度。

(二)技术动作要领

1. 原地掷界外球　面对出球方向,两脚开立,双脚不得越过边线的内沿,膝关节微屈,身体后仰,上手将球置于头部后面,掷球时,后脚蹬地,身体重心向前移,收腹屈体,上臂向前急速摆动。掷球时,双脚不可离开地面(见图11-32)。

图 11-32

2. 助跑掷界外球　双手持球于胸前,在助跑的最后一步,上体后仰成背弓,同时将球上举于头后,掷球时的动作和原地掷界外球相同,将球掷出后,双脚不得离开地面。

(三)易犯错误

1. 掷球动作不合理,不符合规则要求,造成犯规。
2. 用力不协调,出球不够远。

(四)练习方法

1. 两人一球练习:相距一定距离,在原地相互掷界外球;然后过渡到助跑掷界外球。
2. 前场界外球战术练习:

(1)力量较大的队员将球直接掷入罚球区攻门。

(2)将球掷到球门柱近端,由前锋队员后蹭击球攻门。

第三节　足球比赛规则

一、比赛场地

1. 场地面积　比赛场地应为长方形,其长度不得多于120 m或少于90 m,宽度不得多于90 m或少于45 m(国际比赛的场地长度不得多于110 m或少于100 m,宽度不得多于75 m或少于64 m)。在任何情况下,长度必须超过宽度。

2. 画线　比赛场地应按照平面图画出清晰的线条,线宽不得超过12 cm,不得做成“V”

形凹槽。较长的两条线叫边线,较短的叫球门线。场地中间画一条横穿球场的线,叫中线。场地中央应当做一个明显的标记,并以此点为圆心,以 9.15 m 为半径,画一个圆圈叫中圈。场地每个角上应各竖一面不低于 1.50 m 高的平顶旗杆,上系小旗一面;相似的旗和旗杆可以各竖一面在场地两侧正对中线的边线外至少 1 m 处。

3. 球门区　在比赛场地两端距球门柱内侧 5.50 m 处的球门线上,向场内各画一条长 5.50 m 与球门线垂直的线,一端与球门线相接,另一端画一条连接线与球门线平行,这三条线与球门线范围内的地区叫球门区。

4. 罚球区　在比赛场地两端距球门柱内侧 16.50 m 处的球门线上,向场内各画一条长 16.50 m 与球门线垂直的线,一端与球门线相接,另一端画一条连接线与球门线平行,这三条线与球门线范围内的地区叫罚球区,在两球门线中点垂直向场内量 11 m 处各做一个清晰的标记,叫罚球点。以罚球点为圆心,以 9.15 m 为半径,在罚球区外画一段弧线,叫罚球弧。

5. 角球区　以边线和球门线交叉点为圆心,以 1 m 为半径,向场内各画一段四分之一的圆弧,这个弧内地区叫角球区。

6. 球门　球门应设在每条球门线的中央,由两根相距 7.32 m、与西面角旗点相等距离、直立门柱与一根下沿离地面 2.44 m 的水平横木连接组成,为确保安全,无论是固定球门或可移动球门都必须稳定地固定在场地上。门柱及横木的宽度与厚度,均应对称相等,不得超过 12 cm。球网附加在球门后面的门柱及横木和地上。球网应适当撑起,使守门员有充分活动的空间。

注:球网允许用大麻、黄麻或尼龙制成。尼龙绳可以用,但不得比大麻或黄麻绳细。

二、球

比赛用球应为圆形,它的外壳应用皮革或其他许可的材料制成,在它的结构中不得使用可能伤害运动员的材料。

球的圆周不得多于 71 cm 或少于 68 cm。球的重量,在比赛开始时不得多于 453 g 或少于 396 g。充气后其压力应相等于 0.6～1.1 个大气压力(海平面上),即相等于 600～1100 g/cm^3。在比赛进行中,未经裁判员许可,不得更换比赛用球。

(一)国际理事会决议一

1. 比赛所用的球,是比赛场地所属协会或俱乐部的财物,在比赛结束时,应将球交给裁判。

2. 国际理事会随时决定制球的质料。任何经许可的质料,均应由国际理事会核准。

3. 国际理事会已批准的规则对球所定的相等重量:14～16 英两等于 396～453 g。

4. 如球在比赛进行中破裂或漏气时,应立即停止比赛,用新球在原球破漏时所在地,点以坠球恢复比赛。除非当时球在球门区内,如遇这种情况,则应在停止比赛时球所在地点最近的、与球门线平行的球门区线上坠球恢复比赛。

5. 如球破漏发生在死球时,应用新球按照相应裁判员,并应在比赛成死球时互换。

6. 不按此执行则按无替补队员处理。

(二)国际理事会决议二

1. 每队上场队员的最少人数,由各国足球协会酌定。

2. 理事会认为，任何一队少于 7 名队员时，该场比赛应为无效。

3. 队员在比赛开始前被罚令出场，可从已登记的替补队员中选一人替补，不应因进行替补而延迟开球。队员在比赛开始后被罚令出场者，不得替换。凡替补名单中的替补队员，不论是在比赛开始前，或在比赛开始后被罚令出场，均不得更换。（此项决议仅指违反规则第十二章而被罚令出场的队员，而不适用违反规则第四章的队员。）

三、队员人数

上场比赛的两个队每队队员人数不得超过 11 人。

1. 每队必须有一名守门名。

2. 每队在比赛时可有 1～2 名替补队员，如果是“友谊比赛”，可以有 5 名以下的替补队员。

3. 在经裁判员同意后，在比赛暂停时，替补队员可替换队员。

4. 只有在被替补队员下场后，替补队员才能上场。

5. 未经裁判员同意，任何队员不得上场或下场。

四、队员装备

1. 上场队员必需的装备是：运动上衣、短裤、护袜、护腿板和足球鞋。上场队员不得穿戴可能危及其他运动员的任何物件。

2. 护腿板必须由护袜全部包住，而且应是由适当的材料制成（橡胶、塑料、聚氨酯或其他类似的材料）。

3. 守门员的服装颜色必须有别于其他上场队员和裁判替补守门员或其他任何队员时，均应遵守下列规定：

（1）替补前应先通知裁判员。

（2）替补队员在被替补队员离场，并得到裁判员许可后，方可进入比赛场地。

（3）替补队员应在比赛成死球时从中线处进场。

（4）被替补下场的队员不得再次参加该场比赛。

（5）替补队员无论上场与否，裁判员均有权对其行使职权。

4. 替补队员进入比赛场地，即成为场上队员，同时被替换出场的队员不再是场上队员，至此替补结束。

罚则：

（1）对于违反本章第（4）条规定者，比赛不应暂停，应在比赛成死球时立即警告各有关队员。

（2）如替补队员未经裁判员许可擅自进场，则应停止比赛，并视情节对该替补队员予以警告，令其离场或罚令出场，然后由裁判员在比赛暂停时球所在地点执行坠球恢复比赛。除非当时球在球门区内，如遇这种情况，则应在停止比赛时球所在地点最近的、与球门线平行的球门区线上坠球。

（3）对违反本章任何其他规则的有关队员，均应警告。如果裁判员暂停比赛执行警告，则应由对方队员在比赛暂停时球所在地点，踢间接任意球恢复比赛。如果在其本方的球门区内罚任意球，则可在其球门区内的任何地点执行；如果在对方的球门区内罚任意球，则应在比赛暂停时球所在地点最近的、与球门线平行的球门区线上执行。

(4)如竞赛规程要求在比赛前将替补队员名单交给裁判

罚则：

场上队员违反本章规定时，除非在成死球前，该队员已经调整好装备，否则在成死球后，该队员应离场调整或换取装备。离场调整和换取装备的队员在回场前，必须先报告裁判员，经裁判员检查符合规定后，只有在比赛成死球时方可进场比赛。场上队员违反了本章规定时，不要立即停止比赛。

五、裁判员

每场比赛应委派一名裁判员执行裁判任务。在他进入比赛场地时，即开始行使规则赋予他的职权。在比赛暂停或比赛成死球时出现的犯规，裁判员均有判罚权。裁判员在比赛进行中，根据比赛实际情况，诸如比赛结果等所作的判决，应为最后判决。他应当：

1. 执行规则。

2. 避免做出对犯规队有利的判罚。

3. 记录比赛成绩和比赛时间，使比赛赛足规定的时间或双方同意的时间，并补足由于偶然事故或其他原因所损耗的时间。

4. 因违反规则、遇风雨、观众或外界人员干扰及其他原因妨碍比赛进行时，裁判员有权暂停、推迟或终止比赛。事后须在规定的时间内按照有关要求将具体情况书面报告主办机构。书面报告在规定的时间内一经投邮即为合乎手续。

5. 裁判员从进入比赛场地起，对犯有不端和不正当行为的队员应给予警告并出示黄牌。事后须在规定的时间内，按照有关要求将该队员的姓名和具体情况书面报告主办机构。

6. 除参加比赛的队员及巡边员外，未经裁判员允许，任何人不得进入比赛场地。

7. 如裁判员认为队员受伤严重时，应立即停止比赛，须将受伤队员尽可能迅速地移至场外，并立即恢复比赛。如队员受轻伤，则比赛不应在成死球前停止。凡队员能自己走到边线或球门线接受任何护理者，不得在场内护理。

8. 裁判员对于场上队员的暴力行为、严重犯规、使用污言秽语或辱骂性语言，以及经警告后仍犯有不正当行为者，应罚令出场并出示红牌。

9. 在每次比赛暂停后，以信号指示恢复比赛。

10. 审定比赛用球是否符合规则第二条的要求。

六、巡边员

每场比赛应委派两名巡边员，他们的职责(由裁判员决定)应为示意：

1. 何时球出界成死球；

2. 应由哪一队踢角球、球门球或掷界外球；

3. 当要求替补时。他们还应协助裁判员按照规则控制比赛。巡边员如有不正当行为或不适当地干扰比赛，裁判员则应免除其职务并指派他人代替(裁判员应将此情况上报主办机构)。巡边员使用的手旗，应由比赛场地所属的俱乐部提供。

七、比赛时间

比赛时间应分为两个相等的半场，每半场 45 min。特殊情况双方同意另定除外，并按下列规定执行：

1. 在每半场中由于替补、处理伤员、延误时间及其他原因损失的时间均应补足，这段时间的多少由裁判员决定。

2. 在每半场时间终了时或全场比赛结束后，如执行罚球点球，则应延长时间至罚完为止。除经裁判员同意外，上下半场之间的休息时间不得超过 5 分钟。

八、比赛开始

1. 比赛开始前，应用掷币方式选定开球或场地，先挑的一方应有开球或场地的选择权。比赛应在裁判员发出信号后，由开球队的一名队员将球踢入(即踢动放置在比赛场地中央的球)对方半场开始。在球被踢出前，每个队员都应在本方半场内，开球队的对方队员还应当保持距球不少于 9.15 m；球被踢出后，须滚动到它自己的圆周距离时，才应认为比赛开始，开球队员在球经其他队员触或踢及前不得再次触球。

2. 在进一球后，应由负方一名队员以同样方式，重新开球继续比赛。

3. 下半场开始时；两队应互换场地，并由上半场开球队的对方开球。

罚则：

1. 任何违反本章规则的开球都应重开。如开球队员在球经其他队员触或踢及前再次触球，则应由对方队员在犯规地点重开。

2. 踢间接任意球。如队员在对方球门区内犯规，则这个任意球可以在球门区内的任何地点执行。

3. 开球不得直接射门得分。

4. 比赛如因本规则未规定的原因暂停时，球并未越出边线或球门线，则恢复比赛时，裁判员应在暂停时球所在的位置坠球，球着地即恢复比赛，如果比赛暂停时球在球门区内，则应在比赛暂停时球所在位置最近的、与球门线平行的球门区线上坠球，坠球时在球落地之前，队员不得触球，否则应由裁判员重新坠球。

九、比赛进行及死球

下列情况成死球：

1. 当球不论在地面或空中全部越过球门线或边线时。

2. 当比赛已被裁判员停止时。

自比赛开始至比赛终了时，比赛均应在进行中，包括：

1. 球从球门柱、横木或角旗杆弹回场内。

2. 球从场上的裁判员或巡边员身上弹落于场内。

3. 场上队员犯规而裁判员并未判罚。

十、计胜方法

除规则另有规定外，凡球的整体从门柱间及横木下越过球门线，而并非攻方队员用手掷入、带入，故意用手或臂推入球门（守门员在本方罚球区内除外），均为攻方胜一球。

在比赛中，胜球较多的一队为得胜队，如双方均未胜球或胜球数目相等，则这场比赛应为“平局”。

十一、越位

1. 凡进攻队员较球更接近于对方球门线者，即为处于越位位置。下列情况除外：

(1)该队员在本方半场内。

(2)至少有对方队员两人比该队员更接近于对方的球门线。

2. 当队员踢或触及球的一瞬间，同队队员处于越位位置时，裁判员认为该队员有下列行为，则应判为越位：

(1)在干扰比赛或干扰对方；

(2)企图从越位位置获得利益。

3. 下列情况，队员不应被判为越位：

(1)队员仅仅处在越位位置；

(2)队员直接接得球门球、角球或界外掷球。

4. 队员被判罚越位，裁判员应判由对方队员在越位地点踢间接任意球。如果该队员在对方球门区内越位，那么这个任意球可以在越位时所在球门区内任何地点执行。

十二、犯规与不当行为

队员故意违反下列九项中的任何一项者，即：

1. 踢或企图踢对方队员。

2. 绊摔对方队员，即在对方身后或身前，伸腿或屈体绊摔或企图绊摔对方。

3. 跳向对方队员。

4. 猛烈地或带有危险性地冲撞对方队员。

5. 除对方正在阻挡外，从背后冲撞对方队员。

6. 打或企图打对方队员或向对方吐唾沫。

7. 拉扯对方队员。

8. 推对方队员。

9. 用手触球，例如，用手或臂部携带、推击球（守门员在本方罚球区内除外）。

以上情况都应判由对方在犯规地点踢直接任意球。如犯规地点在对方球门区内，该任意球可以在球门区内任何地点执行。如果守方队员在本方罚球区内故意违反上述九项中的任何一项者，应判罚球点球。在比赛进行中，如守方队员在本方罚球区内故意违反上述九项中任何一项时，则不论当时球在什么位置，都应判罚球点球。

队员犯有下列五项犯规中的任何一项者，即：

(1)裁判员认为其动作带有危险性，例如：企图去踢守门员已接住的球。

(2)比赛中守门员在本方罚球区内时：

①以手控制球后向任何方向持球、拍球或向空中抛球再接住，行走 4 步以上而未使球进入比赛状态。

②持球后在行走 4 步过程中及其前后，虽已使球进入比赛状态，但未经罚球区外的同队

队员或罚球区内外的对方队员触球前，根据第5(c)条的情况自己再次用手触球。

③同队队员故意将球踢给守门员后，守门员用手触球。

④裁判员认为由于战术上的目的，有意停顿比赛，延误比赛时间而使本队获得不正当的利益。

以上情况都应根据第十三章的具体情况判由对方在犯规地点踢间接任意球。

⑤队员出现下列情况时，应被警告并出示黄牌：

⑥比赛开始后，队员进场或重新进场加入比赛或在比赛进行中离场(意外事故除外)，不论哪一种情况，事先未经裁判员示意允许者。

⑦如果裁判员暂停比赛执行警告，则由对方在暂停比赛时球的所在地点根据第十三章的具体情况，踢间接任意球恢复比赛。

⑧如犯规队员另有更严重的犯规情节时，则应按规则的有关规定判罚。

⑨队员连续违反规则。

⑩用言语或行动对裁判员的判决表示不满者。

⑪有不正当行为者。

除发生更严重的犯规外，队员的行为属上述最后三项中的任何一项者，应给予黄牌警告，并判由对方在犯规地点根据第十三章的具体情况踢间接任意球。

(3)裁判员认为队员出现下列情况时，应罚令其出场并出示红牌：

①犯有暴力行为。

②严重犯规。

③用污言秽语或进行辱骂。

④经黄牌警告后，因犯规又被给予第二次黄牌警告。因罚令队员出场使比赛暂停，如该队员并未违反其他规则时，则应判由对方在犯规地点根据第十三章的具体情况踢间接任意球。

十三、任意球

任意球分两种：直接任意球(这个球可以直接射人犯规队球门得分)及间接任意球(踢球队员不得直接射门得分，除非球在进入球门以前曾被其他队员踢或触及)。

队员在本方罚球区内踢直接或间接任意球时，在球被踢出罚球区前，所有对方队员都应站在该罚球区外，并须至少距球9.15 m。当球滚至球的圆周距离，并出罚球区后比赛即为恢复。守门员不得将球接人手中后再踢出进入比赛，如球未被直接踢出罚球区，则应令重踢。

队员在本方罚球区外踢直接或间接任意球时，所有对方队员在球被踢出前应至少距球9.15 m，除非他们已站在自己的球门线上，当球滚动至球的圆周距离时，比赛即为恢复。

如果对方队员在任意球踢出前，进入罚球区或距球少于9.15 m，裁判员应令其退到规定的位置后，方可执行罚球。

踢任意球时，须将球放定。踢任意球的队员将球踢出后，在球经其他队员踢或触及前，不得再次触球。尽管本规则的其他条款对踢任意球的地点已作出规定：

(1)守方在本方球门区内踢任意球时，可以在球门区内的任何地点执行。

(2)凡攻方在对方球门区内踢间接任意球时，应在距犯规地点最近的、与球门线平行的球门区线上执行。

罚则：如踢任意球的队员在球被踢出后，经其他队员踢或触及前再次触球，则应判由对方队员在犯规地点踢间接任意球。如队员在对方球门区内犯规，则这个任意球可以在球门区内的任何地点执行。

十四、罚球点球

罚球点球应从罚球点上踢出，必须明确主罚队员。踢球时除主罚队员和对方守门员外，其他队员均应在该罚球区外及比赛场内，并至少距罚球点 9.15 m 处。对方守门员在球被踢出前，必须站在两门柱间的球门线上（两脚不得移动）。主罚队员必须将球向前踢出；在其他队员踢或触及前不得再次触球。当球滚动至球的圆周距离时，比赛即为恢复。罚球点球可直接射门得分。当比赛进行中执行罚球点球，以及在上半场准全场比赛终了而延长时间执行或重踢罚球点球时；如踢出的球触及任何一个门柱或两个门柱；或触及横木；或触及守门员；或连续触及门柱、横木或守门员而进入球门，只要没有犯规现象发生，均应判为胜一球。

罚则：对违反本章任何规定者，应作如下处理：

1. 如守方队员犯规，则球未罚中应重罚。

2. 如踢罚球点球队员以外的攻方队员犯规，则球罚中无效，应重罚。

3. 如踢罚球点球队员在比赛恢复后犯规，则应由对方队员在犯规地点根据第十三章的具体情况踢间接任意球。

十五、掷界外球

当球的整体不论在地面或空中越出边线时，应由出界前最后触球队员的对方队员，在球出界处掷向场内任何方向。

掷球时，掷球队员必须面向球场，两脚均应有一部分站立在边线上或边线外，不得全部离地，用双手将球从头后经头顶掷入场内。球一进场内比赛立即恢复。掷球队员在球被其他队员踢或触及前，不得再次触球。掷界外球不得直接掷入球门得分。

罚则：

1. 如球不按规定的方法掷入场内，应由对方队员在原处掷界外球。

2. 如掷球队员掷球入场后在球被其他队员踢或触及前再次触球时，应由对方队员在犯规发生地点踢间接任意球。如队员在对方球门区内犯规或在本方球门区内犯规，则应根据第十三章的具体情况踢间接任意球。

十六、球门球

当球的整体不论在空中或地面从球门外越出球门线，而最后踢或触球者为攻方队员时，由守方队员在球门区内任何地点直接踢出罚球区恢复比赛。守门员不得将球接人手中后再踢出进入比赛。如球未被直接踢出罚球区，即未进入比赛，应令重踢。踢球门球的队员在球被其他队员踢或触及前，不得再次触球。踢球门球不得直接射门得分，踢球门球时，对方队员在球被踢出罚球区前都应站在罚球区外。

罚则：

踢球门球的队员将球踢出罚球区后，在球被其他队员踢或触及前再次触球，应判由对方队员在犯规发生地点踢间接任意球。如队员在球门区内犯规，则根据第十三章的具体情况执行。

十七、角球

当球的整体不论在空中或地面从球门外越出球门线，而最后踢或触球者为守方队员时，由攻方队员将球的整体放走。在离球出界处较近的角球区内踢角球。

踢角球时，不得移动角旗杆。角球可直接胜一球。踢角球队员的对方队员在球未进入比赛时，即球未滚动至球的圆周距离时，不得进入距球 9.15 m 以内。踢角球队员在球被其他队员踢或触及前，不得再次触球。

罚则：

1. 踢角球的队员，在球被其他队员踢或触及前再次触球时，裁判员应判由对方队员在犯规发生地点踢间接任意球。如队员在球门区内犯规，则根据规则第十三章的具体情况执行。

2. 如有任何其他犯规，角球均应重踢

第十二章　乒乓球

第一节　乒乓球运动概述

乒乓球运动的特点是球小、速度快、旋转强、变化多。乒乓球运动的器材设备比较简单经济，只需几十平方米的场地就可放置一张乒乓球台。在室内外都可以进行，运动量可大可小，不同年龄、性别和身体条件的人均可以参加。因此，乒乓球运动易于开展和普及，是我国广大人民群众和少年儿童所喜爱的体育运动，它具有广泛的群众性。

经常参加乒乓球运动，不仅能提高中枢神经系统的反应和调节能力，发展人的灵敏性和协调性；同时能发展运动系统的功能，提高动作速度和上下肢活动的能力；改善心血管系统和呼吸系统的机能，增强体质。而且有助于培养人的勇敢顽强、机智果断、沉着冷静、敢于竞争等良好的意志品质。此外，经常打乒乓球，还可以使人们在学习、生活、工作中的不良情绪得到缓解和宣泄，起到积极的心理调节作用。

第二节　乒乓球基本技术

（以下皆以右手持拍为例）

一、握拍法

主要分为直拍法和横拍法两种。不同的握拍法有不同的优缺点，从而产生各种不同的打法。

（一）直拍握拍法

直拍握法的特点是击球的手臂动作幅度小，出手较快，攻直线和斜线球具有隐蔽性，且手腕灵活，容易对付台内短球，但与横拍比较，其反手攻球时受身体阻碍，较难掌握，防守时照顾面积相对较小些。

直拍握拍法较适合亚洲人灵巧的体型特点，多为亚洲选手所喜爱。根据不同类型打法主要有三种不同的握拍法。

1. 直拍快攻型握拍法：像人们握钢笔写字一样，拍前以食指第二指关节和拇指每一指关节扣拍，虎口贴住拍柄，其余三指在拍后自然弯曲重叠，以中指第一指关节贴于拍三分之一的上端。（图12-1）

2. 直拍弧圈球型握拍法：拍前以拇指紧贴球的拍柄的左侧，食指从拍柄右侧扣住拍柄，与虎口三者形成环状紧贴拍柄，其余三指在拍后自然微屈，以中指末节抵住球拍中部。（图12-2）

3. 直板削球型握拍法：拍前大拇指弯曲，紧贴在拍柄左侧，并用力压拍，其余四指在拍后自然分开成扇形，托在球拍后面。正手削球时，前臂外旋尽量使拍面后仰，减少来球冲力；反手削球时，拍后四指灵活地把球兜起，使拍柄向下。（图 12-3）

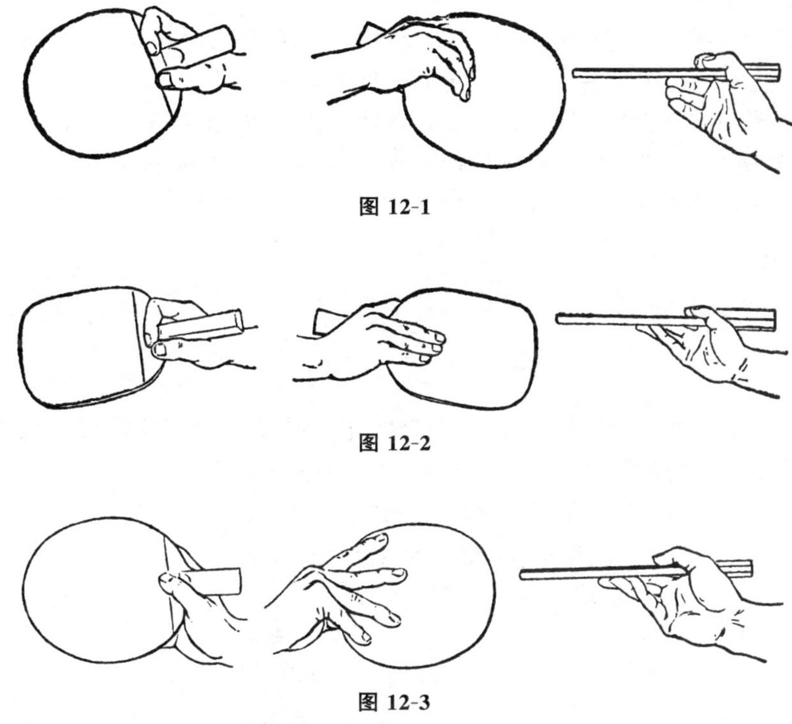

图 12-1

图 12-2

图 12-3

(二)横拍握拍法

横拍握法的特点是正、反手的防守截面积比较大,反手击球便于发力和拉弧圈球。削球时用力方便,易于发挥手臂力量和掌握旋转变化。但在还击左右两面来球时,动作偏大,影响摆臂速度;攻直线球时易被对方识破;处理台内短球难度较大。

欧洲选手身材高,力量大,多采用横拍握拍法。

横拍握拍法:虎口贴住拍肩,中指、无名指和小指自然握住拍柄,拇指略弯曲捏板,轻贴在中指旁边,食指自然伸直,斜放在球拍另一面。正手攻球时食指用力,也可将食指稍向上移动,反手攻球时拇指用力,也可将拇指稍向上移动。削球时手指基本不动(图 12-4)。

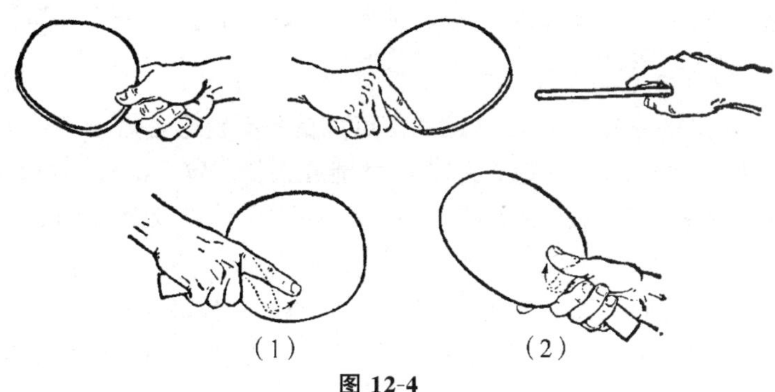

(1)　　(2)

图 12-4

(三)握拍注意事项

1. 握拍的正误,对回球质量有很大的影响。握拍应做到深浅得宜,以不影响手腕的灵活性和击球的力度为佳。

2. 不论哪种握拍法，关键在于注意手指的移位，以便及时灵活地调节球拍角度，提高击球命中率。因此要反复体会多指节调节拍面角度的动作和用力。

3. 不论是直握和横握，在准备击球时或将球击出后，握拍都不宜太紧或太松。太紧使手腕僵硬，影响球的飞行弧线；太松则拍面摇动，影响发力和击球的准确性。

4. 根据个人的特点确定一种握拍方法后应坚持练习，增强手感，熟悉生巧。切忌随意改变，影响技术的形成和发挥。

二、站位和基本姿势

（一）基本站位

乒乓球运动员的站位应根据不同类型打法，个人技术特点和身体特点来选定。选择站位时应考虑技术特长的发挥，因此不同类型运动员有不同站位。

1. 左推右攻打法：近台偏左，距球台 30～40 cm 左右。

2. 两面攻打法：近台中间略偏左，距球台 40～50 cm 左右。

3. 弧圈球打法：中台，距球台 50 cm 左右，两面拉的运动员其站立中间略偏左。

4. 削攻结合打法：中台附近，削球为主的站位在中远台附近。

（二）基本姿势（图 12-5）

图 12-5

运动员在还击来球之前，应使身体保持正确姿势，以便迅速起动，抢占合理击球位置，及时、正确地将球还击过去。

正确的基本姿势应该是：两脚开立，略比肩宽，左脚稍前，提踵、前脚掌内侧用力着地，上体略前倾，两膝微曲内扣，重心平衡置于两脚之间。下颌稍下收，两眼注视来球，球拍置腹前 20～30 cm 偏右处，手臂自然弯曲。做到“注视来球，上体微倾，屈膝提踵，重心居中。”

两脚开立比肩略宽是为了保持身体重心的稳定性；两膝微屈内扣，脚掌内侧用力着地，有利于迅速蹬地起动；提踵的动作对直接蹬地起动，缩短步法移动的时间具有重要作用。

（三）基本步法

乒乓球运动不论是训练或者比赛，来球的落点总是在不断地变化，运动员除了有正确的上肢技术外，还必须有快速、灵活的下肢的步法移动，才能在最佳位置上准确无误地还击每一个来球。

步法移动总的要求是反应起动快速、移步重心平稳、到位及时准确。

1. 单步（图 12-6）

特点：移动简单，范围小，身体重心平稳。当来球离身体较近时采用。

动作方法：以一脚为轴心，另一脚向前或向后、左、右移动一步，身体重心随之落到移动脚上，挥拍击球。

2. 滑步（图 12-7）

特点：移动范围较大，重心转换迅速。当来球离身体较远时采用。滑移后两脚距离保持不变，适合连续快速回击来球。

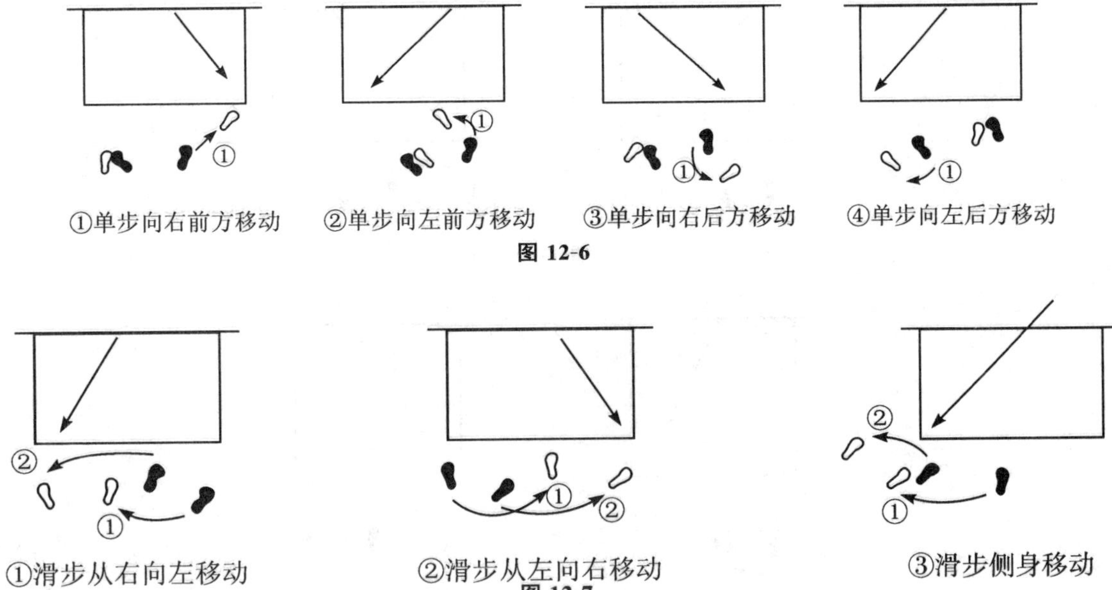

图 12-6

图 12-7

动作方法：两脚几乎同时向来球方向蹬地且几乎同时离地，与来球方向异侧的脚先落地，同侧脚紧随着地，挥拍击球。

3. 跨步(图 12-8)

特点：移动范围比单步大。当来球离身体较远时采用。移动速度快，多用于借力回击。由于一脚移动幅度大，会降低身体重心，不易连续使用。

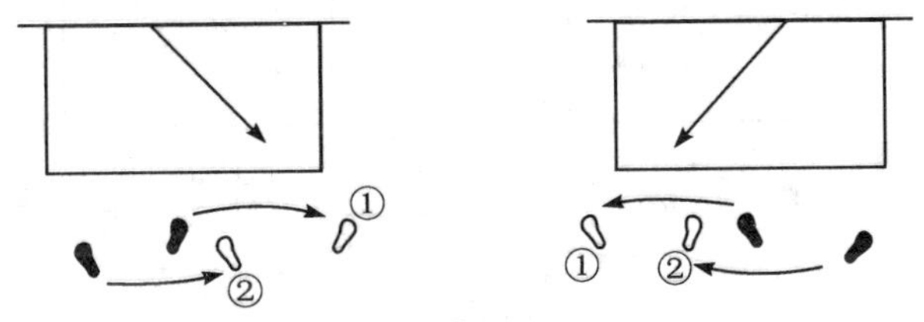

图 12-8

动作方法：从来球方向的异侧脚蹬地，同侧脚向来球方向跨出一大步，身体重心随即移到同侧脚，异侧脚迅速跟上。

4. 跳步(图 12-9)

特点：移动范围比单步和跨步大，移动速度快，一般在来球离身体较远较急时采用。在各类型打法中常用此步法。

动作方法：以来球方向的异侧脚蹬地为主，两脚发力同时离地，异侧脚先落地，另一脚随即着地即挥拍击球。跳移过程中，身体重心起伏不宜过大，落地要稳。

5. 并步(图 12-10)

特点：移动时脚步不腾空，身体重心平稳，移动范围不如跳步大。

动作方法：首先由来球方向的异侧脚向同侧脚并一步，然后同侧脚再向来球方向迈一步，挥拍击球。

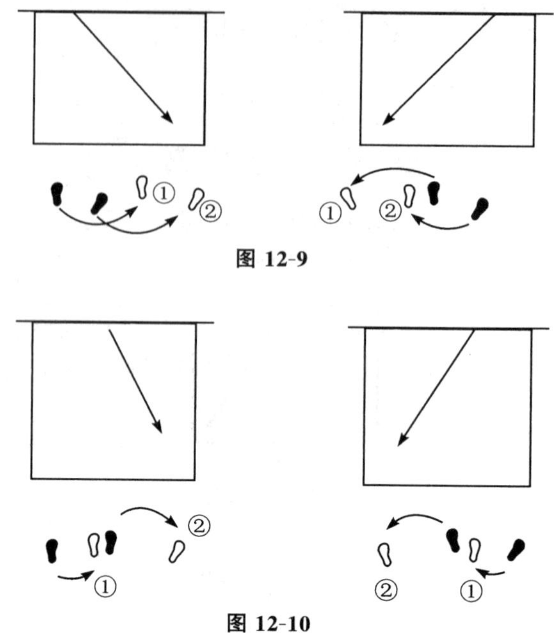

图 12-9

图 12-10

6. 交叉步(图 12-11)

特点:移动范围比其他步法大,适用于主动发力进攻。此动作对身体的协调性要求较高,一般在来球距身体较远时采用。

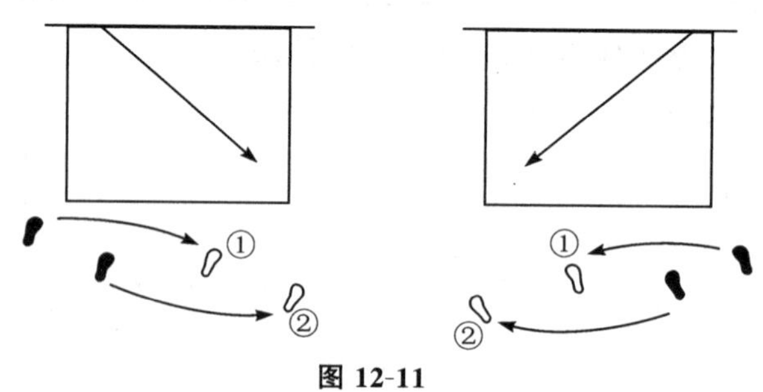

图 12-11

动作方法:双脚同时向来球方向侧蹬,以来球方向的同侧脚发力为主,异侧脚迅速向来球方向提摆跨出一大步,两脚交叉,然后同侧脚迅速跟上还原成准备姿势,挥拍击球。

7. 结合步(图 12-12)

特点:当使用一种步法后,仍不能获得最佳的击球位置时,即可采用结合步来完成。其移动范围比任何一种步法都大。

动作方法:在进行一次击球时,把两种或两种以上步法组合起来运用。

步法运用的注意事项:

(1)应充分认识到步法移动在乒乓球运动中的重要性。在乒乓球比赛中,身体不到位而勉强击球,势必降低击球的力量、速度和准确性。

(2)在比赛中,步法若要运用得好,首先要集中精神,全神贯注,然后,一定要按准备姿势的动作要求,做到提踵屈膝,含胸收腹,头摆正,收下颌,两眼注视对方。只有这样,才能保证对方来球时起动快,及时到位。

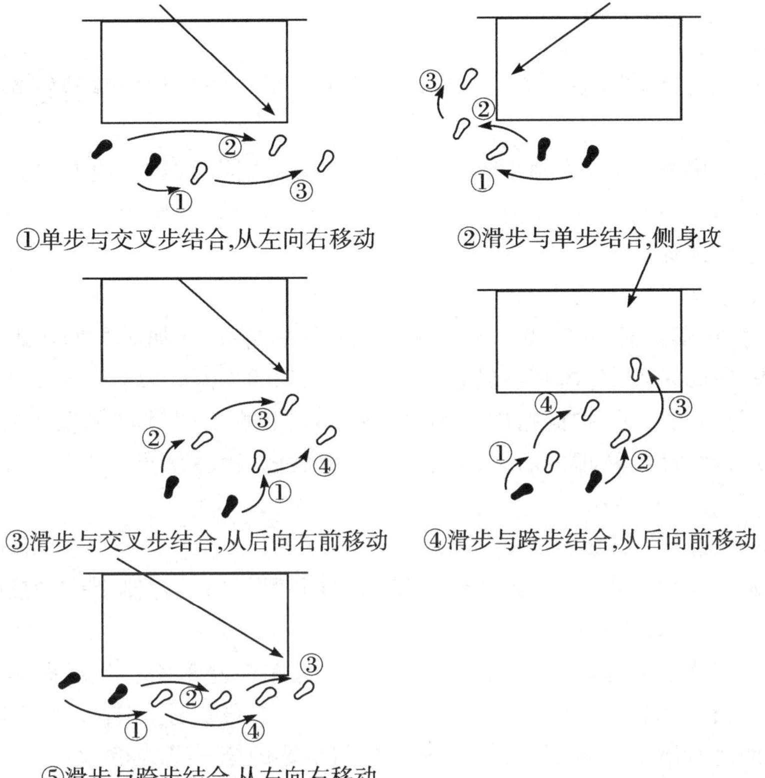
①单步与交叉步结合,从左向右移动 ②滑步与单步结合,侧身攻
③滑步与交叉步结合,从后向右前移动 ④滑步与跨步结合,从后向前移动
⑤滑步与跨步结合,从左向右移动

图 12-12

(3)步法移动时,要做到身体重心平稳,不要上下波动。只有保持好身体的平衡,才能有效地完成好击球动作。所以,要加强腿部和腰部的力量素质练习,腰、腿部的力量增强了,移动时的身体平衡才有保障。

(4)所有的步法都是为了挥拍击球,所以,移动中应完成击球的准备动作,击球后又要立即准备移动。这就要求运动员有良好的协调性,一定要重视身体柔韧性、协调性素质的练习。

(四)发球

发球是乒乓球比赛时力争主动,先发制人的第一环节,发球能否得分,能否打开局面获得优势,同发球技术好坏有密切关系。

发球主要由抛球和挥拍击球两个动作组成的。抛球是前提,击球部位和挥拍方向是决定发球性质的关键,用力大小和第一落点的远近是发球变化的条件。因此尽管发球种类繁多,但我们只要在发球的速度、旋转和落点的变化三方面下功夫,就可以不断提高了发球的质量和威胁性。

1. 正反手平击发球

特点:平击发球一般不带旋转,它是初学者最基本的发球方法,也是掌握其他复杂发球的基础。

动作方法:左(右)脚在前,身体稍右(左)转。左手向上抛球,同时右臂稍向后(左)引拍,在球略低网时,拍形稍前倾向前挥拍击球的中上部,击球后的第一落点在球台的中枢。击球后迅速还原。

2. 反手发急球

特点:球速快,弧线低,前冲力大。以攻为主的运动员用这种发球易发挥速度上优势,有利于加强攻势。

动作方法:右脚稍前,身体稍左转。左手向上抛球的同时,右臂向左后方引拍,当球与网同高或比网稍低,拍形稍前倾,用前臂和手腕发力向前挥拍,击球中上部,第一落点靠近本台端线,击球后迅速还原。

3. 正手发奔球

特点:球速急、落点长、冲力大,球的飞行弧线向左偏斜,增加对方回接难度。

动作方法:左脚稍前,身体稍右转。左手向上抛球的同时,右臂向后引拍,前臂手腕自然放松。当球拍与网同高时,拍面略向左偏斜,拇指压拍,右臂迅速向左前方挥动,触球瞬间,手腕向左上方抖动,球拍从球的右侧向左侧上部摩擦球,第一落点靠近端线 20 cm 处。击球后迅速还原。

4. 反手发右侧上(下)旋转

特点:以旋转变化为主,飞行弧线向左偏拐,对方回球向其左侧上(下)反弹。手法近似,旋转不同,能起到迷惑对方的作用。

(1)反手发右侧上旋球动作方法:右脚稍前,身体略向左偏斜。当球抛起的同时,右臂内旋,向左后方引拍,拍面几乎垂直。当球接近网高时,右臂加速向右上方挥拍,腰部配合右转,击球正中部向右侧上方摩擦,根据发球长短调整球的第一落点的远近。

(2)反手发右侧下旋动作方法:与右侧上旋转的动作相似。区别在于:引拍向左上方,手臂向右前下方挥摆,触球瞬间拍面略微后仰,击球中下部向右侧下方摩擦。横握拍发右侧上(下)旋转要加大上臂向右方挥摆的幅度。

5. 正手发左侧上(下)旋转

特点:与反手发右侧上(下)旋球相同,只是偏拐方向相反。

(1)正手发左侧上旋球:左脚稍前,身体略向右倾斜。当球抛起的同时,右臂向右上方引拍,拍面略向左偏。当球接近网高时,右臂加速向左挥摆,腰部配合左转,击球正中部向左侧上方摩擦。根据发球长短调整球的第一落点的远近。

(2)正手发左侧下旋球:与左侧上旋球的动作相似。

区别在于:引拍向右后上方,手臂向左前下方挥摆,触球瞬间拍面略微后仰,击球中下部向左侧下方摩擦,横握拍发左侧上(下)旋球时,最好将握柄的三个手指松开,以增加手腕的灵活性。

6. 正反手发转与不转球

特点:球速较慢,前冲力小。发球手法近似,能通过旋转变化迷惑对方,使其回接困难,造成下网、出界或出高球。

动作方法:左脚稍前,抛球时将拍引至肩高,手腕略向外展,拍面稍后仰,球回落时,手腕和前臂迅速向前下方发力,摩擦球的中下部。拍触球时手腕的发力大于前臂的发力时发出的是比较强烈的下旋球,拍触球瞬间减少拍形后仰角度,并稍加前推的力量,使作用力线接近球心,就形成不转球。

7. 发短球

特点：击球动作小，出手快，球落对方球台后的第二跳不出台。发短球可以牵制对方，使对方不易发力还击。

动作方法：发短球主要靠手腕和前臂发力，往前用力不要太多，并可以加上回收的力量。摩擦球的部位同发侧上（下）旋和下旋长球相同，只要求第一弹跳在本方球台中段。

（五）接发球

乒乓球比赛中，接发球与发球机会相等。但是接发球技术的运用往往是被动的，要根据对方发球的方法与来球性能决定接球的方法。所以，接发球时要能够对对方发球的速度、旋转、落点等变化做出准确的判断，并且果断，合理地运用接发球技术，有效地调动和控制对方，才能迅速摆脱被动，争取主动。

接发球的要点：

1. 站位的选择

首先必须根据对方的站位情况选自己正确的站位。其次应根据个人特长与习惯选择适合的接发球姿势和站位。

2. 来球性能的判断

判断来球的性能时，注意力一定要集中在对方球拍触球瞬间的状态上，不要被对方击球前后的假动作所迷惑。

（1）从对方发球时拍面所朝方向和挥臂方向判断来球的斜、直线。

（2）从对方发球时球拍触球的移动方向判断来球的旋转性能。

（3）从对方发球时摆臂的幅度大小和手腕用力切球或抖动的强烈程度判断来球落点远近和旋转的强弱。

（4）从来球弧线的最高点位置和球的运行时速度变化判断来球落点和旋转性能。

（5）对两面不同性能的球拍（一面反胶，一面防弧拍或长胶）可以从击球的声音和拍面的颜色区别出球的旋转性能。

判断对方来球的性能，除了在理论上加强认识外，还要在实践中反复摸索，细心钻研，勤学苦练，达到熟练的程度。

3. 接发球的方法

接发球的基本方法由推、搓、挑、拨、削、拉、攻、摆短等各种技术综合组成。而接发球技术掌握得好坏，取决于掌握乒乓球基本技术水平的高低。所以，应当使运动员在理论上了解各种旋转球的性能，并通过专门和系统的训练，掌握接发球的一般规律，并在实际比赛中大胆运用，而且可以根据自己技术打法的特长和技、战术的需要，勇于创新、打破常规去接对方的任何来球，从而提高观察、判断能力和适应能力，这样才能不断提高接发球的技术。

（六）推挡球

推挡球是我国直拍快攻打法的主要技术之一，它具有站位近、动作小、速度快、变化多等特点。在比赛中常用快速推挡结合力量、落点及旋转的变化来控制和调动对方，为正手攻球和侧身抢攻创造有利的条件。在被动防守时，推挡也可以起到积极的防御作用。

1. 挡球（图 12-13）

特点：球速慢，力量轻，变化小，动作简单，容易掌握，是初学者的入门技术。

动作方法：两脚平行站位，身体靠近球台。击球前，上臂贴近身体，前臂约与台面平行，球拍置于腹前，略高于台面呈半横状，拍面近乎垂直。击球时，调整好拍形，在来球上升前期触球中部或中上部，借来球的反弹力将球挡回。击球后迅速还原，准备下一次击球。

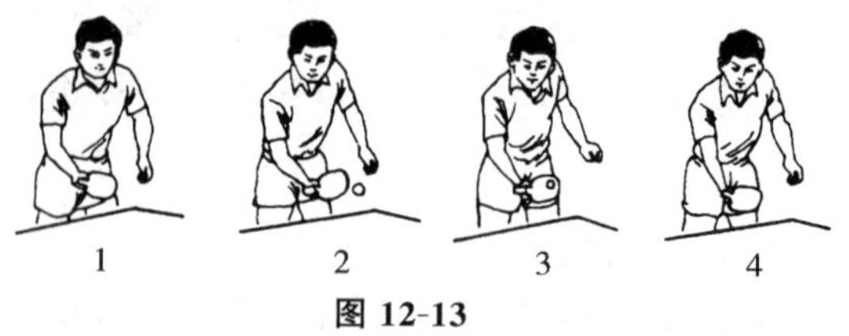

图 12-13

2. 减力挡(图 12-14)

特点：回球弧线低，球速慢，落点近，能缓冲来球的反弹力，借以控制对方的进攻。

动作方法：站位与挡球时相同。击球时，在触球的瞬间手臂前移的动作稍微回缩，以减弱来球的反弹力。

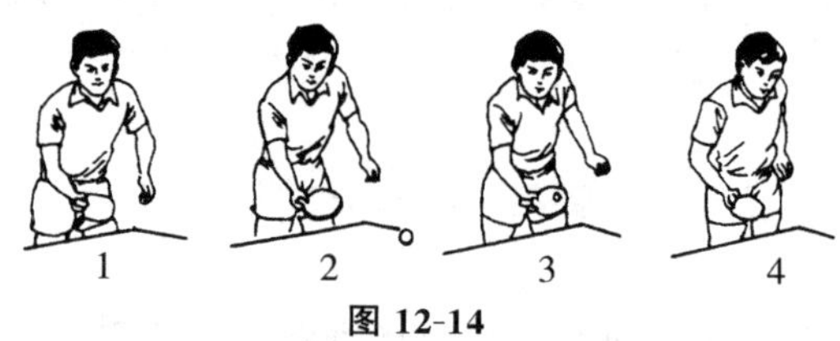

图 12-14

3. 快推(图 12-15)

特点：站位近，动作小，速度快，变化灵活，可为争取主动和助攻创造条件，是快攻类打法中最常用的一种基本技术。

动作方法：站位近台偏左，两脚平行站立或右脚稍后，上臂和肘关节靠近身体右侧旁。击球前前臂稍向后引，击球时前臂向前推出，同时配合食指压拍，拇指放松，使拍面前倾，在来球的上升前期击球的中上部，击球后，手臂顺势前送。

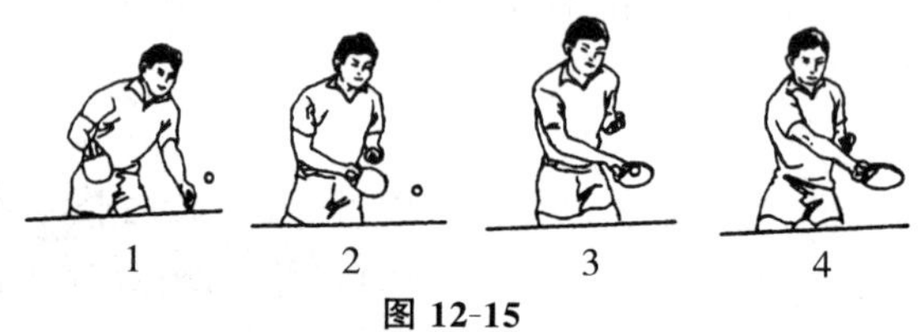

图 12-15

4. 加力推(图 12-16)

特点：回球力量大，球速快，变化突然，能有效地牵制对方，夺得主动，是推挡中威力较大的一种技术。

动作方法：站位、准备姿势与快推相同。击球前，前臂上提，球拍后引，肘部贴近身体，球拍位置高于击球点，拍面稍前倾；击球时，中指顶住拍背，拍形较为固定，执拍手由后向前推压，同时配合伸髋转腰的动作，在来球上升后期或最高点时击球中上部；击球后，手臂随势前送。

5. 推下旋(图 12-17)

特点：回球下旋，弧线较低，落点长，球落台后下沉快。在对推上旋时，突然推下旋，可造

图 12-16

成对方失误。

动作方法：两脚平站或右脚稍前，身体离台约 40cm。手臂内旋，拍面角度稍后仰，同时上臂后引，前臂上提，球拍引至身前上方：击球时，持拍手向前下方挥动，拍面稍后仰，击球的中部向前下方摩擦推切；击球后，手臂随势前送，并迅速还原成准备姿势。

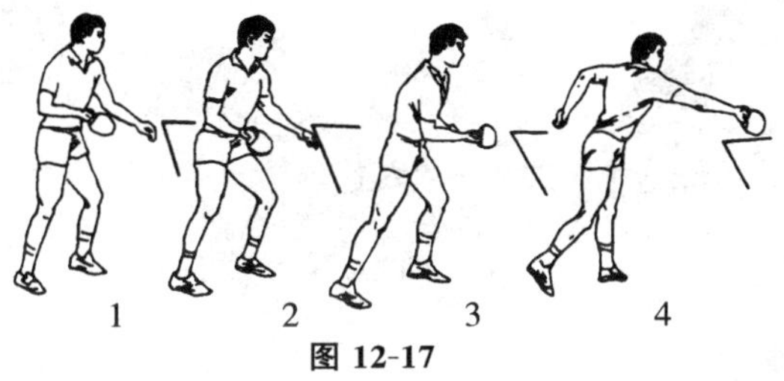

图 12-17

6. 推挤(图 12-18)

特点：回球带左侧下旋，弧线低，回球飞行斜线角度大。由于主动改变了旋转性能和回球的角度，因而增大了对方接球的难度。也是对付弧圈球的有效办法。

图 12-18

动作方法：两脚平站或左脚稍前，身体离台约 40 cm；手臂自然弯曲并作外旋，拍面角度稍前倾，前臂上提将球引至身前上方；击球时，持拍手向前下方挥动，腰、髋随之左移，当球弹至上升期，拍面稍前倾击球的左侧中上部，并向左前下方用力推挤，同时腰髋左移配合发力；击球后手臂随势前移，并迅速还原成准备姿势。

横拍的推挡球技术方法与直拍基本相同，推挡时拍头向上翘是正常现象，不属于错误的动作。

(七)攻球

攻球具有速度快、力量大，应用范围广泛等特点。是比赛中争取主动，获得胜利的重要手段。因此必须学会全面的攻球技术。

1. 正手近台攻球

特点：站位近，动作小，球速快，能借来球反弹力还击。是我国近台快攻打法的主要技术之一。

动作方法：直拍正手近台攻球时身体靠近球台，右脚稍后，两膝微屈，上体略前倾。击球前，引拍至身体右侧成半横状，上臂与身体约成 35°，与前臂约成 120°。当球从台面弹起时，手臂由右侧向左前上方迅速挥动，以前臂发力为主。击球时，食指放松，拇指压拍，使拍面前倾并结合手腕内转动作，在来球上升期击球中上部(图 12-19)。

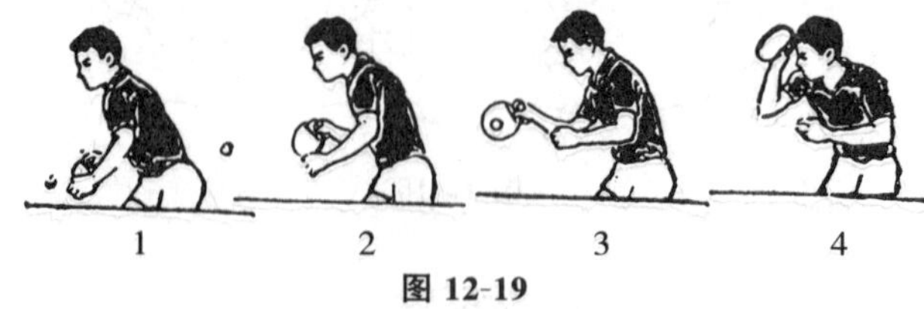

图 12-19

横拍正手近台攻球时，前臂和手腕成直线并与台面接近平行，拍柄略朝下。击球的时间、部位、拍面角度及手臂挥动方向，基本上与直拍相似(图 12-20)。

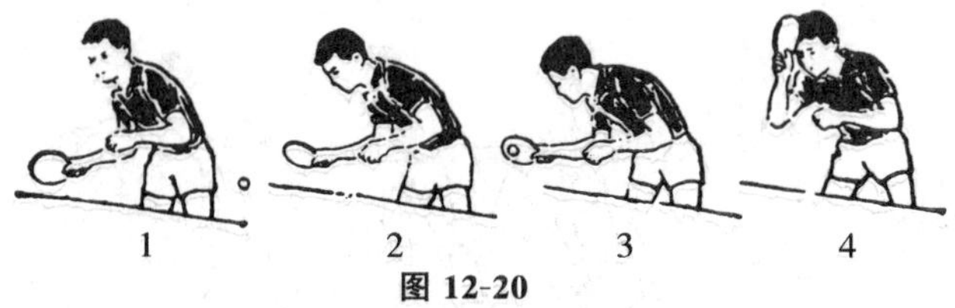

图 12-20

2. 正手中远台攻球

特点：站位稍远，动作幅度大，力量重，进攻性强。

动作方法：右脚在后，重心在右脚，身体离台 1 m 左右或更远些。击球前的准备姿势与正手近台相似，但动作幅度稍大些。击球时以上臂稍向后拉，带动前臂和手腕向左前上方挥动，在来球下降前期或后期击球的中部或中下部，击球后重心前移(图 12-21)。

图 12-21

3. 正手拉攻

特点：这种球是快攻打法中拉出的一般上旋球，它具有速度快、动作较小、线路活的特点。

动作方法：站位近台，右脚稍后，重心放在右脚上。击球前，引拍至身体右侧下方成半横状，拍面近乎垂直。当球从最高点开始下降时，上臂和前臂由后下方向前上方挥动，前臂迅速内收，结合手腕转动的力量摩擦球的中部或中下部。击球后，重心移至左脚，球拍随势挥至头部(图 12-22)。

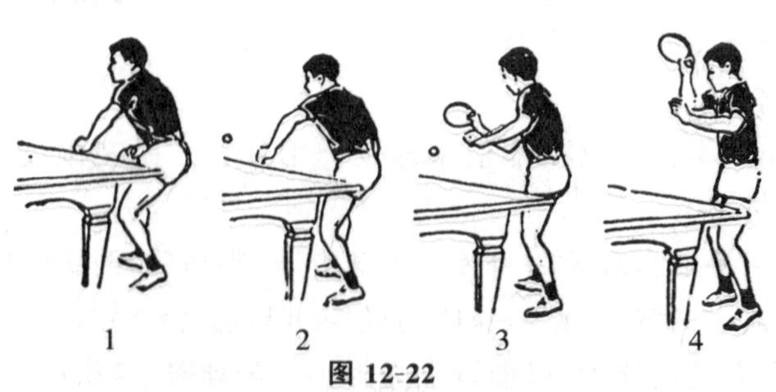

图 12-22

4. 正手扣杀

特点：动作幅度大，力量重，球速快，威力大。是得分的重要手段。

动作方法：两脚开立，右脚在后，重心在右脚。击球前身体略向右转，引拍至右后方（适当加大引拍幅度）。击球时，上臂带动前臂由后向前用力挥击，结合腿蹬地和转腰力量在高点期击球。来球上旋，击球时拍面稍前倾，击球的中上部；来球下旋，击球前球拍要略低于来球，击球的中部。击球后，球拍随势挥至左胸前，重心前移至左脚（图 12-23）。

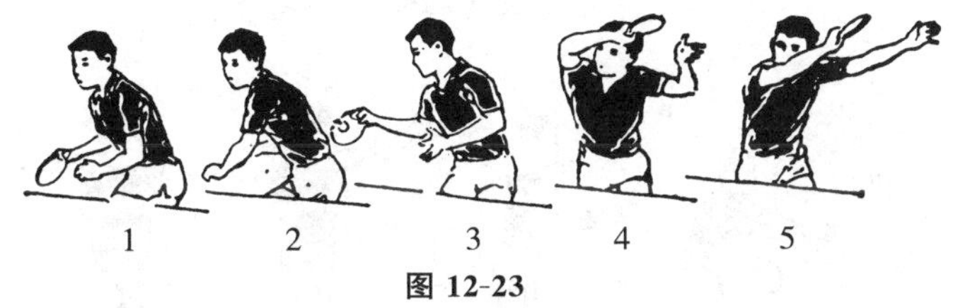

图 12-23

5. 正手台内攻球（亦称正手快点）

特点：站位近，动作小，击球点在台内，是一项以进攻近网短球的重要技术。也是直、横拍以快攻为主要打法的一项必备技术。

动作方法：站位靠近球台。接右方近网短球时，右脚迅速向右前方跨出一步，上体略前倾，贴近球台，同时迅速将球拍伸进台内。待球跳制高点期时，前臂内旋结合手腕转动进行击球。来球上旋，食指应放松，拇指压拍，使拍面稍前倾，击球中上部，击球时前臂和手腕以向前发力为主；来球下旋，则拍面角度稍后仰，击球中下部，前臂手腕向上向前发力（图 12-24）。

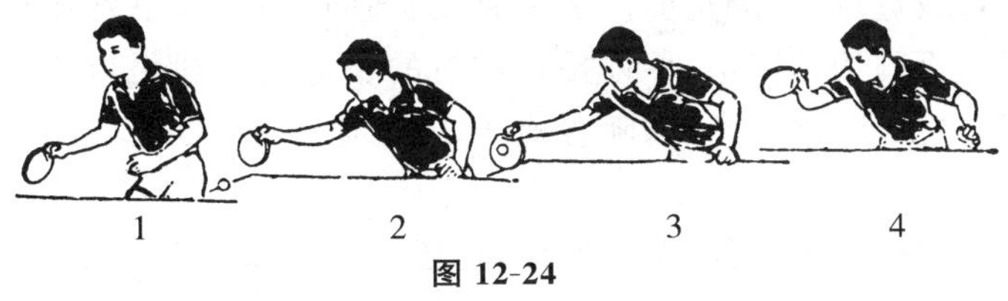

图 12-24

6. 正手滑拍

特点：滑拍球是一种声东击西的辅助进攻技术。它回球角度大，带有左侧旋，运用得好可以直接得分。

动作方法：击球前，重心放在右脚，左脚在前，身体略向右转，球拍置于身体右侧。击球时，手臂由右向左前方挥动，在高点期触球左侧面，触球瞬间手腕突然外展，顺势向左滑拍使球呈左侧旋，将球击到对方左角，并向台外拐。击球后，重心移至左脚（图 12-25）。

7. 杀高球

特点：动作幅度大，力量重，击球点高。是回击高球的一种有效技术。

动作方法：两脚开立，右脚稍后，身体右转，手臂向右后方拉开，重心放在右脚。击球时，上臂从下向上做环形挥动，拍面前倾，前臂和手腕同时下压，在头与肩之间高度击球的中上部。击球后，手臂随势下压挥拍至左侧，上身配合左转，重心移至左脚（图 12-26）。

杀高球可分为快杀和慢杀两种：以上介绍的是慢杀。击球上升期的叫快杀（俗称“落地开花”），快杀球速快、威力大；不易提防。但力量比慢杀小，命中率不如慢杀高。

图 12-25

图 12-26

8. 正手快带

特点:速度快、弧线低、落点变化多,是中国直板快攻型打法的选手为对付弧圈球于1973 年所创新的一种攻球技术。由于改变球的运行节奏,使对方不易连续拉出强烈的弧圈球,有利于从被动转入主动进攻。

动作方法:站位较近台,左脚稍前。引拍时,腰部向右转动,手臂在身体右前方,使拍高于来球。拍形前倾,手腕相对固定,保证拍触球时的稳定性。利用转体和前臂向前迎球,在来球上升期击球的中上部,球击出后,随势前送,并迅速还原。

9. 反手扣杀

特点:动作大,力量重,速度快,攻击性强,是还击半高球的一种方法。

动作方法:两脚开立,右脚稍前。击球前,身体略向左转,并向左后方引拍,上臂贴近身体,重心放在左脚。击球时,肘略向前上臂带动前臂向右前方挥击,同时腰部右转,拍面前倾,拍柄略向下,在高点期击球的中上部。击球后,随势挥拍至右肩前上方,重心移至右脚(图 12-27)。

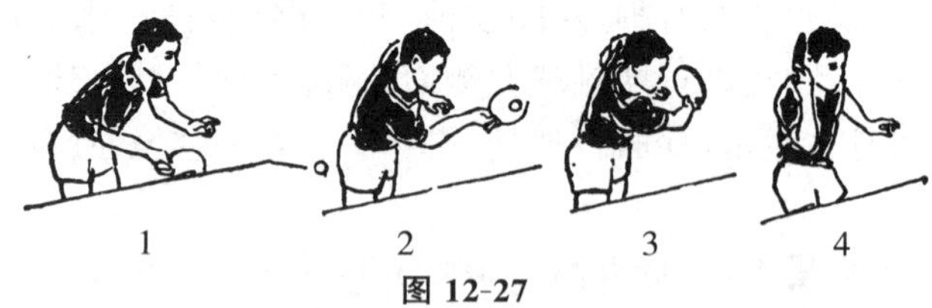

图 12-27

10. 反手快拨

特点:快拨是横拍进攻类运动员常用的一项相持性技术,它具有站位近,动作小,落点变化多和有一定速度、力量的特点。

动作方法:两脚平行站立。击球前,肘关节自然弯曲,引拍至腹部左前侧,拍柄稍向下,肘部稍前出。击球时,前臂带动手腕向右前方挥动,拍面稍前倾,在上升期击球的中上部,借来球反弹力将球拨回。击球后,球拍随势挥至右肩前(图 12-28)。

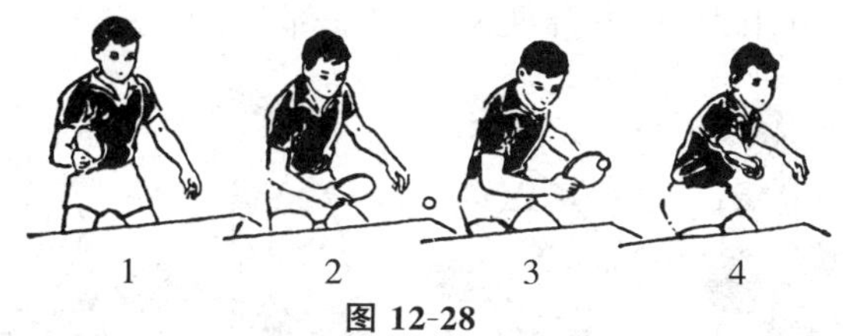

图 12-28

(八)搓球

搓球是近台还击下旋球的一种基本技术。比赛中经常用它为拉弧圈球创造条件。它与攻球结合可形成搓攻战术。搓球可用于接发球,必要时用它作为过渡。

1. 慢搓

特点:动作幅度较大,回球速度稍慢。旋转变化运用得好,可以为进攻创造条件或直接得分。

动作方法:反手慢搓的站位是右脚稍前,身体离球台约 50 cm,持拍手臂向左上引拍。击球时,前臂和手腕向前下方用力,同时配合内旋转腕的动作,拍形后仰,在下降期后段击球中下部。击球后,前臂随势前送(图 12-29-a)。横拍搓球时,拍形略竖一些,击球后前臂向右下方挥摆。击球时间、部位和拍形,与直拍基本相同(图 12-29-b)。

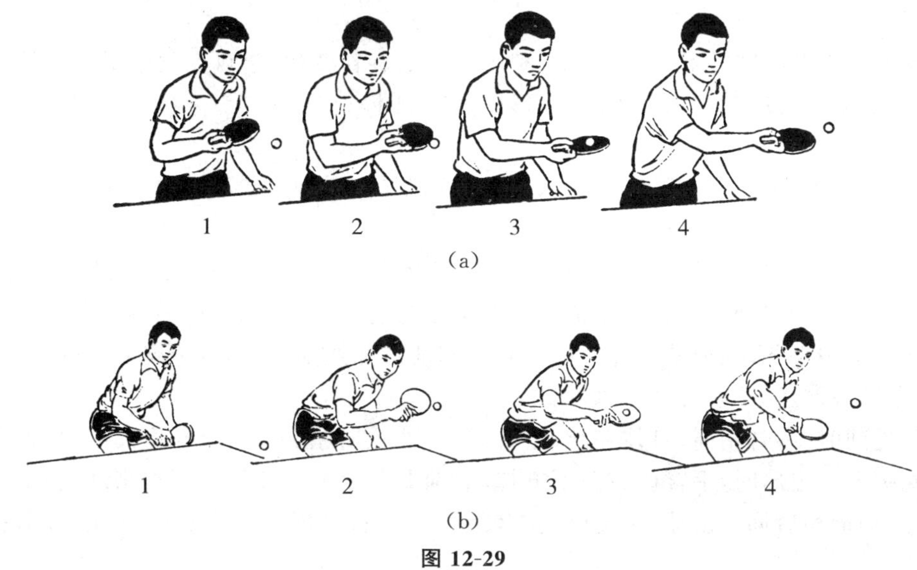

图 12-29

正手慢搓的站位是左脚稍前,身体稍向右转。击球前,手臂向右上方引拍。然后前臂和手腕向左前下方用力搓球,在下降期击球中下部。

2. 快搓

特点:动作幅度较小,回球速度较快,能借助来球的前进力去回击。它是对付削球和搓球的一种方法。

动作方法:右脚稍前,身体靠近球台。来球在身体左侧时,可运用反手搓球。击球时,上臂迅速前伸，前臂跟随向前，拍形稍后仰，利用上臂前送力量，在上升期击球中下部（图 12-30-a）。来球在身体右侧，可以运作正手搓球。搓球时，身体稍向右转，手臂向右前上引拍，然后前臂和手腕向前下方用力，在上升期击球中下部（图 12-30-b）。

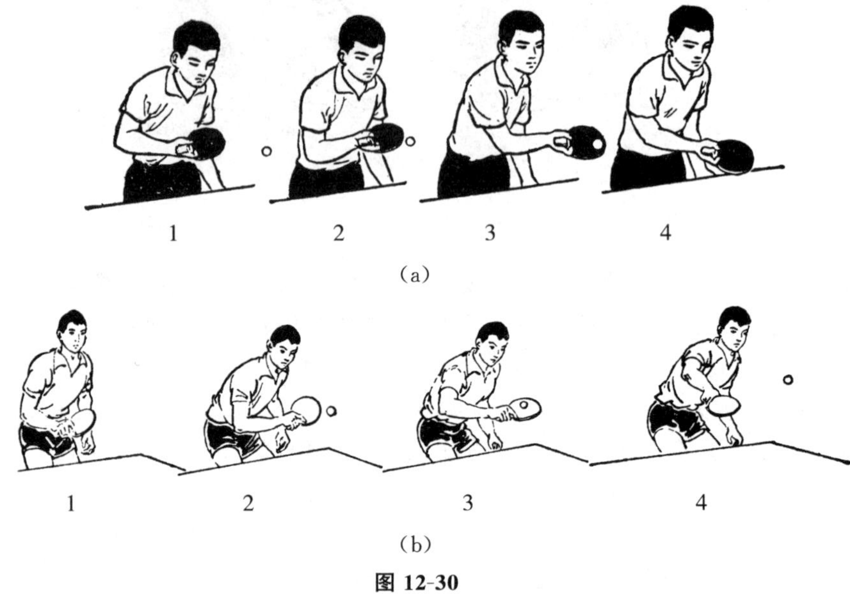

图 12-30

（九）削球

削球本质上是防守技术、在比赛中，利用削球的旋转变化，落点变化给对方施压，造成对方失误，或制造机会球与攻球技术结合、形成削攻战术。

1. 远削

特点：动作大，球速慢，弧线长，回球下旋。远削时，可通过旋转变化伺机反攻；落点好、弧线低能控制对方攻势或直接得分。

动作方法：正手远削时，左脚稍前，身体离球台 1 m 以外。上体稍向右转，重心放在右脚上。击球前，手臂自然弯曲，将球拍向右上引至与肩同高。击球时，手臂向左前下方挥动，在下降期击球中下部，拍形稍后仰。触球刹那间前臂加速削击，同时手腕向下辅助用力。击球后，球拍随势前送，重心移到左脚（图 12-31）。

反手远削时，右脚稍前，身体左转，手臂弯曲，球拍向左上方引至与肩同高，拍柄向下，重心放在左脚上。击球时，手臂向右前下方挥动，前臂与手腕加速用力削击来球，在下降期，击球中下部，拍形稍后仰。击球后，上体向右转动，球拍随势挥至身体右侧，重心移到右脚（图 12-32）。

2. 近削

特点：动作较小，球速较快，前进力较强。近削逼角能使对手回球困难，从而伺机反攻或直接得分。

动作方法：正手近削时，左脚稍前，身体离球台 50 cm 左右，上体稍向右转。击球时，手臂弯曲，把球拍引至与肩同高，拍形稍后仰。触球时，前臂用力向左前下方挥动，手腕配合下压，在上升后期或高点期，击球中部或中下部（图 12-33）。

(a)

(b)

图 12-31

(a)

(b)

图 12-32

反手近削时，右脚稍前，手臂弯曲向左上引拍。击球时，前臂向右前下方挥动，手腕配合用力下压，在上升后期或高点期，击球中部或中下部。

(十)弧圈球

弧圈球是一种上旋力非常强的进攻技术。它从 20 世纪 60 年代初到现在，不但已为各国运动员所掌握，而且有很大的发展，出现了以弧圈球为主的打法类型。比赛时运用弧圈球为快攻创造机会；被动时作为过渡；主动时发力拉冲直接得分。弧圈球的种类很多，现介绍正手加转、正手前冲、正手侧旋，以及反手弧圈球的打法。

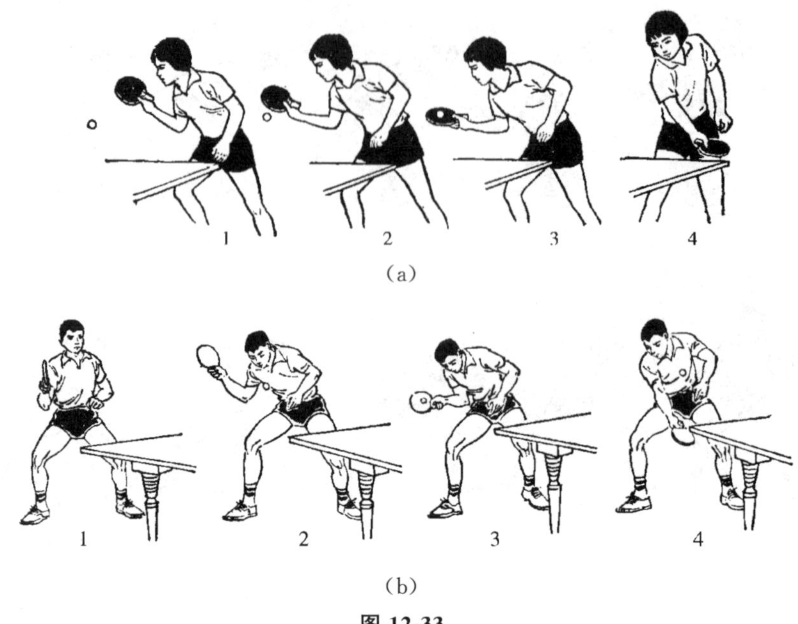

图 12-33

1. 正手高吊弧圈球(加转弧圈球)

特点:球速较慢,弧线较高,上旋性特强,着台后向下滑落快,回击不当易出界或击出高球,可为扣杀创造机会。一般遇到低而转的来球时,打这种球比较多。

动作方法:两脚开立,右脚稍后,身体略向右转,两膝微屈,重心放在右脚上。准备击球时,持拍手臂自然下垂,并向后下方引拍,右肩略低于左肩,拇指压拍使拍形略为前倾,呈半横立状,并使拍形固定。当来球从台面弹起时,手臂向前上方挥动,前臂在上臂带动下爆发性用力做快收动作。将要触球时,手腕向前上方加力,并在来球下降期用拍摩擦球的中部或中上部。球拍摩擦球时,要注意配合腰部向左上方转动和右腿蹬地的力量。击球后,重心移至左脚(图 12-34)。

2. 正手前冲弧圈球

特点:弧线低,上旋力强,球速快,着台后前冲力大。运用这种打法可直接得分,或为扣杀创造机会。

动作方法:两脚开立,右脚稍后,身体略向右转,重心放在右脚上,将球拍自然地拉向侧后(约与台面同高),拍形保持前倾,与地面成 35°～40°夹角。当球从台面弹起还未达到高点时,腰部向左转动,手臂向前上方挥出,前臂在上臂的带动下,迅速内收,手腕略微转动,在高点期或下降期前用拍摩擦球的中上部,使之成较低的弧线落在对方的台面上。击球后,重心移至左脚(图 12-35)。

3. 正手侧旋弧圈球

特点:带有强烈上旋力及侧旋力,着台后下落快,还会出现拐弯现象,能使对方增加回击的困难。

动作方法:击球准备姿势与加转弧圈球相似。但在击球时,拍面成半横立状,并略向左侧,上臂带动前臂和手腕,结合腰部向左转动的力量,在下降期用拍摩擦球的右中部或右中上部,使球带有强烈右侧上旋。击球后,重心移至左脚(图 12-36)。

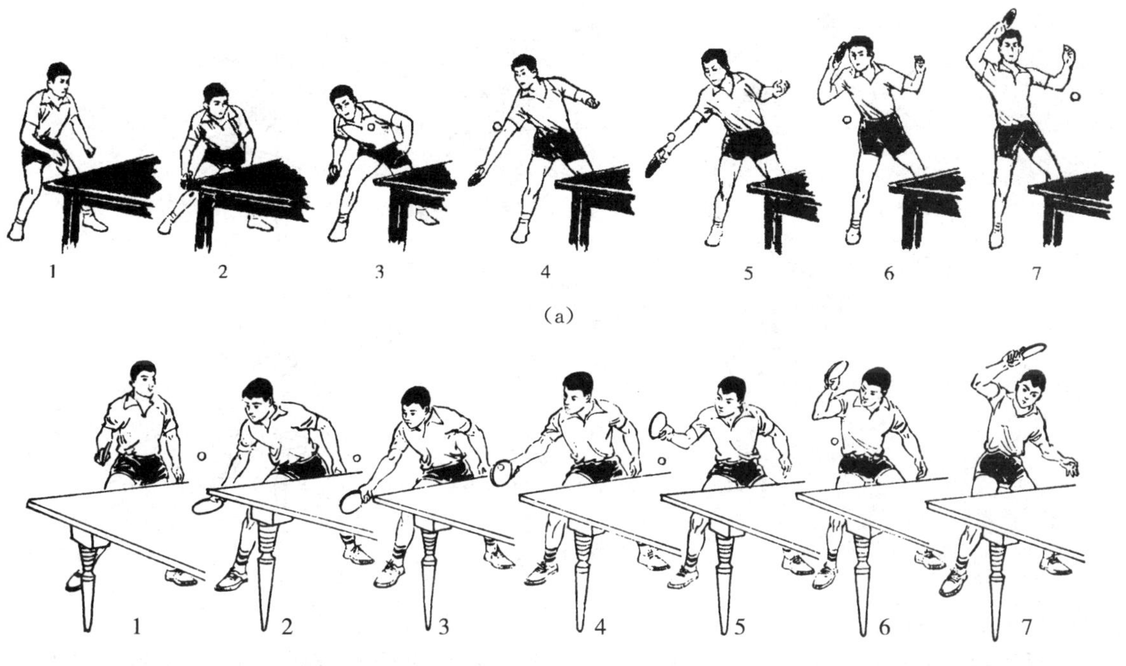

图 12-34

图 12-35

图 12-36

4. 反手弧圈球

反手拉弧圈球多为横拍运动员所采用。这种打法由于受到身体的阻挡,手臂力量的发挥受到限制。相对来说,没有正手弧圈球威力大,一般是给正手扣杀找机会;有时也可直接得分。

动作方法:两脚平行或左脚稍后站立,两膝微屈,重心较低。击球前,将球拍引至腹部下方,腹部略内收,肘部略向前出,手腕下垂,拍形前倾。当球从台面弹起时,以肘关节为轴,前臂迅速向上挥动,结合手腕向上转动的力量,在下降期用拍摩擦球的中部或中上部。在击球过程中,两腿向上蹬伸(图 12-37)。

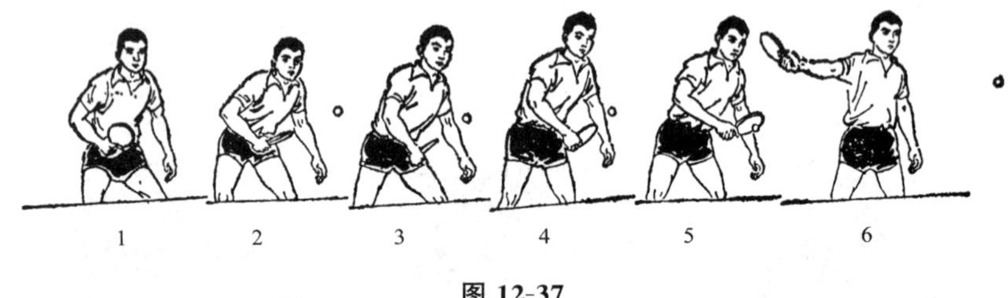

图 12-37

第十三章　羽毛球

第一节　羽毛球运动的起源与发展

据英国《大不列颠百科全书》记载,“原始的羽毛球游戏活动至少在两千年前,在中国、日本、印度、泰国等就流行这项游戏活动了”。由于地区、民族及语言的差异,在中国叫作“打鸡毛球”或“打手毽”,法国称为“羽毛球”(feather ball),印度称为“普那”(poona),英国、瑞典、丹麦等国则叫“毽子板球”(battledore and shuttlecock)。14－15世纪时的日本,球拍是木制的,球用樱桃核插上羽毛制成。19世纪60年代,一批退役的英国军官把印度孟买的“普那”(Poona球用圆形硬纸板插上羽毛制成,板是木质的一种类似羽毛球运动的游戏)带回英国。

1873年在英国格拉斯哥附近的鲍费特公爵的伯明顿庄园举办了一次游园活动,由于下起了大雨,便改在室内进行羽毛球游戏,场地呈“葫芦型”,中间狭窄处挂着网。因此,羽毛球以“伯明顿”命名。1878年,英国制定了渐趋完善和统一的羽毛球比赛规则。

1893年,英国14家羽毛球俱乐部倡议并组成了世界上第一个羽毛球协会,进一步修订规则和规定了统一的场地标准。羽毛球用14～16根羽毛粘在软木上,重量为4.6～5.5 g,场地为长方形。

第二节　羽毛球技术学习

羽毛球运动是一项技术动作复杂、技术性很强的运动项目。在比赛中运动员不仅需要有良好的击球方法,而且还要具备灵活的移动步法。因此,羽毛球运动的基本技术,大致可以分为手法和步法两大类。下面主要介绍基本手法、步法、战术以及竞赛规则、裁判法基础知识。

注:以下介绍,均以右手握拍为例。

羽毛球技术分类表

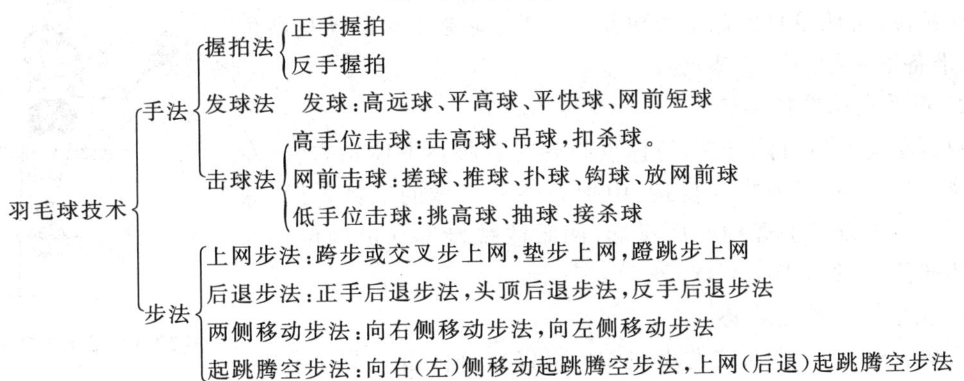

一、握拍

技术水平的发展，带来了握拍法的某些变化。但对初学者，首先要掌握好羽毛球最基本的技术：正手握拍法和反手握拍法。

（一）正手握拍法

正手体侧击球、正手高手击球、网前击球、头顶击球（球拍绕过头顶）等用正手握拍法。正确的握法是先用左手拿住拍的腰杆，使拍面与地面垂直，然后右手虎口对准拍柄侧面内沿，以握手式握住拍柄，小指、无名指和中指并握，食指稍分开，大拇指与中指相近，拍柄端约与小鱼际对齐。（图 13-1）

（二）反手握拍法

反手高手击球（反手高手击高远球和杀、吊球）和网前击球等用反手握拍法。在正手握法的基础上，拍柄稍外转，食指收回，拇指第二指节的内侧顶贴在拍柄内侧的宽面上，并注意把柄端靠紧小指的根部，使手心留有空隙。（图 13-2）

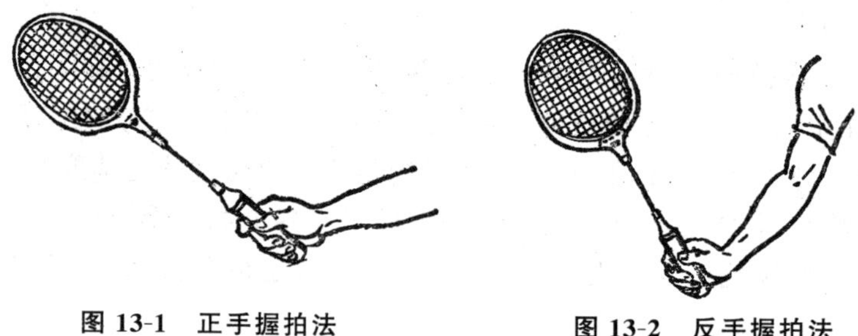

图 13-1　正手握拍法　　图 13-2　反手握拍法

初学者较常见的不正确的握法有：拳握法、食指伸直按在拍柄上部、虎口贴在拍柄宽面、柄端露出太长。

二、发球

（一）发球站位与准备姿势

1. 站位

不论是左区发球或者右区发球，站位都应紧靠中线旁边。单打发球站位，可在前发球线之后约 1 m 处。双打发球站位，可再靠前一些。混合双打男运动员发球站位，可比单打发球站位更靠后一些（通常让女运动员站位在前，准备下一拍封网前球）。

2. 正手发球准备姿势

两脚左前右后自然开立，身体重心落在右脚。上体稍右转，左手持球在腹部前方（拇指与食指、中指夹持羽毛球的毛杆外围，球托向下），右手以正手握拍向后举起，两眼注视接发球员的位置并观察其准备姿态。（图 13-3）

图 13-3　正手发球姿势

3. 反手发球准备姿势

两脚前后开立（左脚或右脚在前均可以），身体重心落在前脚，后脚提踵。左手持球在腹前腰下(拇指与食指、中指夹持羽毛,球托朝向腹部),右手以反手握拍在体前,拍杆指向斜下方,拍面对着球托,两眼注视接发球员的位置并观察其准备姿态。

(二)正手发平高球

发平高球的飞行弧线应控制在对方跳起拦截不到的高度,落点尽可能接近或达到对方端线。发球时,左手轻放球下落,待球下落至膝关节高度时,右手握拍用前臂带动手腕经下方向前上方快速发力挥拍击球(拍面仰角小于45°),同时身体重心前移至前脚。击出球后,握拍手臂肌肉随之放松,球拍随着惯性至左肩上方停止。(图13-4)

图13-4 正手发平高球

要点与练习方法:

1. 初学者挥拍路线需要强化,可采用身体右侧对墙站立(距离墙约50 cm),做发球挥拍练习。

2. 初学者挥拍动作需要强化,可用细绳把球吊在击球点高度(膝关节高度),按发球动作要领反复挥拍练习。

3. 掌握挥拍时机十分重要,过早挥拍容易出现球飞高不飞远,过迟挥拍容易发球下网。可以不断用语言提示挥拍时机(特别是在放球下落至适当高度时)。

4. 向前挥拍的速率要快,在作发球挥拍练习时应不断提示挥拍前的握拍手肌肉放松,体会挥拍时手臂肌肉的向前发力。还可以对墙练习发球或者在球场上练习发球,直接体会挥拍发力动作。

5. 多球练习,强化技术动作、提高球感。

(三)反手发网前短球

发网前短球的飞行弧线过网时应尽可能贴近球网上沿,落点尽可能达到对方前发球线或前发球线后附近。发球时,握拍手腕控制拍面角度(仰角小于90°),大臂相对固定,以前臂带动手腕向前轻轻推进击球,击球瞬间持球手及时撤开。击出球后,球拍应立即停止在腹前。(图13-5)

要点与练习方法:

1. 要特别注意控制击球时的拍面角度,仰角过大,球过网的飞行弧线高,易被对方扑死;仰角不够,球不过网。在反复练习发球时,针对上一次球过网的飞行弧线高度偏高或偏低对拍面角度作相应的微调。还可以安排对手进行扑球练习,迫使发球者注意控制球的飞行弧线高度。

2. 注意控制击球时的挥拍力度,力度过大,球发太远失去发短球的意义;力度过小,球

图 13-5　反手发球

落在对方前发球线之前，失误。反复练习发球时，在对方前发球线之后画出距离前发球线20～30 cm 的区域，规定落入这个区域的成功次数。

3. 还可以在墙上画一条线与球网高度一样，对墙练习发球，检验球过网时的飞行弧线高度。

4. 多球练习，强化技术动作、提高球感。

三、接发球

(一)接发球站位与准备姿势

不论单打或者双打，在左区接发球时，站位应在中间位置，在右区接发球时，站位应靠近中线，这样有助于防备对方发球直接攻击反手位。

1. 单打接发球站位：

不论在左区或者右区接发球，都可以在距离前发球线约 1.5 m 处，这样有助于兼顾对方发网前短球或者发后场球。

2. 双打接发球站位：

因为双打接发球区比单打接发球区短了 76 cm，所以双打接发球站位可以比单打接发球站位更靠近前发球线。

3. 接发球准备姿势：

单打或双打接发球时，一般采用两脚左前右后自然开立，双膝微屈，身体重心落在前脚，后脚稍提踵；上体稍右转前倾，收腹含胸；两臂自然屈肘在体前，拍面保持在脸部前方，集中注意力，两眼注视对方。(图 13-6)

图 13-6　接发球姿势

(二)接发球技术

1. 对方发后场球，可用平高球、吊球或扣杀回击。

2. 对方发网前球，可用平高球、平推球或放网前球回击。如果对方发球飞行弧线偏高，应及时用扑球进攻。

3. 如果对方发网前球并有发球抢攻的意图，可用平推球或挑高球回击，但回球路线要避开对方的拦截、落点要远离对方的站位。

要点与练习方法：

(1)准确的取位，保持正确的击球点。可采用多球发平高球至后场反手位，强化准确的取位，恰当的蹬起挥拍时机，建立正确的击球点动作意识。

(2)蹬起转体挥拍击球动作的协调性。可采用规定右脚位置，反复练习向后蹬起挥拍击打固定细绳吊球，结合语言提示。

(3)发力鞭打挥拍动作。可采用反复甩羽毛球掷远，多球甩乒乓球掷远，持壁球拍反复作挥拍练习。

(4)控制击球的飞行弧线高度。可用语言反复提示。

(5)一对一练习连续击平高球；也可以二对一，两人在后场两角打固定一点，另一人练习连续击直线、对角平高球。

(三)正手吊直线球

正手吊直线球常运用在对付正手位后场高球。吊球飞行弧线应自上而下，直线过网时贴近球网上沿，落在对方前发球线之前靠近单打边线的区域内。(图 13-7)

图 13-7 正手吊直线球

准备动作：与击平高球相一致，击球点应在头顶前上方。

击球动作：持拍右前臂向前上方发力“鞭打”式挥拍开始，在拍面正面击球瞬间，持拍前臂突然减力，拍面稍前倾。

结束动作：与击平高球相同。

要点与练习方法：

(1)可采用击平高球的练习方法(1)(2)。

(2)准备姿势应与击平高球的准备姿势尽可能相一致。

(3)发力挥拍后应突然减力。多球练习时，规定直线落点区域，不断用语言提示减力。

(4)控制吊球的飞行弧线高度。击球时用语言反复提示拍面前倾角度。

(5)控制吊球的飞行弧线远度。多球练习时，不断用语言提示球的落点。

(6)一对一，一人在网前挑高球，一人练习连续吊直线球。

(四)正手扣杀直线球

扣杀球是羽毛球运动的一项主要进攻技术。正手扣杀直线球是对付中后场的正手位高球(机会球)，在尽量高的击球点上发力将球直线向对方下压，击球力量大、弧线直、速度快，是重要的得分手段。(图 13-8)

准备动作：与击平高球相一致。

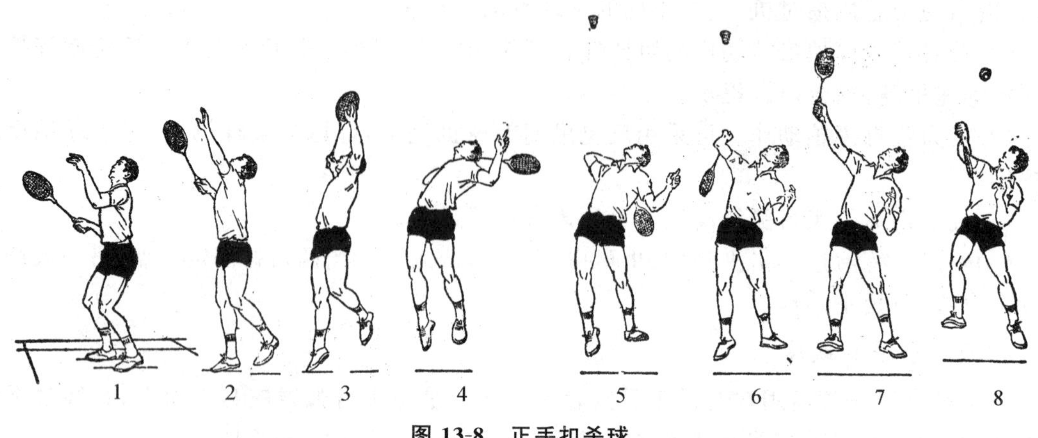

图 13-8 正手扣杀球

击球动作：与击平高球相一致，击球瞬间，击球点在头顶前上方，持拍前臂稍内旋，带动手腕控制拍面稍前倾。正面向前下方“鞭打”击球的后部，使球自高向下快速过网飞向对方场区。

结束动作：与击平高球相同。

要点与练习方法：

(1)可采用吊直线球的练习方法(1)(2)。

(2)准备姿势应与击平高球的准备姿势尽可能相一致。

(3)强化发力挥拍时的鞭打动作。可用壁球拍练习快速挥拍。

(4)多球练习扣杀时，规定直线落点区域，不断用语言提示拍面的控制。

四、击球

(一)高手位击球

高手位击球具有击球点高、速度快、力量大、主动性强、进攻威力大等优点，是快攻打法的最基本技术。在双打中，为了发挥力量与速度，高手击球更具有特殊作用。双打时，运动员采用半蹲式站姿，尽量高举球拍，其目的就是争取更多的高手击球机会。

1. 正手击平高球

正手击平高球常运用在对付正手位后场高球。平高球飞行弧线较低平(对手跳起拦截不到的高度)、落点在对方后场端线靠近两条单打边线的两个角区域；球的初速快，可以快速调动或压迫对方至后场，给自己创造进攻机会，具有更大的进攻威力。(图 13-9)

准备动作：移动到击球位置时，保持侧身迎球，两脚左前右后与肩同宽，身体重心落在右脚；两臂向两侧自然屈肘上举，拍面向前，击球点应在头顶前上方。

击球动作：右脚向上蹬起，向左转体的同时上抬右肘，持拍前臂稍内旋(图 13-10)带动手腕向前上方发力“鞭打”式挥拍；拍面正面击球瞬间，持拍手臂自然伸直，左脚向后落下的同时左手协调地屈臂降至体侧协助转体。

结束动作：球击出后，持拍手臂立即放松，球拍随惯性下落至体前左下方；身体重心前移落在右脚。

要点与练习方法：

图 13-9　正手击平高球

(1)准确的取位，保持正确的击球点。可采用多球，反复强化准确的取位；反复挥拍击打固定细绳吊球，建立正确的击球点动作意识。

(2)蹬起转体挥拍击球动作的协调性。可采用反复挥拍击打固定细绳吊球，结合语言提示。

(3)发力鞭打挥拍动作。可采用反复甩羽毛球掷远；多球甩乒乓球掷远；持壁球拍反复作挥拍练习。

(4)控制击球的飞行弧线高度。可用语言反复提示。

(5)一对一练习连续击平高球；也可以二对一，两人在后场两角打固定一点，另一人练习连续击直线、对角平高球。

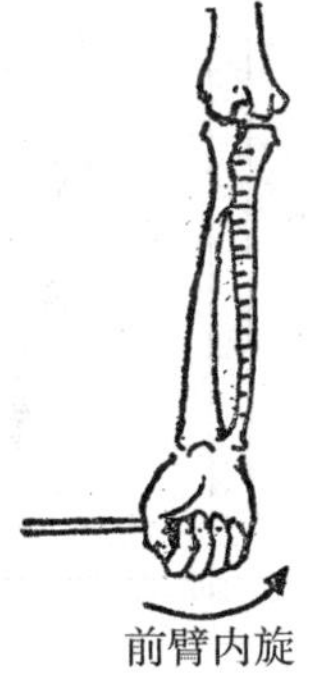

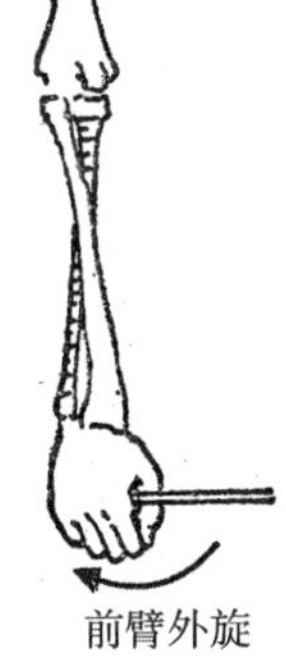

图 13-10

2. 头顶击平高球

头顶击平高球常运用在对付反手位后场高球，发挥正手击球能力较强以弥补用反手击球在力量、控球能力较弱的不足，其作用和要求与正手击平高球相同。(图 13-11)

图 13-11　头顶击平高球

准备动作：与正手击平高球一致，唯击球点应在左肩上方。

击球动作：右脚向后上方蹬起，向左转体的同时上抬右肘，持拍前臂稍内旋带动手腕向前上方发力“鞭打”式挥拍；拍面正面击球瞬间，持拍手臂自然伸直，左脚向后落下的同时左手协调地屈臂降至体侧协助转体。

结束动作：球击出后，持拍手臂立即放松，球拍随惯性下落至体前左下方；身体重心前移落在右脚。

五、步法

一块羽毛球单打场地，半场面积约为 35 m^2，双打半场面积约为 41 m^2。要在这样大的场地上前后、左右奔跑移动，或急停变向、或转体击球、或跳起扣杀，如果没有快速、合理的步法，就不可能充分运用各种击球技术，就会顾此失彼、疲于奔命。羽毛球基本步法可分为三类：上网步法、后退步法、两侧移动步法。

(一)跨步上网

不论正手或反手，当距离网前来球比较近时，可采用跨步上网步法。(图 13-12)

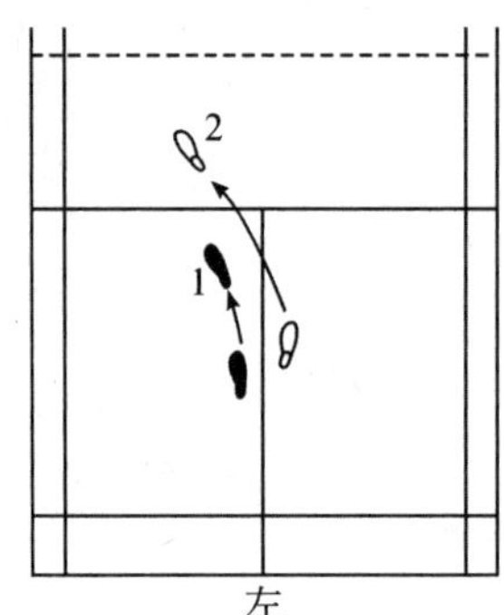

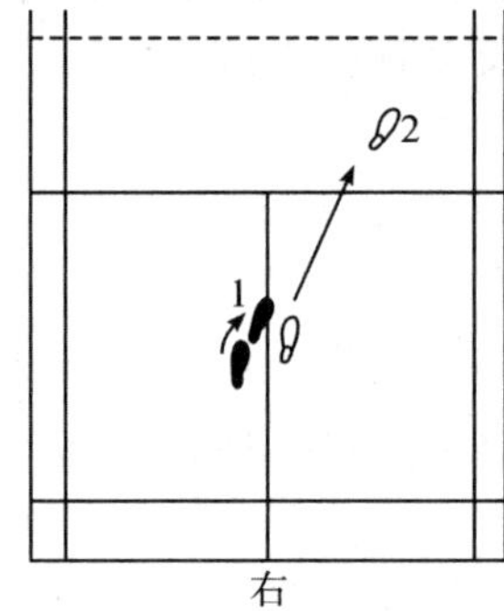

图 13-12 跨步上网

准备姿势：在本方场地中央稍靠后的位置，两脚左右开立微屈膝，右脚稍前，上体稍前倾，重心落在两脚前脚掌，两眼注视对方击球。

移动步法：距离较近的移动时，左脚蹬地，右脚向来球跨出一大步，落地成右弓步(右脚掌稍外展)。

结束动作：球击出后，用并步或交叉步迅速退回。

要点与练习方法：

1. 启动要快。可加强前脚掌、踝关节蹬地力量练习。
2. 用声音或手势，练习启动的反应。
3. 有球或无球移动练习。

(二)垫跨步上网

不论正手或反手，当距离网前来球比较远时，可采用垫跨步上网步法。

准备姿势：与跨步上网步法相同。

移动步法：右脚先迈出一小步，左脚随即垫一小步跟进，右脚再向来球跨出一大步，落地成右弓步(右脚掌稍外展)。

结束动作：球击出后，用并步或交叉步迅速退回。

要点与练习方法：

1. 启动要快。可加强前脚掌、踝关节蹬地力量练习。

2. 用声音或手势，练习启动的反应。

3. 有球或无球移动练习。

（三）侧身并步后退步法

当对方击球至我方正手位或反手位后场时，均可用侧身并步后退步法，力争都用正手击球技术回击。但是，要根据来球的方向决定向后侧身的幅度大小，以侧身后两脚并步能后退到来球位置为准。（图 13-13）

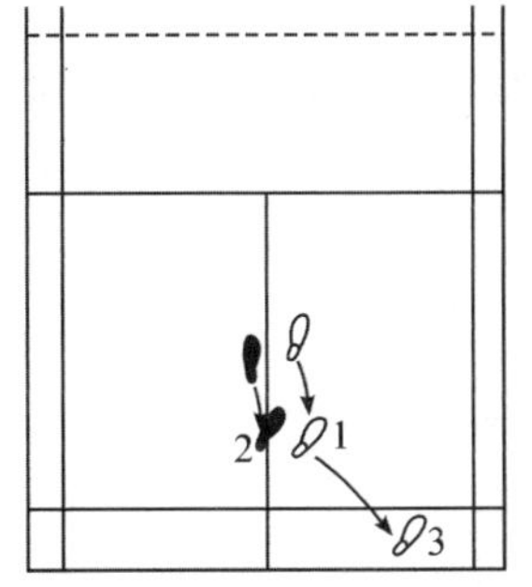

图 13-13　正手侧身并步后退

准备姿势：与跨步上网步法相同。

移动步法：右脚蹬地向后侧身，身体重心落在右脚，以肩对准来球至后场的位置；左脚向右脚靠拢落地的同时，右脚再向后跨出一步，左脚随即再向右脚靠拢，直至侧身并步移动到来球位置。

结束动作：球击出后，用并步或小跑步迅速回场地中心。

要点与练习方法：

1. 启动要快。可加强前脚掌、踝关节蹬地力量练习。

2. 用声音或手势，练习启动的反应。

3. 有球或无球移动练习。

（四）右侧移动步法

适用于向右侧移动击球。（图 13-14）

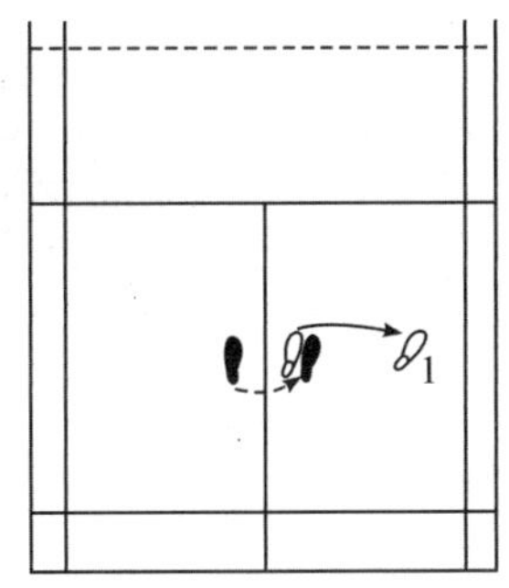

图 13-14　右侧蹬跨步

准备姿势：与跨步上网步法相同。

移动步法：距离来球较近时，左脚向右蹬地，右脚向右侧跨出一大步，称作右侧蹬跨步。距离来球较远时，左脚先向右脚旁垫步，右脚再向右侧跨一大步，称作右侧垫跨步。

结束动作：球击出后，用并步向左侧回场地中心。

要点与练习方法：

1. 启动要快。可加强前脚掌、踝关节蹬地力量练习。

2. 用声音或手势，练习启动的反应。

3. 有球或无球移动练习。

（五）左侧移动步法

适用于向左侧移动击球。（图 13-15）

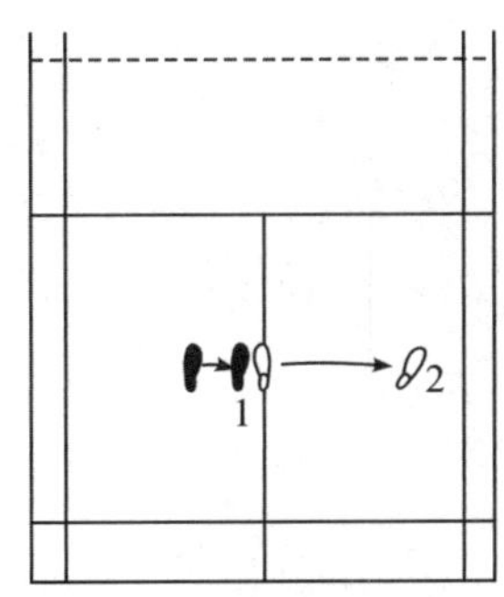

图 13-15　右侧垫跨步

准备姿势：与跨步上网步法相同。

移动步法：距离来球较近时，右脚向左蹬地，左脚向左侧跨出一大步，称作左侧蹬跨步。距离来球较远时，左脚先向左侧垫一小步，向左转髋的同时右脚再向左侧跨一大步，背向球网，称作左侧垫跨步。

结束动作：球击出后，向右转髋的同时右脚再向右侧跨步回场地中心。

要点与练习方法：

1. 启动要快。可加强前脚掌、踝关节蹬地力量练习。
2. 用声音或手势,练习启动的反应。
3. 有球或无球移动练习。

第十四章 网 球

第一节 网球运动简介

网球被称为四大绅士运动之一，现已成为老少皆宜的大众健身项目，人们不仅把打网球作为增进健康的锻炼方式，也把它作为增进友谊的一种手段。

第二节 网球基本技术与练习方法

一、握拍法

经常打网球的人都知道有三种基本握拍方法，即“东方式”、“西方式”和“大陆式”。

“东方式”握法适于红土球场，在这类球场上击出的球，旋转少且平直，比赛时最适合这种握法。对于初学网球者，可先学“东方式”握法。

“西方式”握法适于水泥硬地球场，球落地弹跳较高、速度较快，用这种握法最适合这类球场的特性。

“大陆式”握法起源于欧洲大陆，因为早期欧洲草地球场多，球落在草地上滑溜而弹跳低，适于采用这种握法。

拍柄上各种部位名称见(图 14-1)。

图 14-1

(一)东方式

正手握法：先使拍面与地面垂直，然后如同与球拍握手一样握住拍柄。这时大拇指与食指间的 V 型虎口，恰好在拍柄上平面偏右的位置。拇指第一关节扣住拍柄的右平面，食指则轻绕至拍柄右侧至下平面。中指、无名指和小指紧握，并与大拇指接触(图 14-2)。

反手握法：使 V 型虎口略偏左侧，位于左平面和上平面之间的左上斜面，食指关节在右上斜面的位置(图 14-3)。

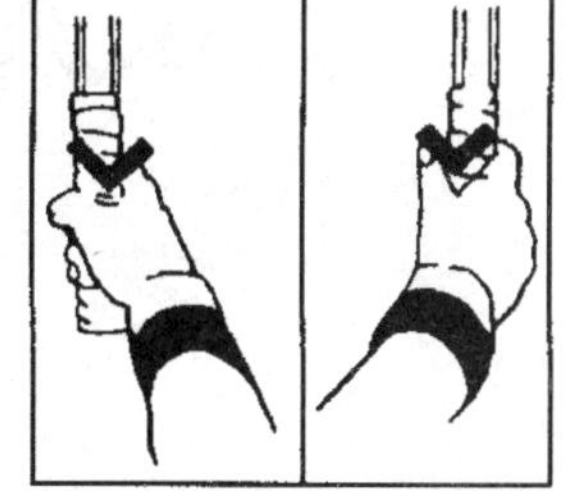
图 14-2　图 14-3

(二)西方式

正手握法：手掌 V 型虎口位于拍柄的上平面和右上斜面的交接处，手掌中心握住拍柄的右平面，手腕稳固地贴紧拍柄后侧的右平面，大拇指关节在拍柄的右上倾斜面的位置。

反手握法：手掌 V 型虎口位于拍柄的上平面和左上斜面的交接处，拇指第一指节贴紧拍柄的左平面。

（三）大陆式

正手握拍：手掌 V 型虎口正对拍柄的左上斜面，大拇指扣压住左平面，食指关节握住拍柄的上平面边缘和右上斜面的位置。

反手握拍：手掌 V 型虎口的位置与大陆式正手握法相同，不同之处在于拇指略放松一些，而非紧扣压拍柄。

二、准备姿势

双脚开立比肩略宽，脚掌着地、脚跟抬起，身体重心置于两脚前脚掌之间，两膝微屈，并保持膝关节的良好弹性，上体微前倾，两眼注视对手或来球。球拍置于腹前，拍头指向前方略偏左，微上翘，手腕低于拍头。用正手握法轻握球拍，不持拍手轻扶着球拍的颈部。不要忽视不持拍手扶拍的作用，它可以扶住并稳定球拍，减轻持拍手的腕部负担，另外还能起到将球拍引至身体一侧的辅助作用，有利于加快动作。

三、正手抽球

正手抽球是在端线附近回击来球和进攻对方的重要基础技术，是初学者应最先学习的击球动作，它既是网球初学者的入门技术，又是大多数网球运动员进攻得分的手段。正手抽球速度快、力量较大，球被击出后有一定弧线，比赛中常用来进行底线长抽攻击，在上网前的一击中也多使用。

练习方法：右手持拍运动员（以后动作举例同）从准备姿势开始，移动到来球位置，最后一步要保持左脚在前，身体左侧朝向来球方向。这时将球拍充分向后挥摆，拍头翘起，手臂伸展，眼睛注视来球。向前挥拍迎球过程中，球拍由低向高挥动，击球点在身体右前方，高度保持在腰与肩之间。拍触球时，拍面垂直或稍前倾，击球中部或中上部，手腕固定握紧球拍，大臂和腰部随身体转动向前上方协调配合用力，身体重心从右脚逐渐移到左脚，击球后球拍随势挥至身体的左侧前上方。抽球动作完成后迅速还原，恢复成准备姿势（图 14-4）。

图 14-4

四、反手抽球

反手抽球是球落在身体左侧采用的一种击球方法，是网球重点基础技术之一。一般人往往正手技术掌握较好，反手技术掌握差，比赛中反手常常是对手攻击的一个薄弱环节。因此，初学者必须更加用心苦练反手技术。

练习方法：当来球飞向反手方向时，移动到位的最后一步，要保持右脚在前，身体右侧朝向来球方向,球拍向左后挥摆。这时持拍手臂的肘部保持适当弯曲,拍头稍翘起,在迎球过程中,挥拍手臂与向右转体动作相配合,使球拍由低向高挥动,击球点在身体左前方,高度在腰间。拍触球时手腕固定握紧球拍,拍面垂直或稍后仰,击球中部附近部位,击球后球拍随势挥至身体的右侧前上方,身体重心从左脚逐渐移到右脚,然后迅速还原成准备姿势。

五、双手反手抽球

双手反手抽球是许多运动员在端线附近抽击反手球时常用的方法。由于击球时双手在拍柄上有两个支撑点,当球与拍碰撞时,拍面的稳定性强,球拍不容易被来球撞动或扭转。双手挥拍多靠转体配合,击球力量相对比单手反手要大,也容易拉出强烈上旋球。只是要求双手反手抽球时,击球点比单手反手抽球更近身一些,并且要多跑动一步才能选好合适的击球位置。

练习方法:当判断来球是飞向反手方向时,在移动到位的最后一步应保持右脚在前,身体右侧朝向来球方向,双手握球拍向左后挥摆,右臂伸展较大,左臂弯曲。在迎球过程中,挥臂与转体动作配合,使球拍由低向高挥动,拍与球碰撞的击球点,保持在髋前。拍触球时双手握紧球拍,两肩和两髋随着转动,拍面垂直或稍后仰,击球的中部位置。击球后双手随势挥至右侧头部高度,身体重心从左脚移到右脚,动作完成后迅速还原,恢复成准备姿势(图 14-5)。

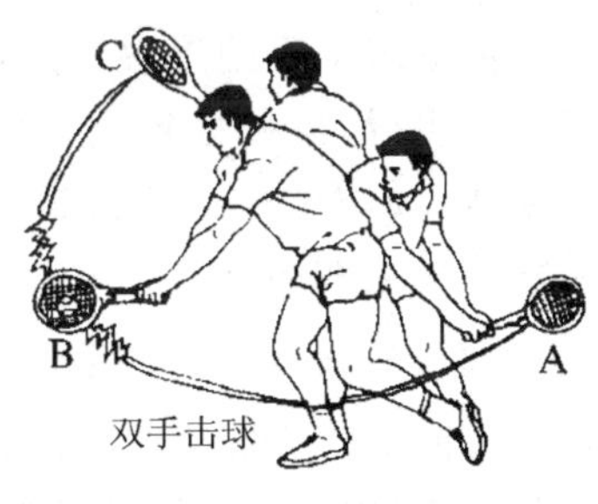

图 14-5

六、发球

(一)一般发球

发球是比赛开始的第一个动作,也是进攻的开始,它是网球技术中非常重要的、也是唯一能由自己掌握而不受对方影响与干扰的技术。好的发球应具有攻击性,并使发出的球在速度、力量、旋转和落点方面有变化。

发球有固定位置和规定。发球时,运动员站在端线后,中点和边线的假定延长线之间的区域里,将球抛起,在球接触地面以前,用球拍击球。发出的球在对方还击前,应从网上越过落到对方对角的发球区内或其周围的线上。发球时要求发球员保持站立,不得行走或跑动。由于以上规定,对发球的技术性要求是比较高的。

发球时击球点的高低与所发出的球的力量和命中范围大小有密切关系。击球点高,直线的命中范围较大,宜于大力发球时采用。击球点低,直线的命中范围较小,或不宜命中,需要在球飞行期间形成一定的弧线,因而影响击球的力量,多在第二次发出比较保险的球时使用。

练习方法:两脚自然开立,侧向球网,前脚与端线约成 45°角,身体重心置于后脚。抛球时球拍开始靠近膝关节向后下方挥动,左臂和左肩上举将球抛起,这时右肘弯曲,使球拍在背后下垂。向上挥拍击球时,充分伸展手臂,拍头朝前,在右肩上空击中自上下落的球。发球动作结束时,球拍向左下挥过身体,后脚摆过端线。

（二）大力发球

大力发球的特点是出球力量大，速度快，落点深，威力强。优秀运动员一般用于第一次发球，常可直接得分。这种发球命中率较低，又因对方还击快，上网有时来不及，并且体力消耗也较大。

练习方法：发球时应使球拍从后开始挥击，在背后下垂拍头，一般有两种方式：

1. 直接转体后下垂拍头。

2. 从下绕环后下垂拍头。其目的是为了增大摆幅，以求获得足够的加速距离。发球时球拍触球的最佳击球位置，应保持在身体垂直面稍前的部位。身体适当前倾，有利于扩大命中范围。大力发球时，先将球向右侧上方抛起，然后球拍下垂从背后开始挥拍迎球，挥拍过程中力争球拍瞬时速度最快的片刻，在头上合适高度使拍触球，击球后继续使球拍向目标挥动，头部保持随球移动，拍随势挥过身体左侧，身体重心随之向前进入球场。

（三）侧上旋发球

它是结合手腕爆发力发出来的一种带侧上旋性质的球。球向上旋转力强，在空中是高弧线飞行，准确性较高。如右手发左侧上旋球，该球落到对方发球区后，弹起较高，并向接球员的左侧拐弯，它能造成对方接发球困难，这种发球适于对付反拍差的对手，也易于发球后上网截击。

（四）削击发球

这种发球的击球点不很高，击球时球拍多由上向下削切，发出球后向后旋转较强，球的飞行弧线曲度较大，容易控制落点，球落地后向对方场地一侧的角上跳动，可起到拉开对方，造成对方接发球困难的作用。比赛中常作为第二次发球用。

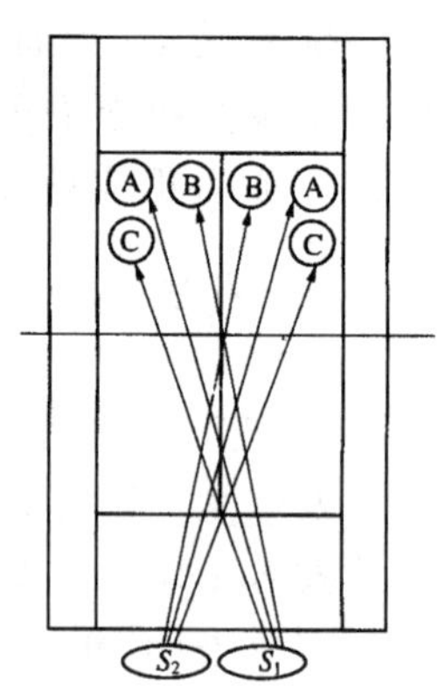

图 14-6

（五）第一次发球和第二次发球

1. 第一次发球

(1)第一次发球效果较好的落点是图 14-6 中的 ABC。从 S1 将球发向对方正手，从 S2 将球发向对方反手，这种向 A 区的发球落点，比赛中至少有一半的情况是如此。向 A 区发球的目的是使对手离开接发球位置，而自己则能够发球后上网，力争在网前运用截击球抢攻。

(2)第一次发球时向 B 和 C 的落点发球，其目的是控制对手的击球点，或为了使对手离开接球位置，而使自己取得有利的击球优势。

2. 第二次发球

(1)第二次发球效果较好的落点是图 14-7 中的 ABC 最好是落在两个发球区的相同落点，一般多是发带有一定侧旋的球。因为：这种发球容易控制，可避免“双误”；这种发球可降低球速，它能使发球员有足够的时间，取得下次击球的较好位置；它反弹较高，对手使用反手还击比较难打些。

(2)用削击发侧下旋球使之落到 C 区。

七、接发球

要接好发球必须掌握比较全面的基本技术，因为接发球之前，接球员对于对手可能发过来的球的方向、旋转、力量、速度等都无法控制,一旦对方将球发出来就要迅速做出判断和反应,并且选择恰当的击球方式来完成接发球动作。

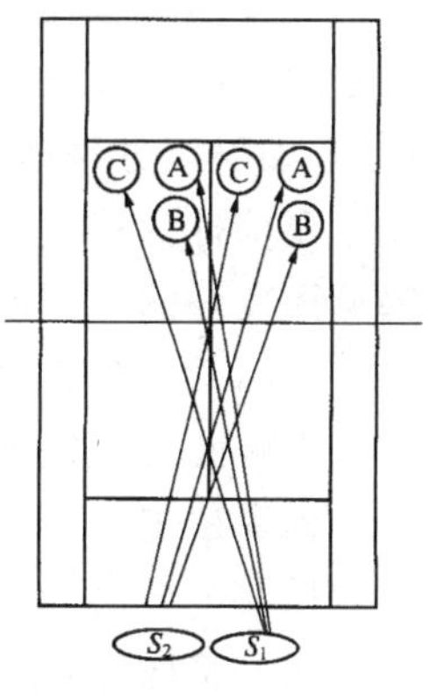

图 14-7

1. 接发球的站位:一般位于端线附近,力求在接发球时向前移动击球。

准备姿势:两脚平行站位,比肩略宽,右手持拍者一般右脚稍前,两膝微屈,上体稍前倾,脚跟提起,将球拍置于体前。

2. 在接发球的全过程中眼睛始终要注视来球,一直到完成还击动作。要观察对手的抛球,这样有利于判断发球的方向和旋转。

3. 对方第一次发球时多采用大力发球,站位应偏后一些,如果是第二次发球时可略向前移,利于采用攻击性的还击。接大力发球时不要作大幅度的后摆动作,主要是控制好拍面角度并握紧球拍以免拍面被震转动。

4. 还击来球之前要观察对方行动,对自己的回球路线和落点要有所考虑。选择好接发球落点,对控制对手发球后抢攻有重要意义。

接发球是比较难掌握的技术,但是有个重要的事实是,优秀运动员在比赛中,接发球失误率占 25%,它说明有绝大部分(75%)的球是能够顺利还击的。

八、拉上旋球

当前优秀网球运动员的打法多具有上旋性质,一些年轻运动员也都试图在比赛中运用上旋打法进攻。进攻型选手喜欢拉上旋球是因为上旋打法比较凶狠,球落地反弹冲力大,威胁性强,稳定性高。拉上旋球不仅能将球打深,也能将球拉得较浅。初学者应当在熟练掌握正规的正手抽球之后,再学习拉上旋球。它的适用时机有以下情况:

1. 有较充裕的击球时间。
2. 用以还击反弹球。
3. 用强烈上旋球对付上网的运动员。
4. 用带有一定上旋的球,拉出短而浅的斜角球。

动作方法:正手拉上旋球左脚在前,身体侧向来球,球拍后摆动作较一般抽球要大要低,拍面稍前倾。在由低向高挥拍迎球过程中,拍与球撞击时,拍速要很快,前臂和手腕除随上臂和身体一起向上发力外,还要附加前旋动作,以使球拍向上摩擦而产生强烈上旋,同时握紧拍柄。击球后将球拍向上挥过头部。

九、截击球

截击球是网前技术中的一种攻击性击球方法。当球在落地之前,将球击回到对方场区,它回球速度快、力量重、威胁大。目前国内外优秀网球运动员都普遍采用发球上网或接发球上网战术,因而,截击球技术的好坏关系到进攻性打法是否有效。

截击球的后摆动作不应过大,击球点应保持在身体前方约 30~60 cm,要向前迎击来球,注意拍头不要下垂,要保持拍头高于手腕,击球时手腕固定,拍子应紧握,击球时拍子不能转动。

高于网的球,截击时平击的成分可多一些,打出具有进攻性的力量较大的深球或斜线球。低于网的球，必须充分下蹲，保持拍头仍然要高于或平行于手腕，以利身体重心的稳定。截击球的中下部，成为切削下旋，这种低于网的截击球，不宜打得力量太大，应以推深落点为目的，如果对方来球力量太重，自己就不应再主动发力，只要握紧球拍打准落点即可。截击球除要求打深落点和打斜角度以外，以可以用截击打法回出短球，这项技术需要较好的手上感觉和良好的控制能力。

上网截击要十分警惕对方的破网和挑高球，因此站位的选择是很重要的。一般要站位于对方破网的直线和斜线之间所形成夹角的平分线上，并多注意保护直线空当。

正手截击练习方法：截击时站在网前 2.5～3 m 位置，准备姿势与一般击球大体相同，但球拍要举得高一些，约与眼部同高。截击时后摆动作要小，击球点保持在身体前方，拍触球瞬间手腕固定，用力紧握球拍，略加向前推击的动作即可。截击较近的球，左脚跨出一步，截击较远的球要跨出一大步。

反手截击练习方法：准备姿势同正手截击，动作区域是反手截击比正手截击的击球点要靠前一些，因此要及早跨出右脚，重心也要置于右脚。击球时手腕固定，用力紧握球拍，拍面稍前倾，触球中上部。击球后右臂伸展，向前下压送。

十、高压球

高压球多用在网前的击球动作，当自己上网时，对方挑高球破上网，这时多在头部上空用扣杀动作还击来球。有时在底线附近对付落地后弹跳很高的球时也用高压球，绝大多数的高压球用正拍打。根据对方挑过来的球其高低程度不同，高压球分为原地高压、跳起高压和后退高压。

高压球要求及时侧身，早举球拍，眼睛看准球，找准击球点，高压球一般以平击高压为主，也可以用切削高压打出好的角度和落点。当对方挑高球挑得很高很深时，可打落地高压球。打这种球要快速侧身后退，后退时眼睛不能离开球，要求步子退足，然后再向前做高压击球动作。

高压球的动作与发球动作相似，只是没有向后拉拍的挥拍动作，而是直接把球拍引向头后。在向来球方向跑动中，抬头仰视球，上体右转，同时使球拍垂向背后，完成击高压球的准备动作。当球下落到合适高度，左脚蹬地起跳，在头部上方，跳起向前下挥击，完成高压动作。

十一、挑高球和放短球

（一）挑高球

挑高球是指使还击的球越过网前对手的头顶落入对方场区。挑高球有攻击性和防守性两种。当对方上网时，可用以迫使对手后退，当击球员处于被动时，可利用球在高空时迅速恢复有利位置。挑高球分平击挑高球、上旋挑高球、下旋挑高球等多种，一般要求落点深。挑出上旋高球时，因球落地后会冲向端线，可使位于网前的对手措手不及，具有一定攻击性。

（二）放短球

放短球一般是处在网前的击球员突然回击近网短球，使活动于底线的对方来不及还击。此外，也可用来迫使不善于网前击球的对手因上网而受困。放短球时，要求多用手腕动作，带有削击。

第十五章　健身操

第一节　健身操运动

一、有氧健身操运动概述

有氧健身操是一种富有韵律性的运动。它通过长时间(15 min以上)持续的运动，不仅使心肺功能增强，而且还锻炼了大肌肉群。健身操除了可增强体质外，还使其成为一种社交时尚。参加者不但可以结识志同道合的朋友，还可通过锻炼保持精神舒畅、精力充沛，拥有骄人身段，以及健康美丽。

(一)有氧健身操的种类

有氧健身操主要分为两类：高冲击和低冲击。

1. 高冲击健身操

高冲击健身操是传统式的健身操，经常做单脚或双脚的跳跃，能量消耗大，心肺锻炼效果也佳。但是对一些平时很少运动和过胖的人士及初学阶段者，可能会因运动量过大和过分刺激心肺而接受不了。此外，过多的跳跃使下肢与地面过度撞击，容易造成下肢关节和脊椎受伤。

2. 低冲击健身操

低冲击的概念是针对因健身操动作的冲击性所造成的伤害发展而来的，所谓低冲击，主要是删去双脚同时离地的跳跃动作，取而代之的是其他有节奏而双脚不同时离地的健身操动作，如低踢、大踏步、左右旋转、前后弓步动作等等。即使有踏跳踢腿动作，连续也不会超过4次。由于减少了下肢大肌肉群的活动，上肢活动的编排应相应增加，甚至加强躯干肌肉的活动，从而弥补运动量的不足。

低冲击健身操因可减少运动者的受伤机会，所以已取代高冲击健身操，虽然低冲击动作较缓和，但由于持续运动15～30 min，因此能保持运动的强度(最大心率的60%～80%)，可提供足够的刺激来锻炼心肺。

(二)练习有氧健身操注意事项

1. 循序渐进

开始时，应采取步伐走动的方式，以使身体和下肢有充分时间适应。开始不要做太长时间，以10 min为宜。步伐走动之前，先做热身和适当的伸展运动，特别是下肢的适度伸展非常重要。天冷时，热身时间要长，并多穿些衣服。步伐走动前后测一下自己每分钟脉搏数并记录下来供参考。长时间锻炼后，心肺耐力会增加，心率会降低，运动后心跳恢复正常较快。初学者以每周二、三次或隔日为宜。然后可适当增加次数，直到自己感觉适量为止，绝对不要勉强。

2. 女性应注意以下几点

(1)做操时戴好胸罩,以承托力较强的为好。

(2)经期做操,运动量不宜过大。

(3)没有运动习惯的女性,不宜在怀孕期间开始做健身操。即使有健身操训练基础的女性,在这期间也需要请教医生,以决定是否继续健身操训练。

3. 卫生与健康

健身操运动后,要及时更换汗湿的衣服,避免着凉,尤其是在空调房内。运动后应做些伸展运动再行淋浴。经常做有氧健身操者,要留心自己的脚部,常修剪脚趾甲,断的脚趾甲会扎破皮肤,使脚趾发炎。热天运动出汗较多,汗留在趾缝中容易让细菌滋生,所以应时常保持脚部皮肤干燥。脚部起水泡时,不应弄破。

4. 适当的服装

做健身操时,应穿合身透汗的健身衣,不要赤脚、穿普通皮鞋。健身操应有较厚的护垫,以减缓足部与地面撞击而造成的震荡。鞋身不宜太软,可采用半高筒式,以巩固脚踝。

二、学习健身操运动的意义

健身操内容丰富,动作简单易行,实用性强,不受场地、性别、年龄限制,是各项体育运动的热身活动和放松活动的主要内容,对于全面锻炼学生的身体具有积极的作用。

通过健身操教学,强化学生体操意识,增强完成动作的准确性和协调性,全面锻炼学生身体,促进其身心的全面发展。使学生掌握做操、编操的有关知识、技能,养成自觉锻炼的习惯,充分调动学生参与做操、编操的积极性和主动性,培养学生遵守纪律的良好作风以及团结互助、合作编操的精神。

三、健身操运动技术及训练

健身操形式多样,主要以美体健身操为主。

(一)形体健身操

1. 颈部

(1)坐式或站立,将头部最大限度地旋转画圆,顺、逆时针交替进行。

(2)双手交叉置于脑后,下颌贴胸上部,然后双手向下压头部同时抬头后仰。每分钟5～10次。

(3)仰卧,双臂自然贴近身体两侧。头部慢慢抬起,将下巴尽量向胸部贴近,直至极限。每分钟做5～20次。

2. 肩部

(1)臂回环:双腿自然站立,双手握拳。然后伸直双臂,做大回环运动,直到感觉疲劳为止。每分钟环绕40次以上。

(2)双臂交叉侧平举:紧握双拳,做直臂体前迅速交叉动作,还原,重复至疲劳为止。每分钟40次为宜。

(3)前平举:徒手,每分钟重复20～30次,也可持哑铃做。

(4)侧平举:徒手,每分钟15～20次,也可持哑铃做。

3. 臂部

(1)哑铃弯举:两腿自然站立,两手掌心向上,手持哑铃,两臂下垂,上翻至胸前,稍停,缓慢由原路返回,也可单手交替进行。

(2)臂屈伸:两腿自然站立,挺胸收腹,后慢慢向脑后弯曲,使哑铃置于颈后位置后双手各持一哑铃。开始时手臂伸直过头,然后慢慢把手伸直还原。

(3)屈体后伸:上体前屈与地面平行,双膝微屈,屈臂持哑铃,拳心相对。平臂后伸与地面平行,慢慢还原。

4. 胸部

(1)俯卧撑:每分钟 10～20 次。

(2)双手持哑铃自然站立,一手前平举与肩同高,另一手沿体侧下垂。然后两臂于体上下交替平举哑铃。每分钟 25～30 次。

(3)斜板卧推:仰卧于斜板,双手握哑铃置于体侧。然后两臂轮流举哑铃于头前上方。每分钟 20～30 次。

5. 腰腹部

(1)仰卧起坐:每组 8～15 次。做 3 组。肥胖者最好屈腿做。

(2)仰卧,双腿伸直,双臂上举。然后迅速屈膝收腹,双手抱膝,慢速伸展还原。每分钟 20 次左右。

(3)仰卧,双手抱头,分腿屈膝。收腹使上体抬起,坚持不动 3 分钟左右(可间断休息)。

6. 臀部

健美的臀部丰满圆翘,富有弹性,是体现女性形体美的重要部位。

(1)仰卧,两胯上部放一重物。然后臀部用力上抬,至最高点静止片刻,慢慢落下。每分钟上抬 20 次左右。

(2)跪撑举腿:双手撑地下跪,一条腿跪地,另一条腿先弯曲至胸前,然后快速并最大限度地向后上方展直。感到疲劳时,再换另一条腿。

(3)仰卧,头偏向一侧,双腿合并伸直,然后双腿尽量上举,与上体垂直,慢慢还原,每分钟 20 次左右。这个动作也锻炼腰腹部。

(4)侧卧抬腿:直体侧卧,脚尖绷直,身体下面的手臂伸向头前,将头枕在上面,另一手臂屈肘,于胸前撑地面。然后,将上面的腿抬起,至最高点,慢慢还原。重复练习 15～20 次。转身换另一侧卧,抬另一条腿。腿抬起时不得弯曲。

7. 大腿部

(1)仰卧,双腿屈膝置于胸前。然后伸直上举,与上体垂直。慢慢还原,每分钟 15～20 次。

(2)直立,一手扶支撑物,另一手撑腰。然后用力摆腿做侧上举动作。两腿交替进行。每分钟 25～30 次。

(3)双手握椅背下蹲,然后站起,下蹲。每分钟 25～30 次。

(4)直立,双手叉腰。然后两腿屈膝交替上抬至胸前。每分钟 25～30 次。

(5)跪腿后踢:体前屈双手撑地,屈膝跪地,上体与地面平行,抬头目视前方。然后,先将一腿伸直,向后上方踢抬,还原。换另一条腿。左右各做一遍为 1 次,做 15～20 次。

8. 小腿部

(1)直立,两手扶一固定物体,前脚掌踩在一块砖头上,脚跟悬空。然后将脚跟提起,尽量抬高，稍停后下落。注意保持平衡，不要左右摆动。每分钟做 15～20 次。

(2)背靠椅子坐下，大腿抬起。然后上举小腿，尽量展直，还原。每分钟 15～20 次。

(3)站立，上体前倾，脚跟着地，脚尖朝上。用脚后跟向前走动。

(二)美体健身操

预备动作：

身体仰躺在地板上，双脚微开与肩同宽，将手臂向上伸，双手自然放松放在头部两侧。

步骤 1：

一边吸气，一边将脚尖向下压，同时手臂向上伸展。

步骤 2：

吐气时，再放松身体，回到预备动作。

(三)美腿健身操

1. 侧卧抬腿

预备：右侧卧。右肘及左手支撑起上体，右小腿弯曲，左腿伸直触地。

(1)左腿向上抬起，超过头部高度。

(2)还原成预备姿势。反复做 5 至 10 个 8 拍，然后左腿抬起静止用力 10 s。换左侧卧，再做一遍

作用：锻炼大腿外侧及腰侧肌肉。

2. 俯卧屈小腿

预备：俯卧。双腿伸直并拢，双肘支撑，上体抬起 45°。

动作：

(1)两小腿向上弯举，勾脚，脚跟尽量接近后臀部，充分收缩股二头肌。

(2)还原成预备姿势。反复做 5 至 10 个 8 拍。

作用：锻炼大腿后侧股二头肌。

3. 仰卧屈腿内收

预备：仰卧。双手放于体侧，双腿弯曲。

动作：

(1)腿侧分，幅度尽量大。

(2)还原预备姿势。反复做 5 至 10 个 8 拍。

作用：锻炼大腿内收肌。

4. 坐姿抬腿

预备：坐姿。双手体后支撑，双腿伸直并拢。

动作：

(1)左腿伸直，尽量上抬。

(2)还原成预备姿势，换右腿做。反复做 10 个 8 拍。

作用：锻炼大腿股四头肌。

5. 坐姿勾脚

预备：坐姿。双手体后支撑，双腿并拢伸直。

动作：

(1)两脚用力勾起。

(2)双脚用力绷直,反复做 5 至 10 个 8 拍。

作用:锻炼小腿三头肌。

6. 伸展腿部

(1)坐姿并腿伸展

动作:坐姿。双腿伸直并拢,上体前伸,手从两侧握脚掌,上体尽量贴腿上,同时用力向前送肩,静止用力 10 s。

作用:能有效地伸展腿后侧肌群,增强脊柱及各部位肌肉与韧带的柔韧性。

(2)坐姿勾脚伸展

动作:坐姿。右腿前屈,左腿侧伸直勾脚,双手握着左脚尖往回拉,上体下压与左腿相贴,静止用力 5～10 s。然后换另侧腿再做一遍。

作用:充分伸展小腿,使小腿肌肉线条修长。

(3)仰卧侧屈腿伸展

动作:仰卧。左脚放在臀左侧,手扶脚背;膝关节稍用力下压,大腿前侧有伸拉感,静止用力 10 s。然后换另侧再做一遍。

作用:舒展、放松双腿前侧肌群,使大腿苗条。

(四)疲劳放松健身操

1. 头部运动

这组动作通过头向不同方向的运动,使头部、颈部肌群以及颈椎都得到了锻炼,从而调节由于长时间的坐姿头部对颈椎所造成的压力。

(1)两脚分开站立与肩同宽,双臂屈上举,双手伸直置于头上,抬头挺胸,收腹沉肩,两臂尽量向后外展。两脚与肩同宽,屈膝,双臂由上至下,两肘关节尽量内收,低头含胸,收腹弓背。

(2)两脚站立稍宽于肩,一腿向内屈膝,另一腿直立,同侧手屈臂上举,手伸直置于异侧耳部,并轻轻向下拉引头部,伸展颈侧肌群,重心在直立腿上。两腿伸直站立,上面的手随着身体的直立,伸直放在头上,收腹挺胸,眼睛平视前方。

(3)两脚前后站立,前腿屈膝,重心在两腿中间,两臂伸直下垂,肩下沉,头部向前伸,拉长颈部的肌肉。下肢不动,头向屈腿的一方转动,收下颌,同时两臂屈放于腰部,上体随头部转动。

2. 肩部运动

通过对肩部韧带的伸拉,改善肩部及两臂的血液循环,从而缓解肩部的疲劳。

(1)两腿站立稍宽于肩,一腿向内屈,另一腿直立,重心在两腿中间,两手屈臂上举并置于头后,两手拉住,向屈腿的一侧下拉上臂,头向下看。两腿伸直站立,双臂伸直上举,两手握住,抬头挺胸,收腹站立。

(2)下肢站立或坐姿均可,身体面对正前方,一臂向异侧平举,另一臂屈,并下内拉引直臂,五指尽量伸展。

3. 腰部运动

这组动作伸展腰部的肌群,长期练习,可改善不良姿态。

(1)两脚分开站立与肩同宽,一臂上举,另一臂下伸,身体向侧拉伸,上臂尽量向远伸,抬头挺胸。下肢不动，身体恢复直立，上臂屈侧展，手握拳，肌肉紧张，下臂伸展，两肩尽量打开，收腹收臀。

(2)两腿并拢伸直站立，双手分开向后(可握把杆，也可扶墙)，头和躯干向后屈，抬头挺胸，两肩放松。下肢不动，双手握把，头和躯干由后向前屈，低头弓背。

4. 手指运动

通过此练习，伸展手指肌群，拉长小臂韧带，缓解手指部小肌肉的疲劳。此动作站坐姿均可，上身保持正直，挺胸收腹，两臂前伸，一上一下，下臂手腕上翘，由上面的手握住，轻轻向内拉引，然后四个手指由小指到食指依次从上面的手中伸出来。

(五)国外简易健身操

深呼吸运动：直立，双脚稍分开，两手叉腰，挺胸、伸颈，做腹式深呼吸。

爬绳运动：站立，抬头上看，两臂上举，想象着爬绳。然后手脚配合做爬绳动作，同时有节奏地呼吸，右手上爬时吸气，左手上爬时呼气。

臂绕环运动：直立，并脚、抬头，两臂侧平举。做顺时针和逆时针的臂绕环运动，开始时绕小圈，然后动作逐渐加大。

半起坐运动：仰卧，屈膝，脚放松，手放在大腿上，吸气，低头，抬上体，两手顺大腿前滑，直摸到膝盖。呼气，还原。

半俯卧撑运动：俯卧，抬小腿，两手撑地。以膝盖为支点，两臂用力，撑起上体。撑起时吸气，还原时呼气。

转体运动：端坐，腿并拢，两臂前平举。臂右摆，向右转体，吸气。还原，呼气。动作幅度尽可能大些，然后向左转体。

第二节　健美操运动

一、健美操运动概述

(一)什么是健美操

健美操是一项新兴的体育项目，它从兴起到现在短短的几十年时间，发展十分迅速。健美操存在着多种练习形式和流派，人们对其的认识和理解各不相同。

随着健美操的发展和对健美操理论研究的加强，结合各专家的意见，将健美操概括为：健美操是融体操、音乐、舞蹈为一体，通过徒手、持轻器械和用专门器械的操化练习达到健身、健美和健心的目的的一种新兴娱乐、观赏型体育项目。

(二)健美操特点与分类

1. 健美操的特点

(1)身心并健。

(2)鲜明的节奏和力度。

(3)广泛的适应性。

2. 分类

根据健美操锻炼的目的和任务，可将其分为健身健美操、竞技健美操和表演健美操三大类。

(1)健身健美操

健身健美操也称大众健美操。其练习的主要目的在于健身。通过锻炼身体,保持健康,促进身心全面发展。健身健美操的动作简单,实用性强,为保证锻炼的强度和全面性,动作重复较多,并以对称的形式出现,节奏速度适中。健身健美操的练习时间较长,运动强度中等,属有氧代谢,它可针对个体的不同情况,在保证安全的基础上,达到强身健体的目的。

健身健美操按人体结构和锻炼部位分为:颈部健美操、胸部健美操、腰部健美操、腿部健美操、臂部健美操等。

针对不同的年龄可分为:中老年健美操、青年健美操、幼儿健美操等。

按锻炼的目的分为:康复健美操、保健健美操、形体健美操、跑跳健美操等。

按练习形式分为:徒手健美操(一般健美操、搏击操、拉丁健美操等)、轻器械健美操(哑铃、踏板、健身球等)和特殊场地健美操(水中操、固定器械健美操等)。

(2)竞技健美操

竞技健美操起源于传统的有氧健身舞,它是根据竞赛规则与规程的要求组编的,具有较高的艺术性,以竞赛取胜为目的,比赛项目有男单、女单、混双、混合 3 人和混合 6 人。竞技健美操的成套动作中必须展示连续的动作组合、柔韧性、力量与 7 种基本步伐的综合使用并结合难度动作的完美完成。对运动员的体能、技术水平和表现力等均提出很高要求。

(3)表演健美操

表演健美操练习的主要目的是表演。参加者在演出的过程中能够充分展示自我,表现自我。表演健美操是专门为表演设计编排的成套动作,动作很少重复,可有队形变化和集体的配合,时间一般为 2～5 min。可采用爵士舞等风格化的舞蹈动作,侧重于艺术性和观赏性,要求参加者要有良好的表演意识和表现能力。

二、学习健美操运动对人体的作用

健美操运动是通过它特有的练习内容和方法,发展肌肉力量和身体的灵活性、协调性,消耗体内多余的脂肪,有效地提高人体的有氧代谢,增进健康,发展体能。通过各种不同变化的动作及组合动作练习,逐步形成良好的身体姿态、健美的形体和高雅的气质。

健美操运动在音乐伴奏下进行,既富有美感、节奏感,又充满青春的活力,可缓解紧张的学习压力,调节情绪、振奋精神、陶冶情操,培养欢乐、开朗、积极向上的良好个性和审美能力。

通过集体练习和创编健美操等教学活动,为学生提供了互相学习、交流、研讨和挑战的空间,从而可提高学生的群体意识、交往能力和创新探究能力。

三、健美操运动技术及训练

(一)健身健美操

健身健美操形式多样,大体分为:减肥瘦身健美操、跆搏搏击健美操、特色健美操、舞蹈类健美操、形体训练健美操、瑜伽健美操。

健美操基本动作是由基本步伐和上肢动作两部分组成的。本章节重点对有氧操基本动作加以论述。

1. 基本步伐

健美操基本步伐是体现健美操练习者下肢动作基本姿态的主要练习手段，根据动作完成的形式的不同，可将基本步伐分为五大类：交替类、迈步类、点地类、抬腿类和双腿类。

弹动是健美操基本步伐的基础动作，是体现健美操的最基本特征。包括膝弹动、膝踝弹动、踝弹动。可面向不同方向做分腿或并腿的弹动。其技术要点是两膝与踝关节自然屈伸。

(1)两脚交替类：两脚始终做依次交替落地的动作

①踏步 March(原始动作)(图 15-1)

动作描述：两腿原地依次抬起，依次落地。

技术要点：下落时，踝、膝、髋关节依次有弹性地缓冲。

②走步 Walk

动作描述：迈步向前走时，脚跟先落地，过渡到全脚掌；向后走时则相反。

技术要点：落地时，踝、膝关节有弹性地缓冲。

③一字步 Easy walk(图 15-2)

图 15-1

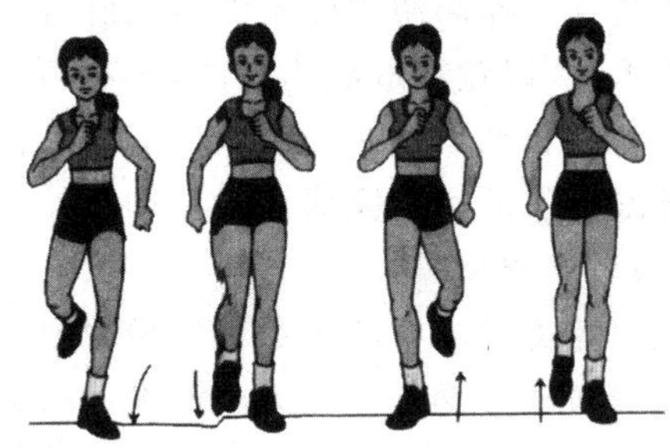

图 15-2

动作描述：一脚向前一步，另一脚并于前脚，然后依次还原。

技术要点：向前迈步时，先脚跟着地，过渡到全脚掌，前后均要有并腿过程，每一拍动作膝关节始终有弹性地缓冲。

④V 字步 V step(图 15-3)

动作描述：一脚向前侧方迈一步，另一脚随之向另一方迈一步，成两脚开立，屈膝，然后依次退回原位。

技术要点：两腿膝、踝关节始终保持弹动状态，分开后成分腿半蹲，重心在两腿之间。

⑤漫步 Mambo(图 15-4)

动作描述：一脚向前迈出，屈膝，重心随之前移，另一脚稍抬起，然后原地落下，或向后撤一步，重心后移，另一脚稍抬起，然后原地落下。

技术要点：两脚始终保持交替落地，身体重心随动作前后移动，但始终在两脚之间。

⑥跑步 Jog(图 15-5)

动作描述：两腿经过腾空，依次落地缓冲，两臂屈肘摆臂。

技术要点：落地屈膝缓冲，脚跟尽量落地。

(2)迈步类：一条腿先迈出一步，重心移到这条腿上，另一条腿用脚跟、脚尖点地或抬腿、屈腿、踢腿等，然后向另一个方向迈步的动作。

①并步 Step touch(图 15-6)

图 15-3　　图 15-4

图 15-5　　图 15-6

动作描述：一脚迈出，另一脚随之前拢屈膝点地；再向反方向迈步。

技术要点：两膝始终保持弹动，动作幅度和力度可随风格而定。

②迈步点地 Step tap(图 15-7)

动作描述：一脚向侧迈一步，两脚经屈膝移重心，另一脚在前、侧或后用脚尖或脚跟点地。

技术要点：两膝同时有弹性地屈伸，重心移动轨迹呈弧形；上体不要扭转。

③迈步吸腿 Step knee (图 15-8)

图 15-7　　图 15-8

动作描述：一腿迈出一步，另一腿屈膝抬起，然后向反方向迈步。

技术要点：经过屈膝半蹲，抬膝时支撑腿稍屈膝。

④迈步后屈腿 Step surl(图 15-9)

动作描述：一脚迈出一步，另一腿后屈，然后向相反方向迈步。

技术要点：经过屈膝半蹲，支撑脚稍屈膝，后屈腿的脚跟靠近臀部。

⑤侧交叉步 Grapevine(图 15-10)

图 15-9

图 15-10

动作描述:一脚向侧迈一步,另一脚在其后交叉,随之再向侧迈一步,另一脚并拢,屈膝点地。

技术要点:第一步脚跟先落地,身体重心快速随着脚步而移动,保持膝、踝关节的弹动。

(3)点地类:一腿屈膝站立,另一腿伸出,用脚尖或脚跟点地后还原到并腿位置的动作。

①脚尖点地 Touch,Tap(图 15-11)

动作描述:一腿稍屈膝站立,另一腿伸出,脚尖点地,然后还原到并腿姿势。

技术要点:支撑腿始终保持屈膝站立,并且随动作有弹性的屈伸。

②脚跟点地 Heel(图 15-12)

图 15-11　　图 15-12

动作描述:一腿稍屈膝站立,另一腿伸出,脚跟点地,然后还原到并腿姿势。只可做向前和向侧的脚跟点地。

技术要点:支撑腿始终保持屈膝站立,并且随动作有弹性的屈伸。

(4)抬腿类:一腿站立,另一腿抬起的动作。

①吸腿 Knee lift(knee up)(图 15-13)

动作描述:一腿屈膝抬起,落下还原。

技术要点:支撑腿保持屈膝弹动,大腿上抬超过水平,上体保持正直。

②摆腿 Leg lift(图 15-14)

动作描述:一腿稍屈膝站立,另一腿做摆动。

技术要点:摆腿时上体顺势前倾、后倒或侧倾。

③踢腿 Kick(图 15-15)

动作描述:一腿稍屈膝站立,另一腿抬起,然后还原。

技术要点:抬起腿要有控制,保持上体正直。

④弹踢腿(跳)Flick(图 15-16)

动作描述:一腿站立(跳起),另一腿先向后屈,再向前下方弹踢,还原。

图 15-13　图 15-14

图 15-15　图 15-16

技术要点：腿弹出时要有控制，保持上体正直。

⑤后屈腿（跳）Leg curl（图 15-17）

动作描述：一腿站立（跳起），另一腿向后屈膝，放下腿还原。

技术要点：支撑腿保持弹性，两膝并拢，腿跟靠近臀部。

（5）双腿类：双腿站立，身体重心在两腿之间的动作。

①并腿跳 Jump（图 15-18）

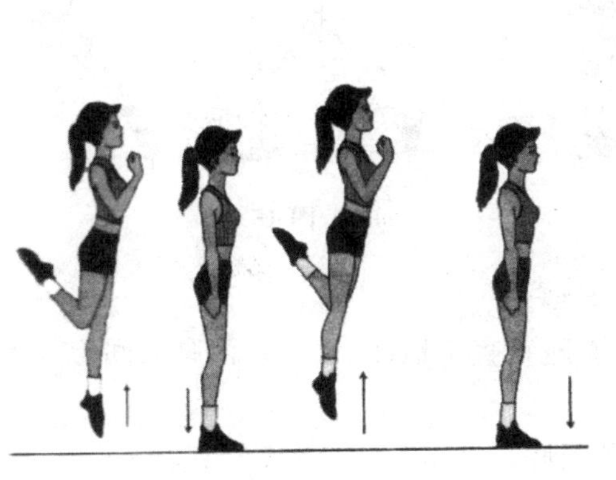

图 15-17

图 15-18

动作描述：两腿并拢跳起。

技术要点：落地缓冲有控制。

②分腿跳 Squat jump(图 15-19)

动作描述：分腿站立屈膝半蹲，向上跳起，分腿落地屈膝缓冲。

技术要点：屈膝半蹲时，大、小腿夹角不小于 90°。

③开合跳 Jumping jack(图 15-20)

图 15-19

图 15-20

动作描述：由并腿跳起，分腿落地，再由分腿跳起，并腿落地。

技术要点：分腿屈膝蹲时，两腿自然外开，膝关节沿腿尖方向屈，夹角不小于 90°，脚跟落地。

④半蹲 Squat(图 15-21)

动作描述：两腿有控制的屈和伸。可分为并腿半蹲和分腿半蹲。

技术要点：分腿半蹲时，两腿左右分开稍大于肩，脚尖稍外开，膝关节角度不小于 90°，方向与腿尖方向一致，臀部向后 45°方向下蹲，上体保持直立。

⑤弓步 Lung(图 15-22)

图 15-21

图 15-22

动作描述：两脚前后分开，平行站立，下蹲。

技术要点：半蹲时，后腿膝关节向下，大腿垂直于地面；重心在两脚之间。

⑥提踵 Caif raise

动作描述：两腿脚跟抬起，落下脚跟稍屈膝。

技术要点：两腿夹紧，重心上提时，腹部收紧，落下肘屈膝缓冲。

以上介绍的是健美操最常用的基本动作，练习者可在此基础上将动作形式加以变化，创造出具有自己独特风格的动作。

2. 上肢动作

在完成健美操基本步伐的同时，配合不同的上肢动作，不仅使动作变得丰富多彩，而且还能改变动作的强度和难度。健美操的手臂动作除了与体操动作通用的举、摆动、绕环和一些舞蹈动作外，主要是模仿上肢力量练习的动作，这样既美观，又有实效。

(1)常用手型

①掌型 Blade：五指伸直并拢。

②拳型 Fist：握拳，拇指在外，压在食指弯曲部位。

③五指张开型 Jazz：五指用力伸直张开。

(2)上肢动作

①举：臂伸直向某方向抬起。

②摆动：以肩关节为轴，手臂在 180°以内的运动。

③绕和绕环：以肩关节为轴，手臂在 180°至 360°之间的运动为绕；大于 360°以上的圆周运动为绕环。

④屈臂：前臂与上臂角度不断减小。

⑤伸臂：前臂与上臂角度不断增大。

⑥屈臂摆动：屈肘在体侧自然地摆动。

⑦上提：直臂或屈臂由下至上抬起。

⑧下拉：臂由上举或侧上举拉至身体两侧。

⑨胸前推：立掌，臂由肩部向前推。

⑩肩上推：立掌，屈臂由肩部向上推。

⑪冲拳：屈臂握拳，由腰间猛力向前冲拳。

⑫交叉：两臂重叠成 X 形。

3. 健美操基本动作初级组合练习

(1)组合一：

第一个八拍

①拍右脚向右踏步一次。

②拍左脚向左踏步一次。

③～④拍同①～②拍。

⑤拍屈膝半蹲，同时两臂胸前屈，拳心向内。

⑥拍直立，同时两臂伸直，拳心向前。

⑦～⑧拍同⑤～⑥拍。

第二个八拍

①拍右脚向左踏步一次，同时屈臂自由摆动。

②拍左脚向右踏步一次，同时屈臂自由摆动。

③～④拍同①～②拍，左腿并于右腿。

⑤拍并腿屈膝半蹲，同时两臂胸前屈，拳心向内。

⑥拍直立，同时两臂伸直，拳心向前。

⑦～⑧拍同⑤～⑥拍。

第三个八拍

①拍右脚向前一步，同时屈臂自由摆动。

②拍左脚向前一步，同时屈臂自由摆动。

③拍同①拍。

④拍同②拍，左脚并于右脚。

⑤拍跳起分腿落地，同时两臂侧举，两手握拳。

⑥拍跳起分腿落地，同时两臂还原。

⑦～⑧拍同⑤～⑥拍。

第四个八拍

①拍右脚后退一步，同时屈臂自由摆动。

②拍左脚后退一步，同时屈臂自由摆动。

③拍同①拍。

④拍同②拍，左脚并于右脚。

⑤～⑥拍右脚向右一步成开立，屈膝下蹲，同时两手放于大腿前侧。

⑦～⑧拍还原成直立。

(2)组合二：

第一个八拍

①拍右脚向前迈一步，同时两手叉腰。

②拍左脚并于右脚。

③～④拍同①～②拍，方向相反。

⑤拍右脚向右一步，同时两臂侧上举，五指张开。

⑥拍左脚并于右脚，同时两手收于腰际，拳心向上。

⑦～⑧拍同⑤～⑥拍，方向相反。

第二个八拍

①拍右脚向右前方迈一步，同时两臂向右前方冲拳。

②拍左脚向左前方迈一步，同时两臂向左前方冲拳。

③拍右脚回原位，同时两手收于腰际，拳心向上。

④拍左脚回原位，并于右腿。

⑤～⑧拍同①～④拍。

第三个八拍

①拍右脚向右侧迈一步，同时两臂屈肘摆臂。

②拍左脚后交叉，同时两臂屈肘摆臂。

③拍右脚向右侧迈一步，同时两臂屈肘摆臂。

④拍左脚并于右脚，屈膝点地，两手叉腰。

⑤拍左脚侧点地。

⑥拍同④拍。

⑦拍左脚跟前点地。

⑧拍同⑥拍。

第四个八拍同第三个八拍，方向相反。

(3)组合三：

第一个八拍

①～②拍右脚向左前迈出，左脚稍抬起，同时右臂前伸，五指张开，左手叉腰。

③～④拍向右并步跳，同时两臂侧举，五指张开。

⑤～⑧拍同①～④拍，方向相反。

第二个八拍

①拍右脚向右侧出一步，同时两臂前举。

②拍左腿后屈，同时两臂后拉至腰际，拳心向上。

③～④拍同①～②拍，方向相反。

⑤～⑧拍同①～④拍。

第三个八拍

①～③拍右脚先动，向前走三步，同时两臂屈肘摆臂。

④拍左腿吸腿跳，同时双手胸前击掌。

⑤拍两腿屈膝落地，同时两臂肩侧屈。

⑥拍右腿吸腿跳，同时双手胸前击掌。

⑦拍同⑤拍。

⑧拍同④拍。

第四个八拍

①拍左腿向左后方迈一步，同时两臂外展，拳心向外。

②拍右腿前于左腿，同时两臂胸前交叉。

③～④拍同①～②拍，方向相反。

⑤～⑧拍同①～④拍。

(二)竞技健美操

竞技健美操是在音乐伴奏下，通过难度动作的完美完成，展示运动员能力。成套动作必须通过所有动作、音乐和表现的完美融合体现创造性。

竞技健美操起源于传统的有氧健身操。作为竞技运动，它的比赛有以下项目：男子单人、女子单人、混合双人、三人(三名运动员性别任选)、六人(现只限于国内比赛)。比赛时间限制在 1 min 45 s，上下浮动 5 s。六人操除外，其时间为 2 min 20 s，上下浮动 5 s。比赛场地为 7 m×7 m(六人操场地为 10 m×10 m)。比赛服装也有专门的规定，一般为紧身的专业健美操服装，比赛有专门的竞赛规则，对每一具体细节都做出详细的说明。

1. 动作的特殊要求

(1)艺术性

成套动作艺术性的要求是：充满活力，有创造性，以健美操方式表现动作设计和流畅的过渡动作。成套动作必须显示身体双侧的力量和柔韧性而不重复同一动作。

(2)完成

任何未按竞技健美操定义完成的动作都将被扣分。混双和三人(六人)成套中最多允许 4 次托举或支撑配合动作，包括开始和结束。

(3)难度

至少每类难度动作各一个，最多难度动作为 16 个，难度分将是 12 个最高难度动作的总分。

2. 全套动作内容

成套动作必须表现出健美操动作类型(高和低动作的组合),风格和难度动作的均衡性。健美操动作的姿态要求是躯干直,呈一直线位置,臂腿动作有力,外形清晰。动作编排要合理利用全部空间、地面以及空中动作。

成套动作必须包括下列各类难度动作各一个:A 动力性力量、B 静力性力量、C 跳跃(爆发力)、D 踢腿、E 平衡、F 柔韧。

(三)动感啦啦队健美操

等级规定套路动作:单人操、三人、六人、混双。

四、健美操评分办法、规则

(一)竞赛项目与组别

本评分办法适合下列三个年龄组别的不同项目:

表 15-1 竞赛项目与组别

组别	项目				
	男子单人	女子单人	混合双人	三人	六人
国家预备组(10～11 岁)	单人操(性别不限)			☆	
国际年龄一组(12～14 岁)	☆	☆	☆	☆	☆
国际年龄二组(15～17 岁)	☆	☆	☆	☆	☆

(二)裁判

1. 裁判组成

表 15-2 裁判组成

艺术裁判	2	裁判号码	1～3
完成裁判	3	裁判号码	4～6
难度裁判	2	裁判号码	7、8
高级裁判组	2	裁判号码	9、10

共计 10 人。

2. 裁判职责

(1)高级裁判组

①监督整个比赛情况,处理影响比赛进程的违纪情况或特殊情况。

②查看裁判员的评分,对在裁判工作中表现不佳或倾向性打分的裁判员提出警告。

③根据记录情况,对评分不令人满意或不公正评分的裁判予以警告。

④更换被警告后仍表现不佳的裁判员。

(2)裁判组

①艺术裁判

职责:艺术裁判根据等级规定动作的各项内容评价成套动作的正确性。

a. 操化动作、难度动作、过渡/连接和配合动作的规定成套内容正确性

b. 音乐使用的正确性

c. 场地使用的正确性

d. 队形与配合动作

e. 自信与表现力

评分标准的范围：

a. 操化动作、难度动作、过渡/连接和配合动作的规定成套内容正确性　最多3分

成套动作必须按照各组别等级套路规定的成套动作内容流畅、自然地完成成套动作。不按照规定动作内容完成的成套动作，执行下列评分方法。

表 15-3　成套动作标准

成套内容	不可改变内容	可改变内容
操化动作	步伐与手臂动作	手形
难度动作	1. FIG 国际年龄组规定难度 2. 等级创编难度的根命名与该难度规定的完成空间	1. 同根难度的转体度数 2. 完成方向
过渡/连接	动作结构与节奏	完成方向
配合动作	全部动作内容	无

b. 音乐的使用　最多2分

成套动作必须按照各组别等级套路规定的音乐结构完成成套动作内容。

c. 场地空间的使用　最多2分

成套动作必须按照各组别等级套路规定的移动路线和空间转换完成成套动作内容。

d. 队形与配合动作　最多2分

混双、三人和六人的成套动作必须按照各组别等级套路规定的队形和配合动作完成成套动作内容。

e. 自信与表现力　最多1分

运动员在完成成套动作过程中必须充满自信和表现力。好的自信和表现力体现在：

a. 目光始终不间断的与观众保持接触和交流；

b. 完成动作时能够让观众感觉到该选手具备足够的身体能力和感染力；

c. 成套动作的完成给人留下干净、利落、整洁、一气呵成的总体印象。

评分：10.0分的艺术分依据完成成套动作内容的正确性，按下列标准对改变规定的成套动作以扣分的方式予以评分。

艺术裁判对于每一项改变规定成套动作内容的减分标准如下：

表 15-4　减分标准

减分项目	减分单元	分值
操化动作改变步伐与手臂动作	1×8拍	－0.2
难度动作改变 FIG 国际年龄组规定难度	个	－0.5
难度动作改变等级创编难度的根命名	个	－0.5
过渡/连接改变动作结构与节奏	次	－0.2

续表

减分项目	减分单元	分值
改变规定音乐结构的完成内容	1×8拍	－0.2
改变规定场地空间的完成	次	－0.2
集体项目改变规定的队形	1×8拍	－0.2
集体项目改变规定的配合动作	次	－0.2
目光失去与观众的接触	2×8拍	－0.1
流露出不自信的表情	4×8拍	－0.1

②完成裁判

职责：

完成裁判的评分取决于技术技巧与合拍与一致性。

评分标准的范围：

a. 技术技巧

以最大的准确性完成的动作的能力。

体能：优秀的成套动作展示完美的姿态和关节的正确位置，主动和被动的柔韧、力量、爆发力以及肌肉耐力。

身体姿态：在完成难度动作、复杂的健美操步伐、动作组合及过渡时，保持正确身体姿态的能力（地面、站立、腾空与着地）。

Ⅰ. 躯干、腰、髋的位置和稳固性，以及腹肌的收缩。

Ⅱ. 上体的位置，颈、肩、头的姿势与脊柱的关系。

Ⅲ. 脚的位置与踝关节、膝关节、髋关节的关系。

Ⅳ. 所有关节的正确位置。

准确性：

Ⅰ. 每个动作都有一个明确的开始与结束。

Ⅱ. 每一动作的完成过程均表现出完美的控制。

Ⅲ. 在难度动作、过渡动作、起跳与落地以及操化动作组合的完成中应保持适当的身体平衡。

力量、爆发力与肌肉耐力：

Ⅰ. 在整个成套动作中能够展示出身体两侧的力量、难度动作、爆发力与持续的强度。

Ⅱ. 幅度——运用爆发力完成跳、跃及腾空的难度动作。

b. 合拍与一致性

Ⅰ. 合拍是伴随音乐结构和节拍同步动作的能力。

Ⅱ. 一致性是指混双、三人和六人项目中，运动员完成动作整齐划一的能力。

评分：10分的完成分依据完成情况，根据错误程度以扣分的方式予以评分。

完成裁判对于每一类完成错误的减分标准如下：

表 15-5　减分标准

微小错误(很小)	每次－0.1 分
小错误	每次－0.2 分
中错误	每次－0.3 分
大错误	每次－0.4 分
不可接受错误或失误	每次－0.5 分
一个难度动作最多	－0.5 分
全套动作的合拍错误最多	－0.5 分
全套动作的一致性错误最多	－0.1 分

微小错误是指几乎没有错误(很小)。

小的错误是指轻微地偏离正确地完成。

中错误是指明显地偏离正确地完成。

大错误是指严重地偏离正确地完成。

不可接受完成定义为完成动作过程中未达到标准的身体位置或身体形态。

失误定义为相对于完美的完成要求之外身体超过两处的部位着地(例如:单臂俯卧撑,胸与膝触地;直角支撑,足跟与臀触地等)。

③难度裁判

职责:

难度裁判使用 FIG 官方速记符号记录全部成套动作的难度动作。对每个达到最低完成标准的难度动作予以认可,并将成套全部完成的难度动作分值相加,算出难度动作的分值。

难度裁判对于各年龄组别难度动作的要求如下:

表 15-6　各种年龄组别难度动作

项　目	国家预备组(10～11)	国际年龄一组(12～14)	国际年龄二组(15～17)
难度动作	6 个	8 个	10 个
不可改变难度	3 个 1. 标准俯卧撑 2. 团身跳 3. 纵劈腿	4 个 1. 夹肘俯卧撑 2. 分腿支撑 3. 跳转 360° 4. 横劈腿前穿	4 个 1. 文森俯卧撑 2. 分腿支撑转体 360° 3. 屈体分腿跳 4. 无支撑垂地劈腿
难度分值	0.1～0.4	0.1～0.5	0.1～0.6,允许一个 0.7
地面难度	最多 4 个	最多 6 个	最多 6 个
成俯撑着地	0	最多 1 次	最多 2 次
难度组别(A、B、C、D)	每组 1 次	每组 2 次	每组 2 次

评分：

难度动作根据运动员实际完成的难度动作，并依据该各动作的难度分值相加，然后被2除。

所得结果即为难度分，得分保留小数点后两位。

全部难度减分将加在一起予以计算。

总减分被2除，结果计入难度裁判减分。

（三）评分

1. 总分：

总分为艺术分、完成分和难度分相加的得分，保留小数点后两位。

（1）艺术分：3名艺术裁判的平均分，得分保留小数点后两位。

（2）完成分：3名完成裁判的平均分，得分保留小数点后两位。

（3）难度分：2名裁判一致同意的分数为最后得分，若意见分歧则取平均分。得分保留小数点后两位。

2. 最后得分

最后得分为总分减去裁判长减分。

评分举例：

表15-7 评分举例

				得分
艺术分	9.0	8.7	8.5	8.73
完成分	7.8	8.3	8.0	8.03
难度分	3.4	3.4		1.7
				总分＝18.46
出界	1×0.1			－0.1
着装错误	1×0.2			－0.2
				总分＝18.16

第十六章　瑜　伽

第一节　瑜伽运动简介

瑜伽是梵语“Yoga”之译音。健身瑜伽是一种老少皆宜、安全有效的运动，不仅能调节全身，而且能增进心理与生理的健康。瑜伽是东方最古老的健身术之一。它产生于公元前，是人类智慧的结晶。瑜伽也是印度先贤在最深沉的观想和静定状态下，从直觉感悟生命。瑜伽练习秘要是理论和实践互相参证。

瑜伽起源于印度，是古代印度哲学弥漫差等六大派中的一派，已有5000多年的历史。瑜伽是梵文词，意思是自我（Atma）和原始因（The original cause）的结合（Theunion）或一致（Onenees）。从广义上讲，瑜伽是哲学，从狭义上讲瑜伽是一种精神和肉体结合的运动。现在一般讲瑜伽，是指锻炼身体的健身方法，用来增进人们的身体、心理和精神的健康。瑜伽的渊源十分古老久远，在有文字记载的历史开始以前，它就已经存在了。在中国，真正的瑜伽师和练瑜伽的人并不多，要说瑜伽走进健身房，有大众化的趋势，仅仅是这一两年的新鲜事儿。

瑜伽健身与其他健身法不同，主要特点：练习瑜伽不仅能使身体健康，而且能纠正精神的不安宁和感情的紊乱，以保证健全的精神和积极旺盛的生命力。

现代人生活节奏快，精神压力大，加上缺乏运动、环境污染等因素，许多人处于亚健康状态，患身心疾病的人明显增加。而瑜伽健身的作用从生理学的角度来说，就是为使人体自主神经系统和内分泌系统的功能正常。从心理学的意义上来说，就是为促进心神平静，开发直观的能力，养成勇往直前，充满希望的健康精神。

第二节　瑜伽运动的基本技术

一、瑜伽的呼吸

呼吸就是生命，如果没有食物和水，人的生命还可以维持几天；但是如果没有呼吸，我们在几分钟内就失去生命。在瑜伽理论中，瑜伽学者们常常形容呼吸就是吸取生命之气。“生命之气”就是精气、精力，它看不到但能时时刻刻感觉到。瑜伽呼吸由三个部分组成——吸气、悬息（屏气）、呼气。人们常常认为吸气是呼吸中最重要的部分，但事实上，吐气才是最关键的部分。吐出去的废气越多，才能有机会吸入更多的氧气，所以在许多的瑜伽呼吸法中，吐气比吸气时间长，悬息会让氧气停留在体内的时间更长。如果是初学者把握不好呼吸，不主张做屏气的练习。

呼吸具有两大功能：供给脑部和血液足够的氧分；摄入生命之气，控制意识。通过瑜伽呼吸法的练习，可将你的肉体和精神联系起来；可以洁净呼吸系统，排除身体毒素，更深地放松身体和精神；可以增加你的精力，使你通向更广阔的精神认知领域。呼吸作为人的生理本能，是一种无意识的自然规律。平常人的呼吸在瑜伽的呼吸定义中，被称为“肩式呼吸”。瑜伽的呼吸方法是一种特殊的方法，称之为“完全呼吸法”。它是同时运用腹部、胸部和肩部三合一的呼吸原则，对呼吸重新调整而达到“调息”的呼吸练习方法。瑜伽呼吸方法，大概有10多种，基本较为简单的也容易为初学者所掌握的有“胸式呼吸”、“腹式呼吸”、“完全呼吸”、“交替呼吸”等；还有稍复杂些的，也是程度较高的瑜伽研习者常用的“鸣声呼吸法、语音呼吸法、风箱式呼吸法”等。

1. 胸式呼吸：气息的吸人局限在胸的区域，气息较浅，这种呼吸适宜做针对性较强的动作（比如：上背部和胸部的动作）。方法：呼吸时，意识集中于肺部，缓缓吸气，感觉自己的肋骨向外扩张，气息充满胸腔，保持腹部的平坦；缓缓呼气放松胸腔，将气呼尽。

2. 腹式呼吸：气息的吸入局限于腹部的区域，气息较深，横膈肌下降得较为充分。方法：呼吸时，更多关注腹部，缓吸气，感觉腹部被气息充分膨胀，向前推出，胸腔保持不动；缓缓呼气，横膈膜上升，腹部慢慢向内瘪进。

3. 完全呼吸（胸腹式呼吸）：它是瑜伽练习中最常用的呼吸方法，是胸式呼吸和腹式呼吸的结合。它提供给身体最充足的氧气，帮助身体消耗脂肪，并使血液得以净化，将体内的浊气、废气、二氧化碳最充分地排出体外；能够温和地按摩腹脏器官，促进机能，增进体内循环，防止呼吸道感染；消除肌肉、内脏的疲劳，尤其对平息剧烈运动后自主神经系统紊乱、内分泌不正常的就急状态特别有帮助；提高人体免疫力，改善心理状态，控制情绪，对培养注意力、集中力都有很好的效果。方法：呼吸时，缓缓吸入气息，感觉到由于横膈膜下降，腹部完全鼓起；随后，肋骨处向外扩张到最开的状态，肺部继续吸入氧气，胸腔完全扩张，胸部上提；吸满气后缓缓地呼出，放松胸腔，将胸部的气呼出，随后温和收紧腹部，腹部向内瘪进去，感觉肚脐去贴后背，将气完全呼尽为止。呼吸时注意：(1)意识力集中到一呼一吸上。(2)一般只由鼻腔参与呼吸，因为，鼻腔对灰尘和细菌有过滤作用。(3)每一次吸气时，犹如品尝空气一般，缓慢深长地吸入；呼气时，犹如蚕吐丝一般，细而悠长，意识中要将体内废气排出。(4)躺、跪、坐的姿势时，眼睛闭紧，向内集中注意力；站立的姿势时，为了保持身体平衡，需要睁开眼睛。(5)保持自然、轻松的呼吸即可。进行瑜伽呼吸练习，适宜在每天早上或睡前10～20 min为最好，若以养身为目的，时间可适当延长。采用的姿势是坐姿或卧姿，宽衣松带，双手自然放置身旁、头、颈、脊柱成一直线，全身放松。

二、瑜伽的静思与冥想

瑜伽健康的实践是体位法、呼吸法、冥想法三者融为一体，达到身心合一的完美境界。瑜伽中的静思与冥想不是宗教，也不是玄学，而是现代人可以利用和学习的一种与自我心灵对话的方式。只要你能放松自己，保持内心的平和、静观一切，心中无杂念，就已进入冥想状态。这种瑜伽静思的冥想形式常会被那些有经验的瑜伽研习者采用。在体位法练习过程中也可以进行冥想。瑜伽冥想术的目的在于获得内心的和平与安宁，达到无限的精神之爱、欢乐、幸福和智慧。当在练习瑜伽体位法时，每个动作完成后的静止过程中，闭上眼睛，配合缓慢深长的呼吸，用心体会动作刺激身体的所在部位，即从姿势的名称联想相应的图像。例如练习“树式”姿势时，想象身体像棵充满生机的树沐浴在阳光下，脚像有力的树根从大地吸取养分，生命变得充满活力自信。现代人的精神压力越来越大，冥想是一种很好的精神减压方式。冥想可以提高人集中精神、控制自身意识以及调节身心的能力，从而帮助人们达到内心更平静、祥和的状态，因此，冥想是真正意义上的“寻找自我、认识自我”的方式。冥想并不是在于你可以保持思想清晰和集中的时间有多长，而是在于培养反复转移注意力到某个选定目标上的能力。这里介绍两种冥想技巧：(1)注意力集中于呼吸，就是仔细观察和感受的呼吸过程，在任何情况下都不改变呼吸的节奏，也可把注意力集中在每一次呼气上。(2)注意力集中到某一物体上，将一支点燃的蜡烛、一枝花或者是一块带条纹的石头等，置于身前不远的地板上或者放在与视线等高的地方，把注意力集中在烛焰上、花上或石头等上，当注意力分散时，重新把注意力集中到这些物体上。也可闭上眼，脑子里默想着烛焰、花或石头的样子，直到它们逐渐从脑海里消失。然后睁开眼睛，再一次凝视眼前的蜡烛、花或石头。

三、瑜伽姿势(体位法)

瑜伽姿势又叫瑜伽体位法。印度瑜伽先哲帕坦迦利所著《瑜伽经》将体位法定义为“将身体置于一种平稳、安静、舒适的姿势”，它是一种锻炼身体、强化身体，并使身体健康美丽的调身方法。它与现代人的生理和心理健康有密切的关联。瑜伽体位法通过身体的前弯后仰、扭转侧弯、俯卧、仰卧等各种姿势，对人体脊柱、中枢神经、骨骼、肌肉、内脏进行全方位的刺激与按摩，配合自身的呼吸、消化、体液分泌物的运转循环，激活身体潜能，提升了体内的优良素质，弥补了自身的不足和缺陷，增强人的免疫力。这种配合呼吸缓慢做动作的体位法，有促进血液流通的按摩效果，可从根本上使我们的身体恢复活力，从而达到强身、健体、塑身美容的功效。瑜伽体位是缓慢、舒适、连续完成的有氧运动，不用爆发力和反弹力，有效地避免了其他剧烈运动对身体可能产生的种种伤害(乳酸积累、精神紧张、肌肉老化等)。

四、瑜伽的松弛法

瑜伽松弛法又可叫瑜伽休息术。它对身体有莫大的裨益，可使大脑、心脏、自律神经系统和肢体得到深度的休息，令身体得到“充电”而恢复活力。正规的放松应该是一种主动、清醒、意念集中的放松，才会有松弛的感觉。放松法因不同目的、时间和环境而有不同的练习方法。如白天练习的目的在于消除疲劳，快速补充精力，你只要做 15 min 的休息术便可以了，关键一点是练习过程专注自身呼吸，保持清醒，不要入睡。在晚上睡觉之前练习，时间可尽量延长，直至自己自然睡着为止。这样会发现，你的睡眠质量会因此而得到很好的改善。即使睡较短的时间，早晨醒来也会非常清醒，精神奕奕。练习体位法后，可做 10 min 的放松训练，通过松弛来消除运动所产生的紧张。结束每节课或完成一组瑜伽姿势练习后，也可用此方法缓解身体的紧张，让体内的能量自由流动。具体方法如下：

1. 双眼轻闭，采取仰卧姿势。将双腿分开 20～30 cm。双臂放在身体两旁，两手掌心向上，让膝盖和脚趾自然。

2. 深呼吸，让手臂和腿部轻轻往里和外转动几次，头部也轻轻转动几次，然后停止身体的一切动作，去感受身体的放松状态——开始让身体有融化的感觉，每一次吐气都感觉身体不断下沉，接下来让意识从下往上慢慢放松身体的每一个部分。做缓慢、平静的呼吸。

3. 放松每一个脚趾、脚背、脚底、脚踝、小腿、膝盖、大腿、髋部；随着吐气的动作，放松腰部，感觉身体下沉；再继续让意识上行，放松肋骨、胸部、心脏、肩膀、上臂、下臂、手肘、手腕、手掌、手指；继续调匀呼吸，开始放松颈部、下巴、脸部肌肉、嘴、牙齿、舌头、鼻子、眼皮、眼睛、眉心、前额、太阳穴、头顶、后脑勺、整个头部，接着放松整个身体的背部：上背、中背部、下背部；放松整个脊柱；放松腰部大腿、膝盖和小腿的后侧。整个身体每一部分都变得十分放松，呼吸也随之越来越放松、越来越稳定。可根据自身情况反复 2～3 次，直至你的身心完全平静、放松。

4. 最后慢慢睁开眼睛，从右边侧身起，结束。

五、练习方法和练习提示

1. 选择通风好的场地，在地上铺一块垫子或毯子。

2. 穿着宜舒适、宽松的衣服，最好赤脚，冬天可穿袜子。首饰、手表最好摘掉，不穿紧身束型衣。

3. 空腹 2～3 h(因人而异，低血糖的人可食少量饼干、牛奶类食物来补充血糖和热量)。

4. 练习开始前可做一些简单的运动，作为热身。因为只有身体热身后，韧带、肌肉才会变得柔软，不容易受伤。

5. 瑜伽练完后 30 min 之内，不洗澡、不吃食物、不做剧烈运动，以免破坏体内能量的平衡。

6. 在练习过程中循序渐进，始终保持面部表情平和轻松，练习时要将意识专注到被伸展和被刺激的部位，不可存有杂念，不可说笑。动作幅度以自己感觉舒服即可，不要同别人比，同自己比。

7. 练习中如果肌肉颤抖或抽筋后立即停止，加以按摩，放松后方可再练。

8. 每做完一个瑜伽姿势后，应马上做“无空式”来放松身心，并深呼吸 5～6 次。

9. 月经期间可选择些较轻松的姿势来做，不做犁式、肩立式和一些增加腹压的姿势。

10. 妊娠期间必须慎选姿势，或者只练习呼吸法。生育两个月后，必须经医生同意方可练习，大病初愈或手术后不要立即做瑜伽练习。

11. 有心脏病、高血压、糖尿病的患者以及有脊柱关节伤病的人，必须经医生同意后才可练习。

12. 选择健康食品，营养、健康、自然的食品能排除体内毒素，保持身体清洁、柔软、使人身心纯净，并能提高人体免疫力。

第三节　动作组合练习

现在通常应用的瑜伽姿势有近百种，下面介绍一些最基本和常用的姿势。

一、站立体位法

(一)风吹树式

功效：舒展颈部、肩部、臂部、躯干和腿部肌肉。促进肠道蠕动，消除便秘。消除髋部脂肪、改善体态，增强均衡性和灵活性。

做法：(1)站姿。双脚并拢，合掌胸前。吸气，双手向头顶高举，手臂轻轻夹住耳际，上身有往上延伸之感觉。(2)吐气，上身弯向左侧，与此同时，将髋部向右侧推移保持 5 次呼吸。(3)吸气，还原向上。吐气，再弯向右侧，将髋部向左侧推移，保持呼吸 5 次。

提示：患脊椎毛病者练习时须特别小心。患各类肠炎及近期做过开刀手术者不宜练习。

(二)鱼式(图 16-1)

功效:鱼式使肠脏和其他内部器官得以伸展,对治疗一切腹部疾病都非常有益。它滋养和加强内分泌腺体,放松骨盆关节,刺激胰脏,促进消化进程。该姿势扩展胸膛,有助于消除支气管的咳嗽痉挛,促进深长、顺畅的呼吸。

做法:(1)把腿盘成莲花式平放于地面上,背贴地仰卧。(2)抬高颈项和胸膛,拱起背部,把头顶放在地面上。(3)用手抓住大脚趾,以便增强背部的拱弯程度。(4)用鼻子做深呼吸,保持 2 min,让后放开脚趾。

图 16-1

(三)腰躯扭转式

功效:放松脊柱和背部肌肉,矫正和改善各种不良状态。消除腰部脂肪,消除腰部、髋关节的僵硬,恢复其灵活性与柔软性。

做法:(1)站姿。双脚向外打开约 60～70 cm。吸气,双臂向两侧伸展与肩部保持水平,手心向下。(2)吐气,腰部向左方向转动至自身极限,脚不动,右手搭在左肩上,左手放置后背、眼睛注视左后方,保持自然呼吸 5 次,相反方向重复练习 3 次。

(四)三角转动式(图 16-2)

功效:增加对下脊柱区域的血液供应,滋养脊柱神经,强壮背部肌肉群,消除背部的疼痛。它还扩张胸部(这对双肺有益),按摩腹部器官,帮助减少腰围线上的脂肪。

做法:(1)保持两膝伸直的同时,将右脚向右方转 90°左脚向右方转约 60°。(2)呼气,双臂伸直,将上身躯干转向右方,让左手在右脚外缘碰触地板。右手臂向上伸展,与左手臂成一直线。双眼注视右手指尖,伸展双肩及肩胛骨。保持约 30 s。(3)恢复时吸气,慢慢先将双手、躯干以致最后将两脚转回各自原来的伸展状态,再转回基本站立式。

图 16-2

二、平衡体位法

(一)树式(图 16-3)

功效:改善、强化平衡感觉,提高集中力。矫正脊柱弯曲,消除腰痛。强化肩部、腿部、脚踝肌肉。

做法:(1)站姿,双脚并拢,挺身直立,合掌胸前。吸气,身体重心放在左脚,脚趾施力压住地面,骨盆向左推移。提起左脚横置右脚背上,脚跟向外。双手同时向上伸展,高举至头顶。眼睛注视前方一固定点,保持自然呼吸 5 次。(2)吐气,双手慢慢还原胸前,脚也同时放回地面。交替两侧重复练习 3 次。

图 16-3

(二)壮美式

功效:强化内脏,改善胃部功能。矫正脊椎和骨盆的异常,使体态匀称。消除脚部赘肉,使腿部曲线修长,对糖尿病有疗效。

做法:(1)站姿,右膝向手弯曲,右手握住脚背。吸气,将左手伸直高举到头顶,眼睛注视前方,集中意识。(2)吐气,右手慢慢将右脚提高,保持片刻。(3)吸气,上身微微向前倾,放松后腰背部位,眼睛注视前方右手指,保持身体平衡,自然呼吸 5 次。(4)吐气,手脚放下还原站立,调整呼吸,换脚再进行练习,左右各做 3 次。

三、跪姿体位法

以猫式(图 16-4)为例。

功效:促进呼吸与甲状腺的新陈代谢。矫正背部,使脊柱恢复弹性。丰满胸部,消除腹部与腰围多余脂肪。对女性月经不调、经痛、乳腺增生等有疗效。

做法:(1)金刚坐姿,双掌置于膝盖上,伸直背部,调匀呼吸。(2)吸气,臀部离开脚跟,俯身向前,抬臀凹腰,膝部,脚背贴地面,手臂伸直,指尖对膝盖,下颚抬高,背部收紧,保持片刻。(3)吐气,手掌施力收腹,拱起背部,头部向下,下颚尽量抵住胸部锁骨处,动作静止,自然呼吸 5 次。(4)再次吸气,下颚向上抬,头部后仰,凹腰部,挺臀部。动作静止,自然呼吸 5 次。上、下各重复练习 3 次。还原金刚坐,调匀呼吸。

图 16-4

四、蹲姿体位法

以花圈式(图 16-5)为例。

功效:该动作可以运动到腹部器官,获得能量;女性在月经期间背部疼痛难受,做此体位可以消除背疼。

做法:(1)蹲坐着,两脚并拢,脚心和脚跟要完全贴在地面上。(2)分开大腿和膝盖,身体向前,两手由两腿中间向前伸。(3)手臂弯曲往后,两手握住脚踝后面的部分。(4)握紧脚踝之后,呼气,头向下碰触地面。(5)停留一分钟,自然地呼吸。(6)吸气,头抬起来,手松开,休息。

图 16-5

五、坐姿体位法

以正面坐(图 16-6)为例。

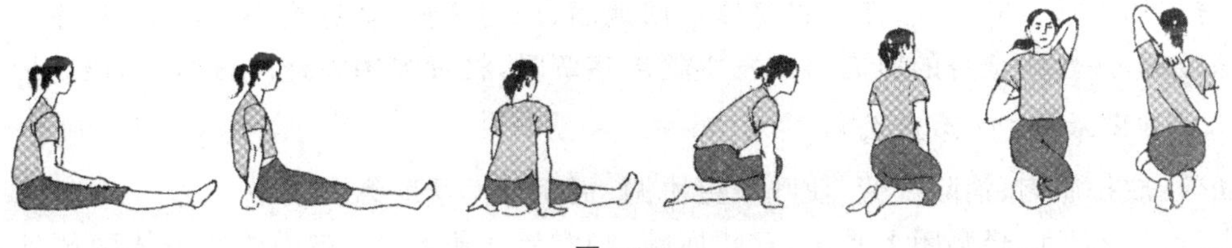

图 16-6

功效:促进手、臂、肩部血液循环,对腱鞘炎、坐骨神经痛、风湿症等有疗效。矫正背部,健美胸部与肩部,改善体态。舒缓颈部僵硬,治疗失眠与落枕等疾患。

做法:(1)坐姿,双膝弯曲,膝盖重叠,脚尖向后,脚背着地,手掌放在脚掌上,调匀呼吸。(2)吸气,右手肘弯曲,慢慢向右肩向背后上举,手掌贴在背后,左手由下方绕到背后,与右手交握,十指紧扣。上方的手肘尽量置于颈后,背部挺直,挺胸,眼望前方,自然呼吸 5 次。(3)吐气,手指松开,双手放下,回复到做法(1),放松,调匀呼吸。左右各重复练习 3 次。

提示:双腿交叠,膝盖不离开,上下对齐。如右脚在上,则右手也在上,反之亦如是。

六、俯卧式体位法

以眼镜蛇式为例。

功效：促进甲状腺与肾上腺分泌，增加心脏和肺活量，舒缓身心，对记忆力衰退、改善肠胃功能，消除便秘、预防肾结石以及女性功能失调等有疗效。强化肩、颈、背部肌肉，增加脊椎弹性，具有健胸、收腹和美化背部的功效。

做法：(1)俯卧，双脚并拢，脚背着地，收下颚，额头触地，弯曲手肘，双手平放胸侧，调匀呼吸。(2)吸气，下颚慢慢抬高，头部向上后仰，上身同时慢慢离开地面(感觉是把脊椎一节一节向后弯曲，用腹肌力量而不是用臂力)，肚脐与腹部着地，眼望前方。保持此姿势，自然呼吸 5 次。(3)继续吸气，双臂伸直，背部继续往后弯曲，头部尽量后仰、腹部仍然贴地，眼望上方，眼球可同时左右转动(改善视力)。意识集中在喉部、尾椎，同时收缩臀部，大腿放松。(4)吐气，上身按从骨盆、腰椎、胸椎、颈椎、下颚到额头的顺序慢慢还原到(1)。调匀呼吸，全身放松。重复练习 3 遍。

提示：蛇式是一种瑜伽体位法的代表性的姿势。练习时，不可用爆发力，尽量使身体处于舒适状态。初学者先行熟悉做法(2)后，才可练习做法(3)，以免身体超负荷。甲状腺机能亢奋者、结肠炎、胃溃疡和疝气患者不适宜练习。

七、仰卧体位法

(一)船式

功效：增强腹肌力量，消除腹部赘肉，能使大腿修长及腰围变细。防止内脏下垂，改善胃肠功能，消除便秘，强化背部。具有放松身体和关节的效果，对胆小、容易冲动或神经质的人有帮助。它是一个全身性提高体能的练习。

做法：(1)仰卧，双脚并拢，双臂平放体侧。(2)吸气，同时将上身、双脚和双臂向上抬起，只有臀部着地，并以脊椎骨为支点，保持身体平衡。双手、双腿伸直，手指指向脚尖，保持此姿势，屏息约 5 s。(3)吐气，慢慢将身体放回地面，调匀呼吸，全身放松。提示：身体上抬时，要收缩腹部，并紧张全身的肌肉。如发生腿部痉挛时，将脚踝用力蹬出，伸直脚跟韧带。

(二)仰卧放松功(摊尸式)

功效：放松肌肉、消除疲劳，使呼吸更协调、更充分。帮助意识集中。

做法：(1)仰卧、轻轻闭上眼睛，双腿屈膝，脚掌置于臀部下，双手放置身体两侧外，掌心向上，手指微曲，下颚微微引向胸部。(2)缓缓吸气，胸廓慢慢扩张，双肩放松，双膝向外打开，直到大腿内侧完全伸展，脚掌合并向下滑，两边分开约 30 cm。(3)想象头顶、手指尖、尾椎、脚跟、脚尖向外延伸。(4)两手从地板上滑动到头上方，吸气，伸展双手带动身体坐起，再把上半身弯向双腿，伸展背部。

提示：摊尸式译自梵文 SAVA—SANA，意思为“尸体”。名字虽不祥，但如每天能“假死”片刻，停止一切感官活动，让身心得到彻底休息，也是一件美妙之事。每一节瑜伽体位法做完后皆做本姿势练习，也是大休息法。在练习过程中，尽量避免睡着，心灵保持清醒，注意力集中在呼吸上。初学者练习此式不要超过 10 min。

第十七章　散　手

第一节　概　述

散手俗称散打，古称相搏、手搏、卞、并、白打、拍张、手战、相散手等，由于徒手相搏相角的运动形式在台子上进行，又称“打擂台”。本节介绍散打的基本技术。

第二节　练习方法

一、实战姿势（预备姿势）

散打中的实战姿势，是种便于进攻同时又便于防守和反击的姿势。格斗势的完美，可使你无论在何时组织进攻、防守及反击均无任何预兆姿势、调整动作。初学者务必牢固掌握实战姿势，形成正确的技术动作定型。

动作方法：双脚前后开立，距离与肩同或稍宽于肩。前脚掌稍内扣，后脚跟稍离地面，双腿微屈。身体重心在两腿之间。头颈部正对前方，身体侧向前方，含胸、收腹，双拳提起双肘弯曲下垂，肘尖向下，前臂的肘弯曲约 90°～110°之间，拳与鼻同高，拳眼向后侧上方。后臂的拳在颌下，屈臂贴靠与胸肋，肘弯曲小于 90°，拳眼向后侧上方，拳面指向对手。左、右势均要练习。动作要点：双脚不能一前一后成直线站立，应有一定角度。同时双脚也不能分得太开。下颌要微收，松肩、坠肘，全身要放松，不可僵硬（图 17-1）。

二、基本步法

步法，在散打中是很重要的。步法的灵活与否，直接关系到实战中进攻、防守及反击的效率。对步法的技术要求是：活，是指步法移动、变换要灵活敏捷。疾，是指步法移动的速度。稳，是指步法移动的稳定性。准，是指步法移动的准确性，准确地移动步法，能为进攻、防守或防守反击赢得时间。比赛常用的步法有：进步、退步、纵步、垫步、上步、撤步、闪步、跃步等。

（一）进步

前脚（左脚）先向前进半步，后脚再跟进半步。要点：进步步幅不宜过大，后脚跟进后的身体姿势不变，衔接进步与跟步时越快越好（图 17-2、图 17-3）。

（二）退步

后脚（右脚）先后退半步，前脚再退回半步。要点参考“进步”（图 17-4）。

（三）纵步

单腿纵步

一腿屈膝上提，另一腿连续蹬地向前移动(图 17-5)。

双腿纵步

两脚同时蹬地使身体向上或向前、后、左、右跳起。要点：腰胯紧收，上体正直，腾空不宜过高(图 17-6)。

图 17-1　图 17-2　图 17-3　图 17-4　图 17-5　图 17-6

(四)垫步

后脚蹬地向前脚内侧并拢；同时前腿屈膝提起。要点：后脚向前脚并拢要疾速，垫步与提膝不脱节、停顿；身体向前移动，勿向上腾空(图 17-7、图 17-8)。

(五)上步

后脚向前上一步，同时左右拳前后交换成反架姿势。要点：上步时身体不能前后摆动，上步与两手要同时交换(图 17-9)。

(六)撤步

前脚向后撤一步，成右前左后，左脚跟离地，右脚脚尖外展，重心偏于右腿。要点：撤步不宜过大，重心移动不要明显(图 17-10)。

(七)闪步

左(右)脚向左(石)侧移半步，右(左)脚随之向左(右)滑步；同时身体向右(左)转动约 90°(图 17-11)。

(八)跃步

右脚蹬地后向前跨越一步，左脚继而在向前上一步。要点：两脚动作要连贯、迅速、上体不要前后晃动，腾空勿高。(图 17-12、图 17-13)

图 17-7　图 17-8　图 17-9　图 17-10　图 17-11　图 17-12　图 17-13

三、基本拳法

(一)冲拳

左冲拳：预备势为正架势，即左脚、左手在前(以下均同)，右脚微蹬地面，重心微向前脚移动；同时左拳直线向前冲出，力达拳面（图 17-14）。要点：冲拳时，上体不可前倾，腰略向右转。掌面领先，上臂催前臂，臂微内旋，肘微屈。快出快收，切勿停顿，迅速还原成预备势。

右冲拳：预备势开始，右脚微蹬地并向内扣转，转腰送肩的同时，右拳直线向前冲出，力达拳面；左拳变掌回收至右肩内侧（图 17-15）。要点：右冲拳的发力顺序是起于右脚，传送到腰、肩、肘，最后达于拳面。上体向左转动（头不转），以加大冲拳力量。还原时以腰带肘，主动回收。

（二）掼拳

左掼拳：上体微向右转，同时左拳向外（约 45°）、向前、向里横掼，臂微屈，掌心朝下，力达拳面或偏于拳眼侧；右拳护于右腮（图 17-16）。要点：力从腰发，腰绕纵轴向右转动。掼拳发力时，臂微屈，肘尖抬至与肩平。

右掼拳：预备势开始，右脚微蹬地并向内扣转，合胯并向左转腰，同时右拳向外（约 45°）、向前、向里横掼，力达拳面或偏于拳眼侧；左拳变掌屈臂回收至左腮前（图 17-17）。要点：右脚内扣，合胯转腰与掼拳发力要协调一致。掼拳发力时，肘尖微抬，使肩、肘基本成水平。

（三）弹拳

左拳以伸肘弹腕的力量反臂向前弹击，力达拳背（图 17-18）。右手弹拳转腰顺肩。要点：弹拳前左臂肌肉尽量放松，以气催力。弹拳发力时含胸拔背、顺肩送肘，甩手腕，放长击远。弹拳后回收要快。

图 17-14　图 17-15　图 17-16　图 17-17　图 17-18

（四）抄拳

1. 左抄拳：预备势开始，重心略下沉，左拳由下向前上方勾起，上臂与前臂夹角在 90°～110°之间，拳心朝里，力达拳面（图 17-19）。要点：重心略下沉，是为了更好地利用前脚蹬地拧转的反作用力，加大勾拳力量。动作要连贯、顺达，用力要由下至上抄拳时，臂应先微内旋再外旋，拳呈螺旋形运行。抄拳发力时，腰向右侧转动，发力短促。

2. 右抄拳：右脚蹬地，扣膝合胯，微向左转腰的同时，右拳由下向前、向上抄起，上臂与前臂夹角在 90°～110°之间，掌心朝里，力达拳面；左拳回收至右肩内侧（图 17-20）。要点：右抄拳要借助右脚蹬地、扣膝、合胯、转腰的力量，发力由下至上，协调顺达。抄拳时，右臂先微内旋再外旋，螺旋形运行。

（五）鞭拳

鞭拳：以右鞭拳为例：身体向右后转 180°，右脚经左腿后插步；同时左拳与右拳一起回收至胸前；动作不停，上体继续向右转体 90°，同时右拳反臂向右侧横向鞭打，拳眼朝上力达拳背(图 17-21、图 17-22、图 17-23)。要点:转体要快,以头领先,不能停顿,支撑要稳。鞭拳时,以腰带臂,前臂鞭打甩拳。

图 17-19　图 17-20　图 17-21　图 17-22　图 17-23

四、腿法

(一)蹬腿

1. 左蹬腿:实践姿势站立(以下均同),右腿直立或稍屈,左腿提膝抬起,勾脚,以脚跟领先向前蹬出,力达脚跟;亦可送髋,脚掌下压,力达脚前掌(图 17-24、图 17-25、图 17-26)。

2. 右蹬腿:身体重心前移,左腿直立或稍屈,身体稍左转,右腿屈膝前抬,勾脚,以脚跟领先向前蹬出,力达脚跟;亦可送髋,脚掌下压,力达脚前掌(图 17-27、图 17-28、图 17-29)。要点:屈膝高抬,爆发用力,快速连贯。

图 17-24　图 17-25　图 17-26　图 17-27　图 17-28　图 17-29

(二)后蹬腿

1. 左后蹬腿:身体向左后转,两腿弯曲成跪步,右手护头,左手屈肘自然下垂置于体侧;右腿直立或稍屈支撑,左腿抬起由屈到伸,勾脚,脚尖朝下,脚跟领先向后蹬出,力达脚跟;上体前俯;眼看蹬腿方向(图 17-30、图 17-31、图 17-32)。

2. 右后蹬腿:身体向右后转,两腿弯曲,左、右手握拳护于胸前;左腿直立或稍屈支撑,右腿屈膝抬起,脚尖勾起朝下,脚跟领先用力向后蹬,上体稍抬起;眼看蹬腿方向(图 17-33、图 17-34、图 17-35)。要点:向后转身时以头领先;蹬腿时挺膝展髋,腰肌收缩,注意平衡。

(三)踹腿

1. 左踹腿:右腿直立或稍屈支撑,左腿屈膝抬起,小腿外摆,脚尖勾起,脚掌正时攻击目标,展髋,挺膝向前踹出,力达脚掌,上体可侧倾(图 17-36、图 17-37、图 17-38)。

2. 右踢腿:左腿直立或稍屈支撑,身体向左转 180,同时右腿屈膝前抬,小腿外摆,脚尖勾起,脚掌正对攻击目标,用力向前踹出,力达脚掌,上体可侧倾(图 17-39、图 17-40、图 17-41)。要点:上体、大腿、小腿、脚掌成一条直线,踹出时一定要以大腿推动小腿直线向

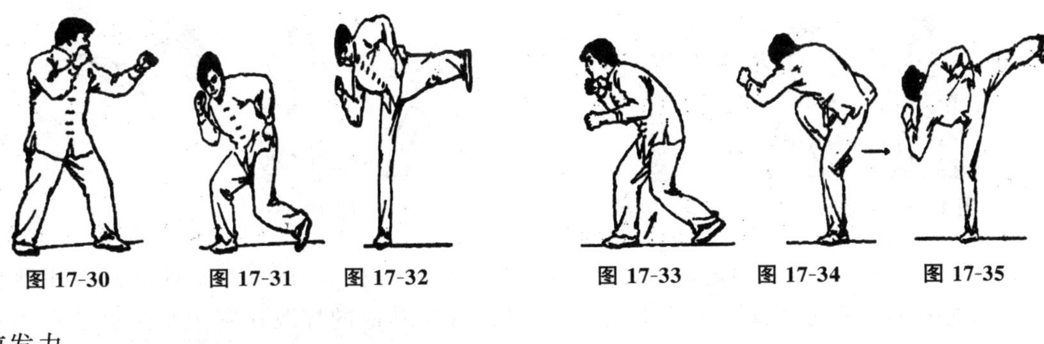
图 17-30 图 17-31 图 17-32 图 17-33 图 17-34 图 17-35

前发力。

图 17-36 图 17-37 图 17-38 图 17-39 图 17-40 图 17-41

(四)横摆踢腿

1. 左横摆踢腿:上体稍右转并侧倾,同时带动左腿收髋、扣膝,直腿向右上方横摆打腿,踝关节屈紧,力达脚背至小腿下端(图 17-42、图 17-43)。

2. 右横摆踢腿:左膝外展,上体右转,收腹,带动右腿收髋、扣膝、直腿向左上方横摆打腿,踝关节屈紧,力达脚背至小腿下端(图 17-44、图 17-45、图 17-46)。要点:以转体带动摆腿,动作连贯、快速。

图 17-42 图 17-43 图 17-44 图 17-45 图 17-46

(五)身横扫腿

左转身横扫腿:右脚向左脚前上步,微屈独立支撑,左后转身 360°,随转体,上体稍侧倾,左腿经左后向前横扫,脚面绷平,力达脚掌,目视左脚(图 17-47、图 17-48、图 17-49)。

右转身横扫腿:身体右后转 360°,随转体右腿直腿由后向前扫,脚背绷紧,力达脚掌,目视右脚(图 17-50、图 17-51、图 17-52)。要点:转体时以头引领,并借其惯性,腰背发力,展髋,挺膝,绷脚背。

五、摔法

散手的摔法,是根据对手站立的姿势,距离远近,在规则限定时间内,运用灵活多变的技

图 17-47　图 17-48　图 17-49　图 17-50　图 17-51　图 17-52

术动作，摔倒对手。既有主动进攻的摔法，也有被动反攻的摔法；既有在远距离踢打中接抱上、下肢的摔法，又有近距离搂抱躯干贴身的摔法，这在其他的摔跤比赛中是少见或根本不能使用的。如散手中较常见的接抱单腿甩、涮等摔法，勾踢脚跟摔法等。

1. 夹颈过背：双方由实战姿势开始（以下均同），甲以左直拳击乙头部；乙用前臂格挡甲左前臂，左臂由甲左肩上肩穿过后，屈臂夹甲颈部；同时右脚背步至与左脚平行，两腿屈膝，身体右转，以左侧髋部紧贴甲方前身；继而两腿蹬神，向下弓腰、低头将甲背起后摔倒（图 17-53、图 17-54、图 17-55）。要点：夹颈牢固，背步转身要快，低头、蹬腿协调有力。

图 17-53　图 17-54　图 17-55

2. 抱腿过背：由甲用右蹬腿击乙胸部开始。乙立即用两手抓握住甲右脚，右脚向后背步，屈膝，将甲右腿上抬到左肩上；随即两腿蹬直，低头，弓腰，将甲过背摔倒（图 17-56、图 17-57、图 17-58、图 17-59）。要点：接脚准，抓握牢，转身快，低头、弓腰、蹬腿协调一致。

图 17-56　图 17-57　图 17-58　图 17-59

3. 抱腿前顶：甲出拳击乙头部时；乙上左步，下潜躲闪，两手抱甲双腿，屈肘，两手用力回拉；同时用左肩前顶甲大腿或腹部，持甲摔倒（图 17-60、图 17-61）。要点：下潜快，抱腿紧，两臂后撤，肩顶有力。

4. 抱腿别腿：甲站立或起左侧弹踢腿时；乙将甲左腿抱住，并向甲的支撑腿后上左步；上体左转，长腰成右弓步，用左腿别甲左腿，同时用胸下压甲腿（图 17-62、图 17-63、图 17-64）。要点：抱腿准、有力，弓步转体协调，顺势转腰压腿。

5. 抱单腿涮：由甲用左蹬腿踢乙胸部开始。乙立即用两手抓握甲左脚；两腿屈膝，两手向右侧拉其右脚；随即向下、向左上方成弧形摆荡（图 17-65、图 17-66、图 17-67）。要点：抓

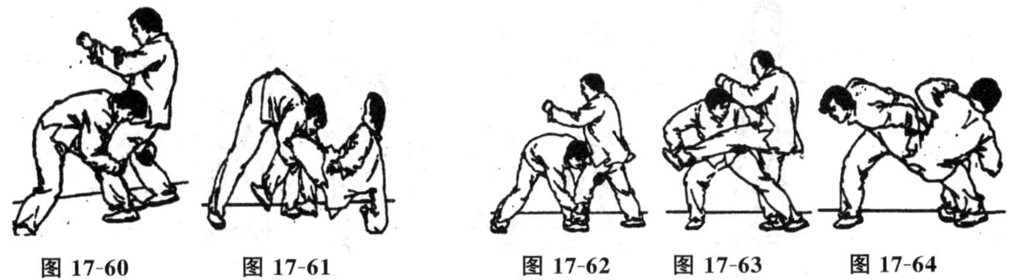

图 17-60 图 17-61 图 17-62 图 17-63 图 17-64

握要准确、牢固，右拉和弧形摆荡动作要连贯有力。易犯错误及纠正方法：摔不倒对方；弧形摆动要协调一致，注意借用对方反抗力量。

6. 抱单腿甩：由甲用左前蹬腿蹬乙胸部开始。乙立即用两手抓握甲左脚向下拉，弓腰、屈膝（图 17-68、图 17-69）要点：抓脚准，拉甩快而有力。易犯错误：拉甩不倒对手。纠正方法：注意抓脚、拉甩动作连贯、快速。运用：多用于防守反击对方的蹬腿。

图 17-65 图 17-66 图 17-67 图 17-68 图 17-69

7. 接腿勾踢：由甲用右侧弹踢，踢乙肋部开始。乙立即顺势用左手抱住甲右小腿，右手由甲右肩上穿过下压其颈部；同时，右脚向前勾踢甲支撑腿踝关节处（图 17-70、图 17-71、图 17-72）。要点：接抱腿准确，压颈、勾踢协调有力。易犯错误：勾踢不倒对手。纠正方法：首先控制住腿，压颈、连贯。

图 17-70 图 17-71 图 17-72

六、防守的方法

（一）接触防守

1. 拍挡：正架预备势开始（以下均同）。左手（右手）以拳心掌心为力点向里横向拍挡（图 17-73）。要点：前臂尽量垂直，拍挡幅度小用力短促。用法：防守对方直线型拳法或横向型腿法对上盘的攻击（图 17-74、图 17-75）。

2. 挂挡：左手（右手）屈臂向同侧头部或肩部挂挡（图 17-76）。要点：上臂和前臂迭紧并

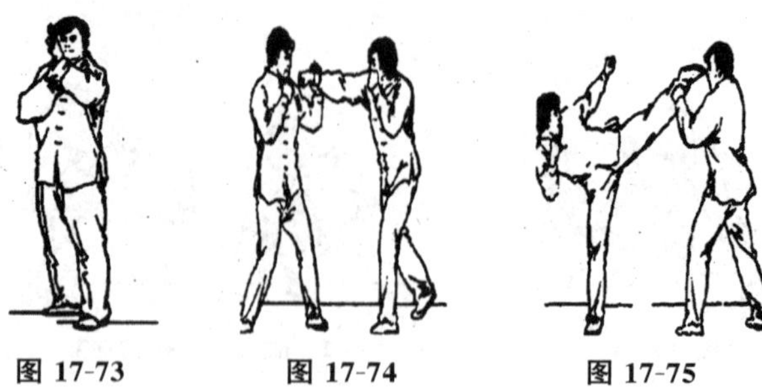

图 17-73　　图 17-74　　图 17-75

贴紧头部，暴露面小。用法：防守对方横向型的手法或腿法攻击上盘，如左右报拳或左右横踢腿等(图 17-77、图 17-78)。

3. 拍压：左拳(右拳)变掌以掌心或掌根为力点由上向前下拍压(图 17-79)。用法：如图 17-80、图 17-81。

图 17-76　　图 17-77　　图 17-78　　图 17-79　　图 17-80　　图 17-81

(二)闪躲防守

1. 撤步：前脚由前向后收步，接近后脚时脚前辈着地，重心落于后腿(图 17-82)。要点：前脚回收迅速，虚点地面直，支撑要稳。

2. 侧闪：两膝微屈，俯身，上体向左侧或右侧闪躲要点：上体要含缩，侧身不转头，目视对方(图 17-83)。

3. 下躲闪：屈膝，沉胯，重心下降，缩颈，弧形向下躲闪，两手紧护胸部(图 17-84)。要点：下躲闪时，膝关节、髋关节和颈都要同时弯曲、收缩，目视对手。

4. 跳闪：两脚蹬地使身体向后。要点：跳闪时，整体移动不能松懈；向左跳闪上体微右转，右跳闪上体微左转，眼睛始终盯着对手(图 17-85)。

5. 提膝：后膝微屈独立支撑，前腿屈膝提起(图 17-86)。要点：重心后移，提腿迅速，根据对方腿法进攻的路线、膝盖分别有里合、外摆或垂直向外的变化。

图 17-82　　图 17-83　　图 17-84　　图 17-85　　图 17-86

第十八章　防身术

第一节　概　述

女子防身的技术动作，是指实用的攻防技术，即运用各种踢、打、摔、拿等徒手和器械的技术技法，熟练地掌握并运用于实战。女子防身术动作简易有效，踢、打、摔、拿击中要害，通过勤学苦练，必能应用自如，达到顺势能拿，贴身挤靠，抬脚即倒，出手即中的效果。

第二节　练习方法

一、破正面搂抱

敌从正面搂抱时，应起右膝猛顶敌裆部（图 18-1）。

图 18-1

要点：顶裆部突然、猛烈。

二、踹足破后抱

敌从背后用双手抱腰时，应抬起一脚，用脚跟踹敌同侧脚脚面（趾）。

要点：足背屈，脚跟发力。

三、撞头破后抱

敌从背后用双手抱腰时，应用头后脑部撞击敌面部。

要点：正确判断敌面部方位，头后撞要突然猛烈。

四、破后抱，横击敌颈

当敌从背后揽腰抱住时，先仰头撞击敌面鼻，敌因疼痛而松手，随即用左手抓住其左腕，同时速向右转身用右肘横击敌右颈部。

要点：保持重心平衡，转腰要突然有力，横肘撞击迅猛。

五、破侧抱，肘拳连击

当敌在右侧将双臂连同身体抱住时，即两大臂稍向上用力抬起，使之手稍有松动，之后速下蹲用右肘尖顶击敌方腹部，敌因受顶而腹后缩上体前屈，这时用拳背击打敌面部。

要点：大臂上抬动作有力，下蹲顶肘突然。

六、破抱腰

当敌从正面抱腰时，头置于我右腰侧欲施掉法，在敌施招之前，我即用右肘尖，由上向下砸击敌后脑部或后颈部，继之抬右膝猛烈顶击敌腹肋部(图 18-2)。

要点：当敌抱住我腰时，要冷静沉着，并尽快发起反击，掌握主动权，顶膝要连贯，力量要大。

图 18-2

七、破后夹颈

当敌从背后用右手夹锁颈部时，此时必须镇定，尽量控制好自己的重心，随即尽可能拧腰，用左肘尖狠狠顶击敌左肋腹部，也可用左前臂鞭击敌裆部(图 18-3)。

要点：顶肘时，上臂发力；鞭击时，前臂发力，腕、指紧张。

图 18-3

八、破正面抓发

当敌从正面抓发时，应运用“阙指下压”术，双手压握敌手腕，同时后退一步，然后身体猛向前屈，使敌手腕挫伤(图 18-4)。

要点：压握敌手腕要快且紧，体前屈快速有力。

图 18-4

九、破背后抓发

当敌从背后用右手抓头发时，应迅速将两手变掌屈肘向上，双手把敌右手合抱控制于我头顶，紧接着，我重心稍下降，随即右脚向左脚外侧移动一步，拧腰右转，两手控制住敌右手于头顶不松开，身躯继续朝右后翻转至正面对着敌方。双膝弯曲，上体前屈，此时敌方的右手心已翻转朝上。接着我速立身站起，运用头顶上挺动作，迫使敌右臂强直，肘关节反折，敌因疼痛双足踮起，身体悬浮而撒手。

要点：拧腰翻转要步快腰活，整个动作不能有停顿，一气呵成。

十、丁腿

敌从正面欲抓我，我乘敌反应不及，用丁腿踢击敌的胫骨（图 18-5）。

要点：丁腿快速隐蔽，摆腿时控制好身体平衡。

十一、破右腕被抓

当敌从右后侧抓住右手腕时，应用右脚跟蹬踹敌的膝关节，也可看准时机猛踹敌的脚面（趾）（图 18-6）。

要点：正确判断敌方位，蹬踹发力要猛。

图 18-5

图 18-6

十二、破双腕被抓

当敌从正面双手紧抓我双腕，敌我手心都向下时，应两臂用力外旋，拳心向里，同时双臂屈肌作解脱状以分散敌注意力，随即以右腿弹踢敌裆部。

要点：佯装解脱，注意力集中于弹踢，弹踢要突然，部位要准。

十三、破臂被反拧

当右臂被敌反拧，则腰左拧，以左手撩击敌裆，左臂被拧，则方向相反。

要点：撩击时，前臂发力迅猛，腕、指紧张。

十四、倒地蹬摔

敌从正面用双手抓双臂时，应迅速重心后移，坐于地上，双手抓敌双肩，左脚向前勾起用足蹬住敌方腹部，随即两手用力抓拉敌方两臂，右脚向上用力猛蹬敌方腹部，将敌经我上方后摔出去。

要点：两手抓拉要紧，蹬腿要猛。

十五、扭腕砸肘

当敌从正面以右手掌搭我左肩时，我应上体稍左转，同时用右手按抓敌右手背，四指扣紧敌小指侧，随之我身体猛向右转，并向左下方屈体。与此同时，左肘由左向下向右下弧形砸压敌方右肘,使其肘关节折断或脱位(图 18-7)。

要点:紧扣敌手掌小指侧,使敌方手臂始终保持伸直,转身屈体,左肘下压敌肘要连贯,砸压要猛。

图 18-7　　　　图 18-8

十六、拧臂绊摔

敌从正面用右手抬我下额或摸我左脸,我即以双手合抓敌手掌,突然左转下压。使敌臂外展,失去身体重心,同时右脚向敌右脚外侧上步,绊住敌右脚将敌摔倒。要点:抓敌手掌要紧,左传下压迅猛。

十七、破双手掐喉

当敌从正面用双手掐我颈喉时,我以双手分别紧抓敌双腕。两手虎口均朝里,随即后退一步,含胸,上体前屈,用我锁骨前部向下猛压敌双手指以挫伤敌腕指。

要点:抓敌双腕要紧,身体后移、前压连贯。

十八、破敌反握匕首顶(抵)我前胸

当敌正面右手反握匕首顶(抵)我前胸,我迅速用左手向右拍击敌前臂,紧接着起左脚蹬踹敌右膝部(图 18-7)。

要点:拍击突然,蹬踹有力且部位准确,动作连贯,一气呵成。

第十九章　体育舞蹈

体育舞蹈是一门融体育、音乐、美学、舞蹈为一体，以身体动作舞蹈化为基础内容，是以健身娱乐和学习技能为目的，以不同水平的个体条件为基础，注重培养参与者的参与意识，便于参与者自我检测和自我提高，提高体育舞蹈运动的技术水平，是以双人或集体配合练习为主要运动形式的娱乐健身型体育项目。

体育舞蹈是世界公认的最好的室内运动之一，在我国也已得到广大群众的认可。从目前发展情况来看，体育舞蹈在我国已蓬勃开展起来，为了与国际并轨，对技术训练做到规范要求，从而促进我国体育舞蹈运动健康发展。

第一节　体育舞蹈概述

体育舞蹈即“国际标准交谊舞”。是以男女为伴的一种步行式双人舞的竞赛项目。分两个项群，十个舞种。其中摩登舞项群含有华尔兹、维也纳华尔兹、探戈、狐步和快步舞，拉丁舞项群包括伦巴、恰恰、桑巴、牛仔和斗牛舞。每个舞种均有各自舞曲、舞步及风格。根据各舞种的乐曲和动作要求，组编成各自的成套动作。

标准交谊舞起源于古代土风舞，经历对舞、圈舞、行列舞、集体舞等演变过程，成为流传广泛的社交舞蹈。19 世纪 20 年代后，英国皇家舞蹈教师协会对原“舞种”、“舞步”、“舞姿”等进行规范整理，制定比赛方法，始形成国际标准交谊舞，在第一次世界大战前，已在多个欧洲国家举行。直至 1930 年后期，英式舞蹈比赛才开始流传至欧洲和世界各地，并于 1947 年在德国柏林举行第一届世界标准交谊舞锦标赛。1957 年，国际体育舞蹈联合会（IDSF）成立，并在 1997 年获得国际奥林匹克组织委员会之认可，是为国际性体育舞蹈比赛的管辖单位。时至今日，国际体育舞蹈联合会于五大洲共有 78 个成员，其中 49 个更获各国奥林匹克组织委员会认可。作为国际体育舞蹈联合会唯一的洲制联合会，亚洲体育舞蹈联合会更获得亚洲奥委会的专业认可，1992 年，国际标准交谊舞曾被列为奥运会表演项目。1998 年曼谷亚运会中成为示范运动项目。国际标准交谊舞 20 世纪 30 年代传入中国，20 世纪 80 年代发展较快，先后与日、美、英等国家进行交流活动。1987 年举办首届全国国际标准交谊舞比赛。1991 年举行了首届全国体育舞蹈锦标赛。现已发展成艺术性高、技巧性强的竞技性项目。

国际标准交谊舞比赛按音乐节奏配合、身体基本姿势、舞蹈动作、旋律的掌握以及对音乐的理解、舞步等方面评定运动员的成绩。体育舞蹈的音乐不超过 4 min 30 s。视比赛规模设 5～9 名裁判员，按国际评判标准规定的基本技术、音乐表现力、舞蹈风格、舞蹈编排、临场表现、赛场效果等六个方面进行评分。

一、比赛项目

第四届澳门东亚运动会的体育舞蹈比赛一共设有十个小项比赛（标准舞五项：华尔兹

舞、探戈舞、维也纳华尔兹、狐步舞、快步舞，拉丁舞五项：桑巴舞、恰恰舞、伦巴舞、斗牛舞和牛仔舞），并产生 10 枚金牌。

二、比赛方法

体育舞蹈比赛分两种方式进行：标准舞（华尔兹舞、探戈舞、维也纳华尔兹、狐步舞及快步舞）和拉丁美洲舞（桑巴舞、恰恰舞、伦巴舞、斗牛舞及牛仔舞）。

比赛过程中，禁止所有举起舞伴的动作，即参赛者在舞伴的协助下双脚同时离开地面。经过一轮淘汰比赛，最后只有六队参赛队伍可进入决赛阶段。裁判会根据参赛者的表现在计分表上记录成绩。在决赛中，裁判根据各参赛者在该项目的表现评分，表现优异的可得“1”分，累积最多分数的参赛队伍为赛事冠军。

音乐方面，华尔兹舞、探戈舞、狐步舞、快步舞、桑巴舞、恰恰舞、伦巴舞及斗牛的音乐播放时间不可少于 2 min。维也纳华尔兹和牛仔舞的播放时间也不可少于 1 min。每种舞蹈的音乐拍子必须按照以下的规定：

表 19-1　各舞种音乐拍子

华尔兹舞	每分钟 28～30 小节	桑巴舞	每分钟 50～52 小节
探戈舞	每分钟 31～33 小节	恰恰舞	每分钟 30～32 小节
维也纳华尔兹	每分钟 58～60 小节	伦巴舞	每分钟 25～27 小节
狐步舞	每分钟 28～30 小节	斗牛舞	每分钟 60～62 小节
快步舞	每分钟 50～52 小节	牛仔舞	每分钟 42～44 小节

在国际体育舞蹈联合会举行的所有比赛中，参赛音乐必须配合舞蹈的特色。

在奥运会规则下举行的比赛，一对舞伴必须为同一国籍，而每位参赛者在同一项目中不可有多于一位舞伴。

三、比赛器材

服装：女士的服装必须时常遮掩臀部，并且不可以穿着两截式服装参赛。标准舞比赛时，男士必须穿着黑色或深蓝色服装；美式拉丁舞比赛时则可穿着较鲜艳的服装，但整个队伍必须穿着同一款式服装。在同一回合中更换衣服是不被允许的，除非衣服损毁时才可更换。

四、比赛面积

比赛场地必须为木地板，面积为 24 m×16 m。

第二节　体育舞蹈舞种介绍

一、摩登舞（Modern）

又译“现代舞”，体育舞蹈项群之一。内容包括华尔兹、维也纳华尔兹、探戈、狐步和快步舞。特点是由贴身握抱的姿势开始，沿着舞程线逆时针方向绕场行进。步法规范严谨，上体和胯部保持相对稳定挺拔,完成各种前进、后退、横向、旋转、造型等舞步动作。具有端庄典雅的绅士风度。曲调大多抒情优美,旋律感强。服饰雍容华贵,一般男着燕尾服,女着过膝蓬松长裙。

二、拉丁舞(Latin)

体育舞蹈项群之一。内容包括伦巴、恰恰、桑巴、牛仔和斗牛舞。特点是舞伴之间可贴身,可分离。各自在固定范围内辐射式地变换方向角度,展现舞姿。步法灵活多变,各舞种通过对胯部及身体摆动不同的技术要求,完成各种舞步,表现各种风格。舞姿妩媚潇洒,婀娜多姿。风格生动活泼,热情奔放。曲调缠绵浪漫,活泼热烈,节奏感强。着装浪漫洒脱,男着上短下长的紧身或宽松装,女着紧身短裙,显露女性曲线的美。

三、华尔兹舞(Waltz)

用 W 表示,也称“慢三步”,摩登舞项目之一。舞曲旋律优美抒情,节奏为 3/4 的中慢板,每分钟 28～30 小节。每小节三拍为一组舞步,每拍一步,第一拍为重拍,三步一起伏循环。通过膝、踝、足底、跟掌趾的动作,结合身体的升降、倾斜、摆荡,带动舞步移动,使舞步起伏连绵,舞姿华丽典雅。是维也纳华尔兹(快三步)的变化舞种。19 世纪中叶,维也纳华尔兹传到美国,当时美国崇尚舒缓、优美的舞蹈和音乐,于是将快节奏的维也纳华尔兹逐渐改变成悠扬而缓慢、有抒发性旋律的慢华尔兹舞曲,舞蹈也改变成连贯滑动的慢速步型,即今之华尔兹舞。

四、维也纳华尔兹(Viennese Waltz)

用 V 表示,也称“快三步”,摩登舞项目之一。舞曲旋律流畅华丽,节奏轻松明快,为 3/4 拍节奏,每分钟 56～60 小节,每小节为三拍,第一拍为重拍,第四拍为次重拍。基本步伐是六拍走六步,二小节为一循环,第一小节为一次起伏。基本动作是左右快速旋转步,完成反身、倾斜、摆荡、升降等技巧。舞步平稳轻快,翩跹回旋,热烈奔放,舞姿高雅庄重。源于奥地利的一种农民舞蹈,由男女成对扶腰搭肩共同围成一个圆圈而舞,故被称为“圆舞”。著名的约翰·施特劳斯为华尔兹谱写了许多著名的圆舞曲。

五、探戈舞(Tango)

用 T 表示,摩登舞项目之一。2/4 拍节奏,每分钟 30～34 小节。每小节二拍,第一拍为重拍。舞步有快步和慢步,快步(quick)占半拍,用 Q 表示;慢步(slow)占一拍,用 S 表示。基本节奏是慢、慢、快、快、慢(S、S、Q、Q、S)。舞曲节奏带有停顿并强调切分音;舞步顿挫有力,潇洒豪放;身体无起伏、无升降、无旋转;表情严肃,有左顾右盼的头部闪动动作。源于阿根廷民间,20 世纪传入欧洲上层社会,后流行于世界各国。

六、狐步舞(Foxtrot)

也称“福克斯”,用 F 表示,摩登舞项目之一。舞曲抒情流畅,节奏为 4/4 拍,每分钟 28～30 小节,每小节为四拍,第一拍为重拍,第三拍为次重拍。基本步伐是四拍走三步,每四拍为一循环。分快、慢步,第一步为慢步(S),占二拍;第二、三步为快步(Q),各占一拍。基本节奏为慢、快、快(S、Q、Q)。以足踝、足底、掌趾的动作，完成升降起伏，注重反身、肩引导和倾斜技术。舞步流畅平滑，步幅宽大，舞态优雅从容飘逸，似行云流水，20 世纪起源于欧美，后流行于全球。据传系模仿狐狸走路的习性创作而成。

七、快步舞(Quick step)

用 Q 表示，摩登舞项目之一。舞曲明亮欢快，舞步轻快灵活，跳跃感强，是体育舞蹈中一种轻快欢乐的舞蹈。节奏为 4/4 拍，每分钟 50～52 小节。每小节四拍，第一拍为重拍，第三拍为次重拍。舞步分快步和慢步。快步用 Q 表示，时值为一拍，慢步用 S 表示，时值为二拍。基本节奏是慢、慢、快、快、慢。舞步组合有跳步、荡腿、滑步等动作。起源于美国，20 世纪流行于欧美和全球。

八、伦巴舞(Rumba)

用 R 表示，拉丁舞项目之一。节奏为 4/4 拍，每分钟 27～29 小节，每小节四拍。乐曲旋律的特点是强拍落在每小节的第四拍。舞步从第 4 拍起跳，由一个慢步和两个快步组成。四拍走三步，慢步占二拍(第 4 拍和下一小节的第一拍)，快步各占一拍(第二拍和第三拍)。胯部摆动三次。胯部动作是由控制重心的一脚向另一脚移动而形成向两侧作"∞"型摆动。具有舒展优美，婀娜多姿，柔媚抒情的风格。其产生与西班牙和非洲的舞蹈有密切关系，后在古巴得到发展。

九、恰恰舞(Cha-cha-cha)

用 C 表示，拉丁舞项目之一。节奏为 4/4 拍，每分钟 30～32 小节。每小节四拍，强拍落在第一拍。四拍走五步，包括两个慢步和三个快步。第一步踏在第二拍，时间值占一拍；第二步占一拍；第三、四两步各占半拍；第五步占一拍，踏在舞曲的第一拍上。胯部每小节向两侧摆动六次。舞曲热情奔放，舞步花哨利落，步频较快，诙谐风趣。源于非洲，后传入拉丁美洲，在古巴得到发展。

十、桑巴舞(Samba)

用 S 表示，拉丁舞项目之一。舞曲欢快热烈，节奏为 2/4 拍或 4/4 拍，每分钟 52～54 小节。强拍落在每小节的第二拍或第四拍。每小节完成一个基本舞步。舞步在全脚掌踏地和半脚掌垫步之间交替完成，通过膝盖上下屈伸弹动，使全身前后摇摆，并沿着舞程线绕场行进，属"游走型"舞蹈。特点是流动性大，动律感强，步法摇曳紧凑，风格热烈奔放。源于巴西，是巴西一年一度狂欢节的舞蹈。

十一、斗牛舞(Paisobopli)

用 P 表示，拉丁舞项目之一。音乐为旋律高昂雄壮、鲜明有力的西班牙进行曲。节奏为 2/4 拍，每分钟 60～62 小节。一拍一步，八拍一循环，特点是舞步流动大，沿着舞程线绕场行进，属"游走型"舞蹈。舞姿挺拔，无胯部动作及过分膝盖屈伸。用踝关节和脚掌平踏地面完成舞步。动静鲜明，力度感强，发力迅速，收步敏捷顿挫，源于法国，盛行于西班牙，系据西班牙斗牛场面创作而成。男为斗牛士，气宇轩昂，刚劲威猛，女为红色斗篷，英姿飒爽，柔美多变。

十二、牛仔舞(Jive)

用 J 表示,拉丁舞项目之一。旋律欢快,强烈跳跃,节奏为 4/4 拍,每分钟 42～44 小节、六拍跳八步。由基本舞步踏步、并合步,结合跳跃、旋转等动作组合而成。要求脚掌踏地,腰和胯部作钟摆式摆动。特点是舞步敏捷、跳跃,舞姿轻松、热情、欢快。源于美国,原是美国西部牛仔跳的踢踏舞,20 世纪 50 年代爵士乐的流行,加速和完善了这种舞蹈,但风格上还保持美国西部牛仔刚健、浪漫、豪爽的气派。

第三节　恰恰舞的几种基本步和常用步的图解

一、左右横并式基本步

预备:开立,重心在右脚,左脚侧点地,两臂自然张开在体侧或叉腰。

第一小节:

2 拍:左脚向前一步,右腿稍屈膝,重心中间偏前,胯向左后扭摆,如图 19-1。

3 拍:右腿伸直,重心回到右脚,胯向右后扭摆,如图 19-2。

4 拍:左脚向左侧出一步,胯部左扭,如图 19-3。

图 19-1

图 19-2

图 19-3

半拍:右脚追并左脚,胯部回扭,如图 19-4。

1 拍:左脚再侧出一步,重心在左脚,胯向左后扭腰,如图 19-5。

图 19-4

图 19-5

第二小节:

2 拍:右脚后退一步,重心后移,左腿伸直,胯向右后扭摆,如图 19-6。

3 拍：重心前移到左脚，胯向左后扭摆，如图 19-7。

图 19-6

图 19-7

4 拍、半拍、1 拍三拍动作同第一小节，唯左右交换。

二、进退锁步式基本步

预备：开立，重心在右脚，左脚侧点地，两臂自然张开在体侧或叉腰。

第一小节：

2、3 拍同图 19-1、图 19-2。

4 拍：左脚向后伸退一步，随即重心后移，如图 19-8。

半拍：右脚追退成锁步，如图 19-9。

1 拍：左脚再后退一步，重心在左脚，胯向左后扭摆，如图 19-10。

图 19-8

图 19-9

图 19-10

第二小节：

2、3 拍同图 19-6、图 19-7。

4 拍、半拍、1 拍三拍动作同第一小节逆向，前后、左右相反。如图 19-11、图 19-12、图 19-13。

三、常用步——手接手

预备：两人面对面双手相拉站立，两脚分开，一人重心在右脚，另一人重心在左脚，另一脚侧点地。

第一小节：(以其中一人为例)

2 拍：以右脚掌为轴左转 90°，左脚后退成右并肩位，右手拉同伴左手前伸，左手向左侧

图 19-11

图 19-12

图 19-13

展开，如图 19-14。

3 拍：重心移到右脚，胯向右后扭摆，身稍右转，如图 19-15。

图 19-14

图 19-15

4 拍：继续右转至 90°，左脚向侧一步，胯部左扭与同伴双手相拉，如图 19-16。

半拍：右脚追并左脚，胯部回扭，如图 19-17。

1 拍：左脚再侧出一步，重心在左脚，胯部左后扭摆，如图 19-18。

图 19-16

图 19-17

图 19-18

（第二人动作方向相反）

第二小节动作反方向进行。

下篇 体育养生

第二十章 保健推拿与按摩拍打法

第一节 保健推拿

一、简介

保健推拿是运用推拿或自我推拿方法，并结合功法或导引等，调整人体生理功能、病理状态的推拿方法。目的是消除疲劳、防病强身、保健养生、健美容颜、抗衰延年。其特点是在中医辨证的基础上，以穴位和特定部位推拿为主，配合气功和肢体活动，具有疏通经络、调和气血和脏腑功能等作用。

原始人已了解到简单的抚按、舞蹈对人的身心健康有很大作用。先秦时期甲骨文载“头梳、陶搓”可洁身美发，并由此发展为“栉头、摩面”等自我按摩，不但治病，还可健身。马王堆汉墓出土《五十二病方》载药巾按摩，表明当时养生保健和性保健已相当普遍；帛画《导引图》是人类第一幅医疗保健体操图，集武术、体操、气功、按摩为一体。

中国最早的推拿专著《黄帝岐伯按摩》十卷（已佚）书目载于《汉书·艺文志》中。其内容以保健按摩为主，可达到外无身形病痛，内无精神烦恼，延年益寿。汉代张仲景《金匮要略》将膏摩列为保健方法。《神农本草经》有“作摩膏，除小儿百病”的记载。

魏晋隋唐时期，保健推拿有很大发展。晋代葛洪《抱朴子》有固齿聪耳的局部保健法。梁代陶弘景《养生延命录》有全身保健推拿法，并重食后运动和摩腹结合。隋代巢元方《诸病源候论》主载自我推拿，重摩腹养生。唐代孙思邈《千金要方》则重日常保健推拿，有“每日必须调气补泻、按摩、导引为佳，勿以康健，便为常然，常须安不忘危，预防诸病也”；有食后、起床后等具体操作方法；小儿“早起常以膏摩囟上及手足心，甚辟风寒”，首倡小儿保健推拿；养生卷还载有“天竺国按摩法”、“老子按摩法”二套系统自我按摩法。

明清时期，胡文焕《格致丛书》辑录各家保健推拿，详述原理、具体方法和导引功势等。此期大量小儿推拿专著中详论小儿保健推拿。

现代，保健、放松、美容推拿极为盛行。如运动员比赛前后进行推拿，以调整竞技状态，提高成绩，消除疲劳，迅速恢复体力。

二、五官保健推拿

包括头部及眼、鼻、耳、口的保健推拿。要求每日一次，晨起为佳。

(一)头部保健推拿

可促进脑部血液循环，具有醒脑明目、止眩生发、镇静安神、增强记忆及防止脑老化的作用。并防治高血压等症。

方法:(1)揉印堂、神庭。用食指或中指按揉两眉间正中印堂穴，次揉前发际正中上 0.5 寸神庭穴各 1 min。(2)推前额。先用指自印堂向上推至神庭穴，再以前额正中线为中心，自印堂依次向上至前发际向两侧分推，各 1 min。(3)按揉太阳。前额分推后，指止于太阳穴，作两侧同时按揉各 1 min。(4)摩揉头侧。按揉太阳后，用食、中、无名三指摩揉双侧颞部，先向上，绕至耳后，并按揉乳突 1 min。(5)揉百会。用手指揉头顶正中百会穴(前正中线与折耳后两耳尖连续交叉点)1 min。(6)摩头。用三指沿头正中线，自前发际向后摩至后发际 1 min。(7)揉枕骨。用三指揉枕骨下缘 1 min。(8)疏五经(梳头)。五指适当分开，沿督脉、膀胱经、少阳经共五条线，自前发际向后梳至后发际 1 min。(9)揉风池。用双手拇指或食、中指同时按揉两侧风池穴 1 min。(10)叩头。用两手十指尖，垂直向下叩击整个头部 1 min。

(二)眼保健推拿

具有消除两眼疲劳、提高视力等作用。可防治近视、老年白内障、青光眼等眼疾。

方法:(1)揉攒竹。用两手指按两眉头之凹陷处攒竹穴，按揉 1 min。(2)揉鱼腰。用两手指按揉两眉中点鱼腰穴 1 min。(3)揉丝竹空。用两手揉眉梢处凹陷丝竹空穴 1 min。(4)揉太阳。用两手指揉两侧太阳穴(眉梢与目外眦间向后约 1 寸凹陷处)1 min。(5)揉承泣。用两手指揉承泣穴 1 min。(6)揉四白。用两手指揉瞳孔直下 1 寸，眶下孔凹陷处四白穴 1 min。(7)揉阳白。用两手指揉瞳孔直上，眉上 1 寸阳白穴 1 min。(8)熨目。两掌摩热，轻压双目 30，再轻揉 10 余次。(9)按睛明。用两手中指或食指侧，按压目内眦 0.1 寸睛明穴 1 min，并可轻轻揉动。(10)刮眼眶。两食指屈曲，用中节桡侧缘自内向外刮上、下眼眶共 1 min。

(三)鼻保健推拿

具有促进鼻腔生理功能、防止鼻黏膜老化，及调整全身气血、增强抗病能力的作用，并防治感冒、鼻炎等症。

方法:(1)捏山根。用两指捏目内眦之间 1 min。(2)揉迎香。用两手指揉鼻翼旁 0.5 寸，鼻唇沟中迎香穴 1 min。(3)推鼻梁。用手指自鼻尖素髎穴向上沿鼻梁正中推至印堂穴，反复 10 余次。(4)浴鼻。用两手指先点按攒竹穴，分别向下沿鼻两侧至迎香穴，再点按迎香，如此反复数十次。(5)揉巨髎。用两手指揉瞳孔直下，平鼻翼下缘处巨髎穴 1 min。(6)摩上星。用三指摩前发际正中上 1 寸处上星穴 1 min，小儿可擦前囟门。(7)掐揉合谷。用指甲掐合谷，继揉之，两侧交替各 1 min，掐 6～7 下。(8)推列缺。用拇指腹推桡骨茎突上方，腕横纹上 1.5 寸列缺穴，两侧交替各 1 min。

(四)耳保健推拿

具有聪耳明目、调整全身功能状态的作用，并防治耳鸣、耳聋等耳疾。

方法:(1)揉耳周。用两手指按揉双侧耳门、听宫、听会、翳风、角孙等穴，各 1 min。(2)揉耳后高骨。用两手指揉耳后入发际高骨下凹陷 1 min。(3)扯耳。用两手握耳向外扯拉 10 余次。(4)揉耳轮。用两指捏住耳轮，自上而下捏揉 10 余次。(5)按耳窍。两掌摩热，先熨耳并按住耳孔，一松一紧，随按随放地按压数次；或用两食指入耳道，轻按揉，亦随按随放数次。(6)摩腰。两掌摩热，于腰眼处摩热为度。

（五）口腔保健推拿

具有通荣卫、润五脏、固齿、健肾的功能，防治齿松龈痿、舌乳头萎缩，并促进唾液腺的分泌功能，促进消化。

方法：(1)叩齿。口轻闭，上下齿叩击，先侧齿、后门齿10余次。(2)咽津。用舌尖抵齿、龈及上下腭，并顺牙床搅动，待津满，用力咽下。(3)摩龈。净手蘸淡盐水按摩上、下牙龈数次。(4)刮舌。舌伸缩，用上牙刮舌面数次。(5)揉地仓。用拇、食指按住口角旁0.4寸处地仓穴，按揉1 min。(6)按揉颊车。用两手指在下颌角前上方一横指凹陷中，咀嚼时咬肌隆起处颊车穴按揉1 min。

三、五脏保健推拿

包括心、肝、脾、肺、肾的保健推拿。要求每日一次，晨起或睡前操作。

（一）心保健推拿

具有养血安神、疏调血脉、镇静除烦、调汗驻颜的作用，使人神清气爽、朝气蓬勃，改善心脏血液供应、增强心脏功能、防治冠心病等。

方法：(1)揉膻中、巨阙。用三指揉前正中线，平第四肋间隙处膻中穴2 min；脐上6寸巨阙穴2 min。(2)推胸骨。用拇指自正中天突穴向下推至鸠尾穴，反复施术10余次。(3)推肋。用两拇指沿两侧肋缘自上而下向两侧分推1～3 min。(4)摩乳。用两手在乳周、乳头轻摩1 min。(5)擦胸。两掌摩热，自胸骨向左侧擦胸至腋中线止1 min。(6)揉臂。用指揉上臂内侧，以心经、心包经为重点，并着重在郄门至内关按揉1～3 min。(7)点神门、太渊，提臂。用拇指按揉腕横纹尺侧端，尺侧腕屈肌桡侧凹陷中的神门穴；腕横纹桡侧端，桡动脉桡侧端凹陷中的太渊穴各1 min，并提臂数次。(8)拿肩井。用四指拿两侧肩部隆起大筋数次。(9)擦揉厥阴俞、心俞、膈俞。用两拇指按揉背部第4、5、7胸椎棘突下旁开1.5寸的厥阴俞、心俞、膈俞各1 min，再擦数次。

（二）肝保健推拿

具有疏肝理气、镇静安神、舒筋通络、和胃降逆、养血明目的作用，防治肝、胃病及精神抑郁等症。

方法：(1)推胸腹。两掌并排自胸骨上缘向下推至腹数次。(2)按揉幽门、期门、章门。用拇指揉脐上6寸，旁开0.5寸幽门穴；前正中线旁开4寸，第六肋间隙，乳头直下期门穴；腋中线，第十一肋端下际之章门穴，各1～2 min。(3)摩三腹。用掌摩上、中、下三腹各1～2 min。(4)搓胁肋。两手自腋下向腹中脐部搓擦胁肋部10余次。(5)揉推肝俞、脾俞。用两拇指在第9、11胸椎棘突下，旁开1.5寸之肝俞、脾俞穴按揉各1 min，并推数次。(6)推揉下肢。沿下肢胆经自上而下推至双足外侧10余次，沿下肢内侧肝经揉10余次。(7)点筋缩、曲泉。用拇指点按第九胸椎棘突下凹陷处筋缩穴，屈膝内侧横纹头、胫骨内髁后，半膜、半腱肌前曲泉穴各1 min。(8)拿肩井。用四指拿两侧肩部隆起大筋数次。

（三）脾保健推拿

具有助脾强肾、消积化滞、增进食欲、生血养颜、充肌健身的作用，防治胃病、补气血、抗衰老。

方法:(1)摩腹揉脐。用掌以中脘(脐上 4 寸)为中心,摩腹,继用掌揉脐共 5～10 min。(2)拿腹。沿腹部正中线旁开 2 寸之胃经线,用三指拿提数次;一侧后,再另一侧拿提。(3)捏脊。自长强至大椎捏提皮肤数次,以脾俞、胃俞、肾俞重点提捏。(4)推揉下肢。沿小腿前外侧胃经线推揉,以足三里、上巨虚为重点,行双侧。(5)揉小腿。两手拿揉小腿后侧腓肠肌 10 余次。(6)揉公孙、三阴交。用拇指揉足内侧,第一跖骨基底前下缘,赤白肉际处之公孙穴;内踝高点上 3 寸,胫骨后缘之三阴交穴,各 1 min。

(四)肺保健推拿

具有固卫抗邪、宣肺利窍的作用,防感冒等呼吸系统疾病,并调整全身功能状态。

方法:(1)按揉中府。用两手拇指按揉胸上外侧,正中线旁开 6 寸,平第一肋间隙处之中府穴 1～2 min。(2)揉膻中。用三指揉两乳连线中点,平第四肋间膻中穴 1～2 min。(3)压胸。用掌相叠,随呼吸按压胸骨数次。(4)推胸肋。用两拇指沿两侧肋间自上而下向两侧分推 10 余次。(5)擦揉背。先用两手拇指沿背部膀胱经,以肺俞为重点揉脊柱两侧;再用掌从中向两侧擦背部 10 余次。(6)捏揉上肢。沿上肢内侧肺经循行线,由上至下顺序按揉1～3 min。(7)拉提上肢。两手点按鱼际穴(第一掌骨桡侧中点)向下牵拉上肢并上提数次。(8)按揉曲池、外关。用拇指按揉曲池穴(屈肘,肘外横纹端)、外关穴(腕背横纹上 2 寸,尺桡骨之间)各 1 min。(9)叩胸背。用虚掌轻叩胸背部 10 余次。

(五)肾保健推拿

具有补肾壮阳、充脑增智、壮骨强身、促进生长发育的作用。

方法:(1)摩丹田。掌摩热,置脐下 3 寸下丹田处摩 3～5 min。(2)摩腰眼。两掌摩热,在背侧腰眼处摩 3～5 min。(3)推脊柱。先沿背部督脉点按诸穴,以命门、身柱等为重点,再用掌推(自下而上);沿脊旁 0.5 寸夹脊穴处,用中、食指置于脊柱两侧,向上推至大椎;沿背部膀胱经第一侧线,先重点按揉肝俞、脾俞、肾俞等穴,再用指或掌向上推至大椎旁。(4)擦腰骶。用掌或小鱼际擦腰骶部,透热为度。(5)揉下肢。沿肾经,自太溪至阴谷揉小腿内侧 1～3 min;沿胃经揉小腿前外侧 1～3 min。(6)按揉足三里。用拇指按揉足三里穴(膝眼下 3 寸,胫骨棘外一横指处)1～3 min。(7)按揉百会穴。用手指按揉头顶正中百会穴 1 min。(8)擦涌泉。用拇指擦足底前正中凹陷涌泉穴,透热为度。

四、四肢保健推拿

具有疏经通络、强筋健骨、滑利关节、防老健身等作用,防治肩周炎、腱鞘炎、肢体软弱无力等病症,每日一次。

(一)上肢保健推拿

方法:(1)揉颈肩。用掌指自颈侧向下捏揉至肩部 10 余次。(2)按揉肩井。用手指按揉肩井部,并岗上、下窝部 1～3 min。(3)拿揉三角肌。用五指拿揉肩头隆起之三角肌 1 min。(4)按揉肩髃、肩髎、肩贞。用指按揉肩髃穴(肩平举,肩峰前下凹陷处),并向下按揉结节间沟处;按揉肩贞穴(肩关节后下方,腋后纹头上 1 寸)、肩髃穴(肩平举,肩峰后下凹陷处)各 1～2 min。(5)摇肩。屈肘,顺、逆时针摇动肩部各 10 余次。(6)搓揉上肢。用两手自肩始向下搓揉至腕部;如单手可先内侧,后外侧搓揉伸、屈肌群。(7)点按曲池、少海。用拇、食指分别按住曲池穴(屈肘,肘横纹头外侧端)、少海穴(屈肘,肘横纹头内侧端),屈伸肘关节 10 余次。(8)揉腕、点揉外关。用指揉腕横纹处腕周各穴,并点揉外关穴(腕背横纹上 2 寸,尺桡骨之间)1～3 min。(9)摇腕。一手握腕,一手握指,顺、逆时针摇腕关节 10 余次。(10)揉掌指关节。用两指依次按揉掌指关节部,以掌侧面为重。(11)捋指。用拇指和弯曲的食指捋抻各指 10 次。(12)叩指。两手十指自然弯曲,指尖垂直向下叩击 30 次。

(二)下肢保健推拿

方法:(1)拿揉大腿。用五指拿揉大腿各肌群,以股四头肌为重点。(2)拿血海。用拇、食指分别拿住血海穴(髌骨内上缘上 2 寸)、梁丘穴(髌骨外上缘上 2 寸),向上捏拿 10 余次。(3)揉髌骨。先用掌揉髌上,继用指揉髌周 1～3 min。(4)按揉委中。用指按揉委中穴(膝横纹中点),并屈伸膝关节 10 余次。(5)推揉足三里。用拇指沿胫前外侧一横指足阳明胃经自外膝眼向下至踝,以足三里穴为重点,推揉 2 min。(6)拿小腿。用五指拿小腿后侧肌群 2 min。(7)拿三阴交。用三指自三阴交至太溪拿揉 1 min。(8)摇踝。一手握足趾,一手托足跟,顺、逆时针摇踝关节 10 余次。(9)屈足。手握足,使踝极度屈曲或过伸,并维持数秒,反复数次。(10)屈趾。手扳趾,作屈伸动作 10 余次。(11)擦涌泉。用指擦涌泉穴(足掌正中凹陷处),透热为度。(12)叩腰臀。用拳背叩击腰骶部及臀部 30 次,自己做则可用桌角等抵压即可。(13)抻下肢。手握踝,使膝屈,再快速抻直,反复数次。如自己做,可平卧,屈膝靠腹,再用力下蹬;或足上抬垫物,俯身弯腰,牵拉下肢亦可。

五、美容保健推拿

颜面是人体脏腑经气的外在表现,面部美容亦需中医辨证来实施,由内治外,通过脏腑经气的调整,达到养颜、消斑、去皱及延缓自然衰老速度的作用。

方法:

1. 摩腹。搓掌令热,摩脐下 3 寸 1～3 min。
2. 揉中脘。掌揉脐上 4 寸中脘穴 1～3 min。
3. 摩膻中。用三指摩前正中线,平第 4 肋间处 1～3 min。
4. 摩印堂。用三指摩两眉间中点印堂穴 1～3 min。
5. 按揉合谷。用指按揉虎口近第二指骨中点处合谷穴 1 min。
6. 推前额。用指自中间向两侧推至太阳穴数次,并揉太阳穴。
7. 按揉头维。用指按揉两侧头维穴(头侧部,额角发际上 0.5 寸)1 min。
8. 揉眼周。依眼轮匝肌顺序揉 1～3 min。
9. 浴鼻。两手指先点按攒竹穴(眉头凹陷处),向下沿鼻侧至迎香穴(鼻翼旁 0.5 寸,鼻唇沟中)捋之,继揉迎香穴 10 余次。
10. 揉口周。依口轮匝肌顺序揉之 1～2 min。
11. 摩颊。用掌摩两颊至热。
12. 点揉颧髎、下关、颊车。用两手指点揉颧髎穴(目外眦直下,颧骨下缘凹陷)、下关(耳前,颧弓与下颌间凹陷)、颊车(下颌角前上方一横指,咀嚼时咬肌隆起高点),各 1 min。
13. 揉耳前三穴。用指揉耳门(耳屏上切迹前方,下颌骨髁状突后缘,张口凹陷处)、听会(耳屏间切迹前)、听宫(耳屏前,下颌骨髁状突后),各 1 min。
14. 梳头。用五指由前发际向后发际梳拿头顶、头侧 10 余次。

15. 叩顶。两手十指微屈，指尖垂直向下叩头 1 min。

16. 推背俞。自大椎始，沿后正中线旁开 1.5 寸，膀胱经线向下推揉至骶部。

据辨证，相应以肺俞、厥阴俞、心俞、膈俞、肝俞、脾俞、胃俞、肾俞、大肠俞等重点按揉 3～5 min。

17. 拿三阴交。用三指自三阴交拿至太溪穴 1 min。

18. 拿血海。用拇、食指分别按血海、梁丘穴拿揉 1 min。

19. 按揉足三里。用拇指按揉足三里穴 1～3 min。

20. 擦涌泉。用指擦涌泉穴，透热为度。

每日一次。不可随意乱用护肤、美容品，少食辛辣刺激品。

第二节　按摩拍打法

一、简介

按摩是通过医者施行各种专门手法作用于人体，达到调阴阳、营卫气血、通经络、利关节、养精神、除疲劳等作用，减轻或解除病痛的一种医疗体育方法，是祖国医学的宝贵遗产，有悠久的历史。《汉书·艺文志》就有《按摩十卷》的记载。经几千年来的发展，逐步形成系统的专科医学，手法丰富，运用广泛。如用于临床治疗的称“医疗按摩”，用于强身防病的称“保健按摩”，涉及运动实践的称“运动按摩”。

运动按摩在应用上因目的、任务的不同，又可分为：(1)以提高运动成绩和预防创伤的赛前和训练前按摩。(2)赛后帮助运动员消除疲劳，恢复体力的恢复按摩。(3)治疗运动伤病的医疗按摩。

(一)按摩对机体的作用

1. 按摩对皮肤的作用

按摩首先按触皮肤，对皮肤直接发生作用。皮肤里有皮脂腺、丰富的毛细血管、淋巴管和末梢神经。这些组织对身体起着保护、分泌、调节体温等作用。直接接触肌肤操作的摩擦类手法，可以使皮肤表层的衰老的细胞脱落，改善皮肤的呼吸，有利于汗腺和皮脂腺的分泌，增强皮肤的光泽和弹性。强刺激手法，可引起部分细胞蛋白质分解，这种物质能活跃皮肤的血管和神经。加上手法的机械能转化为热能的综合作用，引起毛细血管扩张，血液的流速流量加强，因而改善皮肤肌血的营养供应，使肌萎缩得以改善，损害的组织得以修复并可使局部温度升高。又能通过末梢神经传到中枢，影响整个机体。

2. 按摩对神经系统的作用

按摩对神经系统的作用，是由于神经反射而引起的，通过按摩能调整神经系统兴奋和抑制的相对平衡，运用不同手法和不同强度的按摩，对神经系统引起的作用也不相同，如缓和较轻而又有节律的手法，反复刺激，对神经有镇静抑制的作用。急速较重、时间较短的手法，对神经有兴奋的作用。

按摩对植物性神经有很大的影响，因此按摩能引起内脏、血管、腺体等机能活动的改变。对精神方面的作用，也是不能忽视的。

3. 按摩对循环系统的作用

按摩可加速静脉血和淋巴液的回流，被按部位的毛细血管通透性增强，血液流速加快，流量加大。由于病变部位血液循环和淋巴循环的改善，给组织营养以良好的条件，促进损伤部位的水肿和病变产物的吸收，使肿脓消除。

按摩可引起血液成分和代谢变化。试验证明：按摩后白细胞总数和吞噬能力增加，白细胞分类变化中淋巴细胞比例升高，红细胞轻度增加，血清中补体效价、氧的需要量、排氮量、排尿量和二氧化碳的排泄量也都有增加。

按摩引起血管排空，可使大循环中动脉部分阻力降低，因此就减轻了心脏的工作。对高血压病人进行腹部按摩，能降低血压。以上这些好处，不单由于局部受机械刺激所致，而是通过神经、体液因素，反射性地提高机体的某些防御机能，同时与经络传导也有一定关系。

4. 按摩对运动系统的作用

按摩能提高肌肉的张力及工作能力，降低其疲劳度以及减少肌肉萎缩之程度，同时还能影响细胞的胶质状态。按摩能使肌肉毛细血管开放增多，使肌肉群获得更多的血液，使肌肉中的含糖量增高，改善肌肉的营养，因而按摩对治疗和预防肌肉疲劳、肌萎缩、肌痉挛等都有一定效果。

按摩可增强肌肉和韧带的柔韧性，促进关节骨液的分泌和关节周围的循环，增大关节的活动范围，消除关节中的挛缩和肿胀，使被按摩关节温度升高，从而达到关节的活动障碍早日消除。

此外，对运动后肌肉酸痛进行按摩，能促进代谢产物（如乳酸）消散，使肌肉放松。

（二）按摩的治疗原则及注意事项

“治病必求其本”是祖国医学辨证施治的基本原则，也是按摩治病的根本原则。所谓求本，指的是治病要看到疾病的本质。有些疾病，虽然按摩的作用不能及本，只能治标，但不了解本，治标也是盲目的。如骨折发生疼痛肿胀，在体位固定后，动静结合，适当施以按摩手法，可帮助消肿止痛，恢复功能。可是在未明确疼痛肿胀是骨折造成的情况下，草率按摩，就会贻误病情，加重损伤。所以，尽管按摩作为一种治疗方法，有其局限性，治病中还必须遵循“治病必求其本”的根本原则。

在选取按摩穴位和部位上，外伤疾患一般是以痛为输，局部取穴，因为肌肉、韧带和关节的病变，其症状表现部位大多即是病变部位的区域。但如果急性损伤，局部疼痛肿胀剧烈，就应该先选取邻近的穴位和部位进行手法操作，待病情稍有缓解，再在局部操作。

按摩应顺淋巴流动方向进行。

在临床按摩中，尚需注意：

1. 对按摩者要求具有全心全意为人民服务的精神，不怕苦、不怕累，严肃认真的工作作风。

2. 按摩者的手应保持清洁，指甲应修短，以免损伤被按摩者的皮肤。

3. 由结核菌、化脓菌所引起的运动器官痛症、癌症，皮肤病变损害处，皮开肉绽及烫伤处不宜进行按摩。

4. 急性损伤早期、损伤局部及正在出血的部位不宜施按摩手法。

5. 关节脱位处以整复手法为主。

6. 妇女在怀孕期和月经期，腹部和腰部不宜使用按摩手法。

7. 患者饥饿时及剧烈运动后，按摩时需防止晕倒，

二、常用的基本手法

1. 按揉：是按法与揉法结合应用，组成“按揉”复合手法。

[手法]按，是用拇指或掌根等部位，接触体表的特定部位或穴位上，逐渐用力深压，按而留之，称为按法。

揉，是在按的基础上，应用腕力，不离原位地或左或右旋转揉动。

点穴按揉或小面积按揉常用指，大面积按揉常用掌。

[动作要领]手腕放松，以腕关节连动前臂一起作回旋活动。压力要轻柔。一般速度每分钟120～160次。

[临床应用]本法适用于全身各部。常用于新伤引起的红肿疼痛、陈伤、劳损，对于肢体酸痛、麻木、脊柱侧弯及胃痛、腹痛等常用本法治疗，具有宽胸理气、消积导滞、松肌解痉、活血祛瘀、消肿止痛作用。常作为治疗方案中的数种手法的第一步骤而广泛应用。

2. 推摩：

[手法]推，是用指腹(常用拇指)或手掌的大小鱼际部，平稳地置于肢体体表，稍加按压之力，缓缓向上下或左右推动。摩，是在推的基础上摩动、滑擦，较推法用力略小，速度稍快。两手法往往配合施行，即下推则上摩，上推则下摩。部位小用指推摩，面积大用掌推摩。

[动作要领]要求有刚有柔，刚柔相济，即体表感觉轻柔、内里力量刚动。

[临床应用]本法是一种柔和温熟的刺激，具有舒筋活络，通经散结、散风祛寒的作用。是治各种伤筋的常用手法，特别对陈伤劳损应用更多。

3. 捏拿：

[手法]捏拿是用拇指与食、中、无名指相对，捏住筋肉稍稍提起，然后放松的手法。

[动作要领]捏拿动作要缓和而有连贯性，捏时稍加用力，指劲要柔韧，提时只有上提之意，放松时手指不要离体表，应顺筋肉走向自上而下依次进行，用劲由轻到重，不要突然用力。

[临床应用]捏拿手法刺激较强，具有缓解筋肉痉挛、祛风散寒、开窍止痛等作用，常用于四肢及颈项部的陈伤和劳损、关节筋骨酸痛等症，急性劳损捏拿手法应轻柔。

4. 拨筋：拨筋也称拨络。

[手法]用拇指或食、中、无名指，按于筋肉之一侧，顺筋肉走行的垂直方向用力弹拨筋肉；自筋肉之一端依次向另一端弹拨，反复进行。用力大小应视病情与患者耐受程度而定。

[临床应用]本法可起顺筋、解痉、松解粘连的作用。多用于陈伤和慢性劳损等，四肢关节部、颈、腰、背、臀、四肢筋肉均可应用。

5. 转摇：转，即旋转或环转。摇，即摇摆晃动。

[手法]手摇肢体使其在某一方向或几个方向上摆动、旋转，进而作环转运动的手法。

[临床应用]本法主要用于治疗肢体大关节部位的陈伤与劳损。能舒筋解痉、松解粘连、滑利关节、恢复关节的生理活动范围。

[动作要领]动作要缓和，用力要稳，转摇方向及幅度须在生理许可范围内进行，由小到大，由轻而重，由慢至快。

6. 屈伸：

[手法]一手握持关节部位，一手握肢体远端，稍加伸之力，顺其生理活动方向使关节作

被动屈伸活动的手法。

[动作要领]动作应缓慢轻柔，屈伸活动度由小到大，到达一定活动度时在病人能耐受的前提下，猛力做一次屈伸动作，以活动不合缝之关节或拉开粘连，恢复其最大生理活动范围。

[临床应用]本法的作用与转摇大致相同，但在能作旋转运动的球窝关节，才可作转摇手法；而屈伸手法，则只适用于以屈伸活动为主的滑车关节。如肘膝、踝关节等。

[注意]筋肉撕裂或断裂新伤者禁用。

7. 滚法：

[手法]用手的小鱼际外侧缘及3、4、5掌指关节的背侧，按于体表，利用腕力和前臂的前后旋转，反复滚动。

[动作要领]掌指与指尖关节半屈位，顺着筋肉走行方向，自上而下，或自左而右，按部位顺序操作。用力大小需根据病情和部位及患者的耐受程度而定。筋肉薄弱处宜轻，筋肉丰厚处宜重；新伤宜轻，久伤宜重；体弱者宜轻，体壮者宜重。

[临床应用]本法常用于理筋手法，对陈伤和急慢性劳损用之最多。尤其面积大的部位如肩、背、腰、臂、股部位更为适用，用其舒筋活血、疏通经络、祛风散寒、解痉止痛。

8. 搓法：

[手法]两手相对，掌指关节半屈位。按于肢体两侧，如环抱状，来回搓动，谓之搓法。

[动作要领]双手用力要对称，搓动要快，移动要慢。

[临床应用]本法多用于四肢及腰部的伤筋病症。有缓解肌筋痉挛与紧张的作用，多作为其他按摩手法后的调理。

9. 叩击：

[手法]用手掌或小鱼际或拳，叩击新伤部位体表称为叩击。

[动作要领]a. 掌叩击法：手指并拢微屈，自然放松，腕伸直，用掌根及大小鱼际部叩击患部。b. 拳叩击法：手握空拳，腕伸直，用拳背平击患部。

[临床应用]本法多用于陈伤和劳损，且筋肉丰厚的部位较为适宜。常与其他按摩手法配合，应用于风湿酸痛，局部知觉迟钝，肌肉痉挛等症治疗。有舒筋解瘴、调和气血、消除肌肉疲劳的作用。

10. 牵法：牵，即牵拉之意。

[手法]用手握住肢体远端向远侧牵拉，称为牵法。

[动作要领]嘱患者尽量将筋肉放松，以持续之力牵引患肢，力量应徐徐增加，牵力之大小和持续的时间，视病情和部位而定。筋肉丰厚部位牵力应大，时间亦应较长。

[临床应用]主要用于四肢和腰部的关节错位、伤筋、陈伤和劳损等症，在正骨手法中应用牵法以正复关节脱位或骨折移位。

11. 抖法：

[手法]用手握住肢体远端，在向远端牵的基础上，微用力作连续的小幅度的上下或左右颤动，称为抖法。

[动作要领]抖动的幅度要小，频率要快。

[临床应用]本法可用于四肢部，以上肢为常用。常与搓法配合，作为治疗的结束手法。治疗作用与搓法相同。

12. 斜极法：为颈腰部常用的理筋手法之一。

[手法]颈项部:患者正坐,术者立丁背侧,一手扶枕部,一手托下颏,使颈略前倾,下颏内收,稍用力上提,并左右摇转晃动,最后用力将下颏向一侧作一稳妥斜极。

[动作要领]动作必须缓和,用力要稳,两手动作要配合得当。

[临床应用]本法常与其他手法配合应用,治疗颈部伤筋、落枕、腰部扭伤、腰部后关节机能紊乱、滑膜嵌顿、腰部劳损等症。有松解痉挛,活动关节,使关节恢复正常功能的作用。

第二十一章　导引养生功

第一节　简　介

导引养生功是一套医疗体操。它继承了我国导引养生学，综合武术、体操动功，结合呼吸吐纳静功，采取自我按摩，以气血为理论指导，依经络循环行动向等，形成五位一体。该功法适用于成年人，尤其中年人锻炼。不受器材，场地的限制。

第二节　练习方法

一、预备式

开步站立，周身放松。

要求：两眼轻闭或平视前方，舌抵上腭，上下牙齿相合。两手叠于丹田，男、女左手在里，默念练功口诀：夜阑人静万虑抛，意守丹田封七窍。呼吸徐缓搭鹊桥，身轻如燕飘云霄。口诀默念完毕，将两手垂于体侧；眼平视前方。

很多练功者十分注重对功法动作的模仿和熟练，但对于预备势却往往不甚重视。这样的结果很容易造成整套功法演练得散漫和神意外驰，失去了健身气功本来的风貌。

所谓预备势，是对练功者正式进入练功状态的身心调整。只有通过预备势做到了身心调整的状态，并在整个练功过程中保持这种状态，才算是达到了预备势锻炼的目的。

对应健身气功的意、气、形，应从三个方面做好预备势。

一是通过预备势把身体调整到周身中正的状态。预备势中的“双膝微屈，松静站立”、“头正颈直，下颏微收”、“含胸拔背，松腰敛臀”等，都是对身体外形的要求，但实质是为了要做到百会穴与会阴穴成一直线，这才是周身中正的关键之处。

二是通过预备势把呼吸调整到深长匀细的状态。俗话说，“形不正则气不顺”，预备势中形体的中正在某种程度上也是对呼吸的调节，再加上强调呼吸的自然，因此呼吸也就比较容易调节了。

三是通过预备势把散乱的心意调整到专一的状态。预备势中强调“目光内含”这一点极为重要。“目为心之先锋”，“其机在目”，通过目光内含可以很好地宁神静气。若做预备势动作时，练功者还在目光四顾或睁大眼睛，“心猿不定，意马四驰”，这时练功者必然心意散乱而不专注练功，神驰气散而不易归元。

二、第一式　乾元启运

强调“逢动必旋”，两臂内旋、两掌左右分撑时拇指须稍用力，以助臂的旋转幅度。有助于畅通手太阴肺经和手阳明大肠经脉，对伤风感冒、支气管炎等呼吸系统疾病有一定防治作用。

下蹲之深度因人而异,不宜强求一致。

默读“呼”音或意守丹田。

意守丹田,既便于排除杂念,净化大脑,又有助于补中益气,扶正培本,增强体质,提高身体抵抗力;呼吸六字诀云:“呼音与脾相配属。”故默读“呼”音,有助于和胃健脾。

三、第二式　双鱼悬阁

此式第1、第2两拍,每拍宜吸、呼各1次,并宜做到深长徐缓。

第2拍,功法要求上步时绷脚,落步时勾脚,其实是活动踝关节,而踝关节正是“原穴”所在处。因此,功法中有规律地活动踝关节,既可以增强经络运行气血、协调阴阳的生理功能,又可以提高经络抗御病邪、反映症候的病理功能,还可以加强经络传导感应、调整虚实的防治功能,从而收到维护正气、内安五脏、强身健体的效果。

身体旋转以腰为轴带动两掌。切脉时,无名指、中指、食指分别用指腹置于寸、关、尺部位(寸、关、尺三部指寸口而言。以掌后高骨处为关部,关前为寸,关后为尺)。呼吸不滞,动作连贯,上下肢协调一致。默读“呼”音或意守丹田(指关元)。

本式功法有助于提高肺功能,缓解咳喘等呼吸系统疾病;有助于提高脾胃功能,缓解消化不良、胃脘痛等消化系统疾病;有助于提高肾功能,对生殖、泌尿系统疾病有一定作用。

四、第三式　老骥伏枥

此式第1、第2两拍,每拍宜吸、呼各1次,并宜做到深长徐缓。

两掌握拳屈肘于胸前时,应以中指端点抠劳宫。点抠劳宫有益于提高心功能,对高血压、冠心病亦有一定缓解效果。

马步姿势之高低,因人而异,但勾手屈腕宜充分,并做到“商商相接”,即五指中的小指、无名指和中指自然背屈,食指自然伸开,大拇指内侧的少商贴在食指的商阳穴处,但此时少商和商阳并没有接通,只有少商和商阳相互捏压时,我们才能说这种勾手为“商商相接”。“商商相接”的主要目的就是要接通手太阴肺经与手阳明大肠经,使二经在手臂形成一个周天,我们称之为“臂周天”。“臂周天”的形成是为了激发、启动肺经、大肠经之井穴(少商和商阳),促使其二经脉气血周流。

屈腕成勾手和叠腕、卷指的动作,由于对肺经原穴太渊,心包经原穴大陵,心经原穴神门有按摩作用,故有助于强心益肺。补中气,壮元气,即扶植正气,强身健体。

默读“呬”音或以意识引导动作或意守太渊。吐“呬”音有助于益肺。

五、第四式　纪昌贯虱

心得:做第1拍“两掌前推”时,宜起于根,顺于中,达于梢。做第2拍“身体左转”时,上体宜正直,脚跟侧蹬切勿拔起。侧蹬时前脚掌要微微用力,以捻动涌泉穴。做第3拍时,重心宜下沉;眼先环视左掌,当身体转正时,再兼视两掌。做第4拍时,百会上顶,沉肩垂肘带手下落,将气沉入丹田。要求两手握拳收于腰间及拉弓射箭时,中冲要瞬间点抠劳宫,中冲点抠劳宫有助于清心降火,有益于提高心功能,对高血压、冠心病有一定缓解效果。精神集中,意守命门。意守命门和脚跟侧蹬捻动涌泉,激活肾经的源头,从而使肾经的经气源源不断的发出，有助于滋阴补肾、固肾壮腰。

六、第五式 躬身掸靴

心得：精神集中，意守命门。身体尽量舒展，幅度宜大，躬身掸靴时两腿伸直。但初学者和病患者可因人而异。身体直起宜缓慢进行，速度均匀。两手握拳收于腰间时，中冲也同样要瞬间点抠劳宫。中冲点抠劳宫有助于清心降火，有益于提高心功能，对高血压、冠心病有一定缓解效果。高血压病患者练习此势时，定要将头抬起。

人体前躬可作用于腰部和贯脊属肾的督脉，而腰为肾府，乃肾之精气所濡养之所，根据阴阳学说可知，时肾与膀胱相表里，而膀胱经又经过腰部。此外，督、冲、带诸脉亦分布于腰部。因此，经常习练"躬身掸靴"，有助于滋养肾阴、温补肾阳、纳气归肾固肾壮腰健脑增智。

七、第六式 犀牛望月

精神集中，意守命门。转腰幅度宜大，髋胯下沉，左膝或右膝前跪（指起势方向），后腿蹬直，后脚跟不得离地。侧蹬时前脚掌要微微用力，以捻动涌泉穴。两掌握拳时，中冲瞬间点抠劳宫。两臂旋转幅度宜大，速度均匀，切勿端肩、忽快忽慢。

此式通过转颈旋腰，有助于疏松颈项部和腰背部的肌肉、松解其粘连，缓解肩、肘、腕、颈、背、腰等部位的疼痛；畅通手三阴、手三阳经脉，有助于强心益肺、通调三焦、润肠化结；意守命门和脚跟侧蹬捻动涌泉，激活肾经的源头，从而使肾经的经气源源不断的发出，有助于滋阴补肾、固肾壮腰。

八、第七式 芙蓉出水

注意：第 1 拍卷指、弹甲（指甲）时，肩、肘、腕、指等各部要连贯不滞，"工于梢节"，儒雅大方。第 2 拍两腿下蹲成盘根步时，两臂一侧屈于胯旁，一侧挽回胸前，宜上下一致、手足相顾，既如莲藕茎盘地下，又似芙蓉（莲荷）飘摇飞舞，轻松自如。第 3 拍，随着身体直起，两掌根相靠上托，象征着阵阵微风中吹拂着的荷花，从清池水面中浮起。第 4 拍，左脚并步，宜百会上顶，沉肩顺项，沉肘带手垂于体侧。默读"呬"音或意守太渊。

主要作用：疏通手三阴经和手三阳经脉，有助于强心益肺、润肠化结、调理三焦等；疏通足三阴经和足三阳经脉，有助于和胃健脾、舒肝利胆、固肾壮腰；此式为全身性运动，有助于提高五脏六腑机能。

九、第八式 金鸡报晓

注意：精神集中，意守丹田（这里指关元）；上下肢协调一致、轻松柔和，潇洒飘逸；成独立势时，支撑脚五趾抓地，百会上顶，眼看远方，而同时屈膝后伸之腿，脚面绷平，脚底朝上；两勾手屈腕侧摆和屈腕上提时，宜舒胸展体，舒展大方，身体成反弓形，眼平视前方；呼气时，轻吐"吹"音。

脚跟拔起，压迫涌泉，有助于激发、启动足少阴肾经，滋阴补肾；成勾上摆，变掌下按，有助于疏通手三阴、手三阳之原穴、通经活络、颐养心肺、疏导三焦；吐"吹"音，有助于滋阴补肾。

十、第九式　平沙落雁

精神集中，意守劳宫；起吸落呼，周身放松；盘根步两腿内侧相靠；年老体弱多病者，可将动作难度降低，盘根步可做成歇步；呼气时，轻吐“呵”音。

意守劳宫，有助于通调手厥阴心包经，舒缓心脏，平调血液；两腿屈伸、下蹲盘根的动作，有助于畅通足三阴、足三阳经脉，对脾、胃、肝、胆、膀胱、肾等脏腑机能的提高有一定作用；吐“呵”音，有助于舒缓心脏。

十一、第十式　云端白鹤

第1拍，跷趾充分、合谷捻揉大包穴时，宜舒胸直背，百会上顶；第2拍，两腿下蹲，腿部内侧宜相靠；两掌左右分摆时，宜从左右两腕相靠开始，掌指依次卷曲，要求做到“四折”，即卷指、弹甲(指甲)时，腕、掌背、指等各部要连贯不滞，连绵不断；做第3拍时，百会上顶，带动整个身躯向上，两手抖腕亮掌时，中指端与肩髃穴上下基本对齐；做第4拍时，沉肩垂肘带手下落，将气沉入丹田；精神集中，意守丹田(指关元)。

脚趾上跷，压迫足少阴肾经之井穴涌泉，故有助于激发和启动其经脉，滋阴补肾；合谷捻大包，既有助于润肠化结，又有助于和胃健脾；两手头上抖腕亮掌，有助于通调三焦、疏通水道。

十二、十一式　凤凰来仪

做第1拍，百会要上顶，身体中正，以腰脊之转动带动两臂侧分、前摆。

第2拍，由虚步变成前腿伸直，后脚跟提起的动作，要体现连贯圆活的特点，要求上步时要绷脚，落步时要勾脚，目的主要是为了刺激“原穴”，加强自我按摩，两勾手的屈腕宜短暂，并稍用力，而且要注意“商商相接”，即五指中的小指、无名指和中指自然背屈，食指自然伸开，大拇指内侧的少商贴在食指的商阳穴处，但此时少商和商阳并没有接通，只有少商和商阳相互捏压时，我们才能说这种勾手为“商商相接”。

第3拍，随着吸气，提肛(其实是提会阴穴)收腹，重心后移，前脚尖一定要跷起，身体转正，眼兼视两掌，动作不停，两掌随两臂内旋经胸前、面前左右分掌时，宜舒胸直背，松腰敛臀；随着呼气，松腹松肛，左脚向右脚并拢，宜百会上顶带动整个身体逐渐直起；意守丹田，轻吐“呼”音。

主要作用：转身旋臂，有助于畅通任、督及手三阴、手三阳经脉。屈腕成勾手，“商商相接”的主要目的就是要接通手太阴肺经与手阳明大肠经，使二经在手臂形成一个周天，我们称之为“臂周天”。“臂周天”的形成是为了激发、启动肺经、大肠经之井穴(少商和商阳)，促使其二经脉气血周流。故有助于改善心、肺、大肠、小肠等脏腑之机能。脚趾上跷，对足三阴、三阳经之井穴、原穴产生良性刺激，故有助于提高肝胆、脾胃、膀胱、肾等脏腑之机能。吐“呼”音，有助于和胃健脾。

十三、第十二式　气息归元

要精神集中，意守采气归于关元；吸气时，百会上顶；呼气时，松腰敛臀，身体中正，周身放松；两掌内收回抱采日月精华时，注意气路由宽变窄，促使气流加速。同时，要注意，男性左手在里，女性右手在里，眼平视前方。

主要作用："关元"，位于任脉之上，属丹田之一穴。它是足三阴经与任脉的交会穴，又是小肠的募穴。中医称之为"长寿大穴"，具有显著的保健作用。故以意引气归关元，有助于壮中气、补元气，滋养脏腑，平调阴阳。

十四、收势

体会：做一套完整的功法，收功是不可缺少的重要一环，对练功功效的取得举足轻重，促使"颗粒归仓"，达到练功目的。任何一种健身气功功法，虽功法不同，练法有异，收功动作也不一样，但仍有一个共同的特点，那就是通过调心、调息、调身的锻炼，遵循着人体内气由产生、运行、归元这样一条循径走路的自然规律进行。当然，各种功法有其不同收功要求，都需把握好各自的尺度。

本功法收势要注意：精神集中，意守金津玉液；吞津咽液时，宜汩汩有声。

唾液乃"治阴虚无上妙方"，现代医学研究证明，唾液含有球蛋白、黏液蛋白、氨基酸、淀粉酶、溶菌酶、免疫球蛋白和各种微量元素等。唾液是天然防癌剂，具有使致癌物质转化为无害物质的功能。现代科学研究证明，唾液有助于改善糖类代谢，维持血糖恒定。

第二十二章　保健气功功法

第一节　概　述

气功是我国传统养生的主要方法之一，在我国有悠久的历史。气功的理论和功法丰富多彩，变化多端，然而，始终不出宁神入静，调息运气的范畴。气功的主要功效是保精、练气、养神。

我国气功的流派很多，方法各异。但无论哪种练功的方法，都具有一个共同点，都是通过气功修炼者发挥主观的能动作用，对身心进行自我锻炼。我国民间所流传的气功，来源于道教、佛教、儒家、医家和武术家各流派，也有来自民间，通常可分为硬气功和气功两大类。下面以六字诀功法介绍为例。

第二节　六字诀功法

一、简介

六字诀现存文献最早见于南北朝时梁代陶弘景所著《养性延命录》中。陶弘景是道教茅山派代表人物之一，同时也是著名的中医学家。《养性延命录・服气疗病篇》中记载："纳气有一，吐气有六。纳气一者，谓吸也；吐气六者，谓吹、呼、唏、呵、嘘、呬，皆出气也。……委曲治病。吹以去热，呼以去风，唏以去烦，呵以下气，嘘以散寒，呬以解极。"同时指出："心脏病者，体有冷热，吹呼二气出之；肺脏病者，胸膈胀满，嘘气出之；脾脏病者，体上游风习习，身痒痛闷，唏气出之；肝脏病者，眼疼愁忧不乐，呵气出之。"这些记载即后世"六字诀"或"六字气诀"的起源。

宋代邹朴庵的《太上玉轴六字气诀》对六字诀理论与方法的论述是历史上最详细的，对呼吸和读音方法作了具体要求："念时耳不得闻声……念毕低头闭口，以鼻徐徐吸天地之清气……吸时耳亦不得闻声。"另外，还增加了叩齿、搅海、咽津等预备功。

从现有文献来看，明代以前的六字诀不配合肢体动作，只是单纯的吐纳功夫。明代以后，六字诀开始有了肢体动作，将吐纳与导引结合起来。例如，胡文焕的《类修要诀》和高濂的《遵生八笺》等著述中都有《去病延年六字法》总诀的记载："肝若嘘时目睁精（精同睛），肺知呬气手双擎，心呵顶上连叉手，肾吹抱取膝头平，脾病呼时须撮口，三焦客热卧嘻宁。"这是最早的六字诀配导引动作的记述。

二、六字的脏腑归属

综合有关文献，根据《河洛精蕴》五音五行五脏的论述，我们认为六字诀与脏腑的对应关系应为：呵为舌音正对应于心——火，呼为喉音正对应于脾——土，吹为唇音正对应于肾——水，嘘(嘻)为牙音正对应于肝(胆)——木，呬为齿音正对应于肺——金。“嘻”通少阳经脉，既可疏通胆经，又可疏通三焦经脉。中医认为“少阳为枢”，通少阳即可调理全身气机，三焦的作用正是通行全身诸气。因此，在六字的脏腑对应上，“呵——心，呬——肺，嘘——肝，呼——脾，吹——肾，嘻——三焦”是合理而规范的。

三、六字的习练顺序

在习练六字诀中，若以治病为主要目的，应以五行相克的顺序习练：呵——呬——嘘——呼——吹——嘻。若以养生为主要目的长期习练，则应按五行相生的顺序：嘘——呵——呼——呬——吹——嘻。“健身气功·六字诀”用后者。

四、六字诀导引动作配合

1. 应符合六字诀吐纳法对人体气机的调整规律和节律，简捷明了，切实做好吐纳的辅助，而不应是导引与吐纳的简单相加。

2. 新功法以健身为主，动作配合上也应与临床治疗相区别，做到舒缓圆活，连绵不断，养练结合。

3. 每个字诀的动作特点都要符合它所对应脏腑的气化特点，如肝之升发、肾之闭藏等。

五、六字诀呼吸方法

传统六字诀文献中对呼吸法的介绍主要集中在“鼻吸口吐”、吐气有声或无声上，对呼吸方法则没有具体论述。而根据气功养生的基本原则和六字诀要求深长细柔的呼吸要领来分析，应为“腹式呼吸”。

在“六字诀”中，主要运用逆腹式呼吸方法，配合圆缓的以肚脐为中心的升降开合动作。动作开合与内气的呼吸开合相应，能进一步调动人体内气的平衡，使“六字诀”更具有养生健身的特色。

六、六字诀习练要领

“健身气功·六字诀”是以呼吸吐纳为主要手段，并配以简单导引动作的气功健身方法。在习练中，应掌握以下要领：

(一)校准口形，体会气息

吐气发声是六字诀独特的练功方法，因此，应特别注意口形的变化和气息的流动。气息通过喉、舌、齿、唇时的流动线路与口形的变化密切相关。六种口形产生特定的六种气息运动方式，进而对内气与相应的脏腑功能产生影响。因此，习练者必须注意口形的要求，校准口形。口形正确与否体现在两个方面：一是出声时体会字音是否准确，二是体会每个字的正确口腔气流流动方式。

此外，习练时还要掌握好“先出声，后无声”的原则。习练者在初学时可采用吐气出声的方法，以便于校正口形与读音，防止憋气；在练习熟练以后，可逐渐过渡为吐气轻声，渐至匀细柔长最后吐气无声的状态。

(二)寓意于气(呼吸)，寓意于形

本功法强调意念与舒缓圆活的动作、匀细柔长的吐气发声相结合，寓意于气(呼吸)，寓

意于形，不过分强调意念活动。习练时要注意协调自然，勿忘勿助。倘若用意过重，则易导致动作僵硬、呼吸急促，反而达不到松静自然的要求。同时，在形体上也要放松自然，不要过多注意肢体运动的规格，形松神静才能使呼吸渐缓、脉搏频率降低，使气机的升降开合调整到最佳状态。如果心意过重，导致肢体动作僵硬，必然破坏机体的内部平衡，也就达不到调整气机的作用。在本功法中“吐纳为主，导引为辅”的要求，就是讲两者间的有机结合，而不是简单的“吐纳加导引”。

（三）注意呼吸，微微用意

呼吸的方法最常用的有自然呼吸或腹式呼吸，腹式呼吸又分为顺腹式呼吸与逆腹式呼吸两种。“健身气功·六字诀”中的呼吸方法主要是逆腹式呼吸。其方法与要领是：鼻吸气时，胸腔慢慢扩张，而腹部随之微微内收，口呼气时则与此相反。这种呼吸方法使横膈膜升降幅度增大，对人体脏腑产生类似按摩的作用，有利于促进全身气血的运行，并且功效非常明显。但初学者应切记，呼吸时一定要注意微微用意，做到吐惟细细，纳惟绵绵，有意无意，绵绵若存，不能用力，绝不可故意用力使腹部鼓胀或收缩。

（四）动作松柔舒缓，协调配合

本功法是以呼吸吐纳为主，同时又辅以动作导引的功法。动作导引有活动关节、强筋健骨的作用。习练时要注意与呼吸吐纳、吐气发声的协调配合，动作要做到松、柔、舒、缓，以不破坏呼吸吐纳和吐气发声的匀细柔长为基本规律。

（五）循序渐进，持之以恒

练功时宜选择空气清新、环境幽静的地方，最好穿运动服或比较宽松的服装，以利于动作的完成与身体气血的流通。同时，要始终保持全身放松、心情舒畅、思想安静，以专心练功。

练功时应注意循序渐进，不可急于求成，尤其是年老体弱者对于动作幅度的大小、运动量的大小、呼吸的长短、练功次数的多少都要注意因人而异，量力而行。练功结束，可以做一些简单的保健功法，如搓手、擦面、全身拍打及散步等，以便从练功状态充分恢复到正常状态来。

练功中要树立信心与恒心，相信气功具有强身健体、养生康复的作用，做到持之以恒，坚持不懈。

图 22-1　第一式　嘘字诀

图 22-2　第二式　呵字诀

图 22-3　第三式　呼字诀

图 22-4　第四式　呬字诀

图 22-5　第五式　吹字诀

图 22-6　第六式　嘻字诀

第二十三章　武术健身功法

第一节　武术运动及健身特点

中国武术在华夏土地上延绵了数千年,历史悠久并植根于民间。它来源于人们的生产实践、军事战争和社会活动,在中国文化的长期熏陶哺育下,具有鲜明的民族文化特色,世代相传,成为民族传统体育项目。中国武术具有多样的形式、丰富的内容、深邃的文化意蕴,具有健身、防身、修性、竞技、娱乐等多方面社会功能,无愧为中华民族的文化精粹,不仅为广大群众喜爱,而且受到世界人民的青睐。

运动医学工作者运用现代化的科学手段,对武术运动进行深层次、多角度、多方位的研究,为武术在强身健体、延年益寿、保健养生、防治康复的作用提供了科学依据。研究证明,武术运动以整体统一为指导观念,攻防技击动作为基本内容,动静结合和内外兼修为基本功法,套路和格斗为运动形式,对人体各器官的形态和机能的改善产生良好的影响。随着研究的深入,人们将进一步体会到在健身方面,其他手段是无法取代武术的地位。

1.提高运动系统机能,增强身体素质

经常从事武术锻炼能使肌纤维增粗,肌肉生理横断面增大,毛细血管增多,肌肉供血氧充足,肌纤维收缩力增大,运动单位动员增多,主动肌和协同肌、拮抗肌和支持肌的协调能力增强,肌纤维的兴奋性提高,肌肉力量增加,力量素质得到发展。由于肌肉收缩时对骨骼的牵拉作用以及新陈代谢的加强,骨的血液循环得到改善,使骨的形态结构和性能都发生良好的变化,提高骨骼抗弯、抗压、抗折、抗扭转的能力,防止骨质疏松和脊柱压缩性变形。长拳及各种器械套路有多种手法、步法、腿法和身法,动作幅度大,既能提高肌肉的伸展性和弹性,又能增加关节活动的范围与幅度,有效地发展柔韧素质。武术运动的攻防基本功训练踢、打、摔、拿、窜、蹦、跳跃和跌、扑、翻腾等动作迅速转换,躲闪与迅速出击能很好地发展速度、灵敏、平衡、协调等素质。

2.提高神经系统和感觉器官的机能

武术套路成千上万,技击击法千变万化,技理深邃,要高质量地完成一套武术套路或能自如运用某种击法,不仅要求协同肌和拮抗肌的运动中枢彼此相互协调,由需要运动中枢和自主神经中枢的高度协调,从而提高大脑皮质神经过程的强度、均衡性和灵活性。在各类武术套路中(包括对练),练习者要完成好技术动作,必须凭借视觉、位觉和本体感觉来辨别自己所处的空间位置和准备移动的的方向,以此调节动作幅度和步法。同时,还要借助精确的时间知觉来判断本身的动作节奏,所以武术运动又能有效地提高视觉、位觉,本体感觉等分析器的协同机能。武术运动还由于动作种类繁多,动作结构复杂、多样,而且路线变化多端,要掌握好技术动作,只有正确识记各种动作、了解动作的基本要素及其技击变化特点和基础上才有可能,记忆在武术锻炼中显得尤为重要,它可启发人们的思维活动,发展丰富的想象能力,使大脑越用越灵活。武术运动中的“以意导动”、“以意运气,以气运身”的法则,随着运动意守丹田，意到五梢、意存丹田、意布五梢……如此循环往复不绝，对大脑是极好的锻炼，能使中枢神经兴奋性增高，应变力加强，因此武术运动堪称大脑的“保健操”和“润滑剂”。此外，又因为练习武术的人常带着浓厚的兴趣去锻炼，能保持良好的情绪，实验证明，在积极愉快的良好情绪下进行运动，可产生大量的内啡肽(有人把它称为“愉快素”)物质，使人感到周身舒适，产生积极的增力情感，极大地提高神经系统和内分泌对全身生理机能调控作用。

3.提高心肺机能

武术的许多功法都强调意识与肢体的高度和谐统一，“内练一口气，外练筋骨皮”，注意调息行气和意念活动，用意识引导动作，武术太极练习强调呼吸应做到“深、长、细、缓、匀”，以腹式呼吸为主，保持胸宽腹实的状态，使胸腔宽舒，腹部松静而又充实，胸廓的活动度增大显著增大肺活量，有利于气体交换和氧与营养物质的运输。长期坚持武术锻炼能使心率减慢，心肌耗氧量减少，血管弹性增加，外周血管阻力减少，在心输出量增加的同时，心肌耗能减少，有研究表明武术运动能使 N.K 细胞增多，加强淋巴细胞中的 T 细胞和 B 细胞的适应力，提高机体的防御能力和细胞免疫与体液免疫水平。

4.武术运动可促进消化功能和体内物质代谢

中枢神经活动的加强，可有效改善自主神经对消化系统的调控作用，激发“迷走—胰岛素营养系统”，使胃肠活动加强，消化分泌增多，消化酶活性增强，有利于营养物质的消化和吸收，同时，运动中的腹式呼吸可使胸压和腹压不断地发生周期性的节律变化，对腹腔内的肝、肾、胃、肠等脏器起到机械按摩作用，促进了肝内血液循环，促进体内物质代谢使血液胆固醇含量下降，血蛋白增加，球蛋白减少，对于预防动脉硬化和改善肝功能都具有良好的作用。

5.促进了内分泌对机体的体液调节机能

基于武术动作对意念和呼吸的特殊要求，练功时强调意守丹田和用腹式呼吸，这就能有效地激活自主神经系统，改善体液调节功能。有关研究资料显示，太极拳对人体的垂体——甲状腺轴和垂体——性腺轴都有良好的影响；对肾上腺分泌也起到积极的促进作用。

第二节　武术的基本功和基本动作

武术基本功是指以武术运动中具有共性的基础训练为内容.以获得和运用武术技法必备的各种能力为锻炼目的一种运动形式。它包括以提高体能为主的各种功法和以提高技能为主的基本动作练习。

基本动作一般是指武术各类技术动作的练习，不仅使身体各部位得到全面的训练，较快地发展武术专项身体素质，还可以有效地防止和减少练习中的伤害事故，为学习和提高武术技术水平打下良好基础。

基本功和基本动作一般包括：肩、臂、腿、手、步以及跳跃、平衡等练习。现择其主要内容介绍如下：

一、基本手型、手法、步型

(一)基本手型

1.拳：四指并拢卷握，拇指紧扣食指和中指的第二指节。

2.掌:四指并拢伸直,拇指紧扣于虎口处。

3.勾:五指第一指节捏拢在一起,屈腕。

(二)基本手法

1.冲拳:拳从腰间向前猛力冲出。拧腰、顺肩,在肘关节过腰后,前臂内旋,力达拳面。

2.推掌:拳变掌,以掌根为力点向前猛力推击,其他均同冲拳。

3.冲拳和推掌都十分强调拧腰顺肩、力从腰发。拧腰顺肩,既可使用力顺达,又可使击打距离加长。

4.架拳:右拳向下、向左、向上经头部立圆划弧至右上方,拳眼向下,眼看左方。

5.亮掌:右擎变掌在体倒立圆划弧至头右前上方,抖腕亮掌,臂成弧形。

(三)基本步型

1.弓步:前腿大腿接近水平,脚尖微内扣,膝与脚尖垂直。后腿绷直,脚尖内扣。两脚成一直线,抬头、挺胸、塌腰、眼向前平视。

2.马步:两脚左右开立约为本人脚长的3倍,脚尖正对前方,大腿接近水平,膝不超过脚尖。挺胸、塌腰、脚跟外蹬、眼向前平视。

3.虚步:后腿屈膝半蹲,脚尖外展45°。前脚脚跟离地脚面绷平,脚尖稍内扣并虚点地面。挺胸、塌腰、眼向前平视。

4.仆步:一腿屈膝全蹲,臀部接近小腿,脚尖和膝关节外展。另一腿挺直平仆,脚尖里扣。挺胸、塌腰、沉髋、眼向左(右)平视。

5.歇步:两腿交叉靠拢贴紧全蹲。左腿在上,全脚着地,脚尖外展。右脚前脚掌着地膝部贴近左腿外侧,臀部坐于右腿接近脚跟处。挺胸、塌腰、眼向左平视。

二、肩、腰、腿部柔韧练习

1.肩部柔韧练习

肩部柔韧练习主要有压肩、绕环。无论压肩还是绕环,都要求臂直。压肩时振幅应逐步加大,压点集中于肩部。绕环时,肩放松,逐渐加速。

2.腰部柔韧练习

腰部柔韧练习主要有:俯腰、甩腰、涮腰和下腰四种。

3.腿部柔韧练习

腿部柔韧练习主要有:正压腿、侧压腿、后压腿、竖叉、横叉等。

三、腿法练习

腿法练习主要有:直摆性腿法(正踢腿、侧踢腿、里合腿、外摆腿);屈伸性腿法(弹腿、蹬腿、侧踹腿);扫转性腿法(前扫腿、后扫腿)等。上述腿法在练习的过程中都要求快速有力、起腿似箭。长期坚持腿法练习,能有效地提高腿法的速度和力度。

四、身法练习

身法练习主要有:胸、背、腰、腹、臀五个部分。通过身法练习可以提高人体的灵活性,也可以使动作做得灵活、有力,并富有曲折变化。

五、跳跃练习

跳跃动作练习有：大跃步前穿、腾空飞脚、旋风脚等。

第三节　太极拳(二十四式)

太极拳是一种柔和、缓慢、轻灵的拳术，它具有养身、养心、养气的功能。练习时要求意识引导动作，精力集中，全神贯注，呼吸自然，姿态端庄；动作要轻灵、柔和、圆活、缓慢、连贯，整个套路如行云流水，连绵不断。各式太极拳还具有大架、小架、开合、刚柔相兼等各自不同的特点。二十四式简化太极拳是在吸取各家太极拳精华的基础上，加以简化编排而成的。从其动作结构和整个套路安排来看，符合由简到繁，先易后难的原则，简单易学，做起来柔和缓慢，圆滑流畅，深受广大人民群众的喜爱。它不仅适合于男、女、老、幼健身强体，而且更适合于年老体弱和慢性病患者进行锻炼，是一种良好的体育医疗保健手段。

一、第一组

(一)起势

1. 身体自然直立，两脚平行站立，与肩同宽，两臂自然下垂，两手放在大腿外侧。目向前平视(图 23-1 之 1)。

2. 两臂慢慢向前平举，两手高与肩平，手心朝下(图 23-1 之 2、3)。

3. 屈膝下按，上体保持正直，两腿屈膝下蹲，同时两掌下按，两肘下垂与两膝相对。目平视前方(图 23-1 之 4、5)。

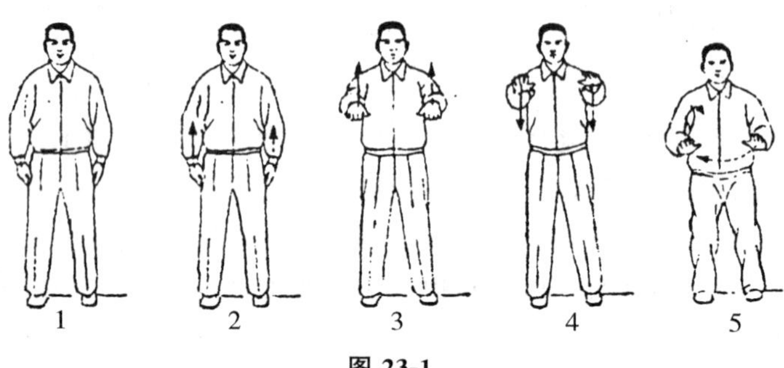

图 23-1

(二)左右野马分鬃

1. 左丁步右抱球：上体微向右转，重心移至右腿上，同时，右臂收至胸前平屈，手心朝下，左手经体前向右下划弧放在右手下，手心朝上，两手心相对成抱球状；左脚随即收到右脚内侧，脚尖点地成左丁步。目视右手(图 23-2 之 1、2)。

2. 左弓步分掌：上体微向左转，左脚向左前方迈出，右脚跟后蹬成左弓步；上体继续左转，左右手随转体慢慢分别向左上右下分开，左手高与眼平，手心斜向上，肘微屈；右手落在右胯旁，手心向下，指尖朝前，肘也微屈。目视左手(图 23-2 之 3、4、5)。

3. 后坐撇脚、右丁步左抱球：上体慢慢后坐，重心移至右脚，左脚尖翘起，微向外撇。随即上体左转，左脚踏实，左腿慢慢前弓，重心移至左腿；同时，左手翻转向下，左臂收至胸前平屈，右手向左上划弧放在左手上，两手心相对成左抱球状；右脚随之收到左脚内侧，脚尖点地成右丁步。目视左手(图 23-2 之 6～8)。

4. 右弓步分掌：右腿向右前方迈出，左脚跟后蹬成右弓步；同时上体右转，左右手分别慢慢向左下右上分开，右手高与眼平，手心斜向上，肘微屈；左手放在左胯旁，手心向下，肘也微屈，指尖朝前，目视右手(图 23-2 之 9、10)。

5. 与 3 解同，唯左右相反(图 23-2 之 11～13)。

6. 与 4 解同，唯左右相反(图 23-2 之 14、15)。

图 23-2

(三)白鹤亮翅

1. 转体抱球：上体稍向左转，左手翻掌向下，左臂胸前平屈，右手向左上划弧，手心转向上，两手心相对成抱球。目视左手(图 23-3 之 1)。

2. 跟步后坐：右脚跟进半步，上体后坐，重心移至右腿，上体向右转，面向右前方。目视右手(图 23-3 之 2)。

图 23-3

3. 虚步亮掌：左脚稍向前移，脚尖点地成左虚步；同时上体再向左转，面向前方，两手随转体慢慢向右上左下分开，右手上提停于右额前亮掌，手心向左后方；左手落于左胯前，手心朝下，指尖朝前。目平视前方(图 23-3 之 3)。

二、第二组

(一)左右搂膝拗步

1. 左丁步手划弧：右手从体前下落，由下向后上方划弧至右肩外侧，手与耳同高，手心斜向上，肘微屈；左手由左下向上、向右下方划弧至右胸前，手心斜向下；同时上体先稍向左再向右转，左脚收到右脚内侧，脚尖点地成左丁步。目视右手(图 23-4 之 1～3)。

2. 左弓步搂膝推掌：上体左转，左脚向左前方迈出成左弓步；同时右手屈回由耳侧向前推出，高与鼻尖平；左手向下左膝前搂过落于左胯旁，指尖朝前，手心朝下。目视右手手指（图 23-4 之 4、5）。

图 23-4

3. 后坐撇脚、右脚步划弧：右腿慢慢屈膝，上体后坐，重心移至右腿，左脚尖翘起，微向外撇。随即上体左转，左脚踏实，左腿慢慢前弓，重心移至左腿；右脚收到左脚内侧，脚尖点地成右丁步。同时左手向外翻掌由左后向上划弧至左肩外侧，手与耳同高，手心斜向上，肘微屈；右手随转体向上、向左下划弧落于左胸前，手心斜下，肘也微屈。目视左手（图 23-4 之 6～8）。

4. 右弓步搂膝推掌：与左弓步搂膝推掌解同，唯左右相反（图 23-4 之 9、10）。

5. 与 2 解同，唯左右相反（图 23-4 之 11～13）。

6. 与 2 解同（图 23-4 之 14、15）。

（二）手挥琵琶

重心前移，右脚跟进半步，上体后坐，重心移至右腿，上体半面向右转，左脚提起稍向前移，脚尖翘起，脚跟着地成左虚步；同时左手由左下弧形向上挑举，高与鼻尖平，掌心向右，肘微屈；右手收回放左臂肘部内侧，掌心向左，肘也微屈。目视左手食指（图 23-5 之 1～3）。

（三）左右倒卷肱

1. 转体撤手托球：上体右转，右手翻掌经腹前由下向后上方划弧平举，手心朝上，肘微屈，左手

1 2 3

图 23-5

随即翻掌向上托球，手与肩平，肘也微屈。眼随转体先向右看，再转向前方看左手(图 23-6 之 1、2)。

1 2 3 4 5 6
7 8 9 10 11 12 13

图 23-6

2. 退步推掌：右臂屈肘折向前，右手由耳侧向前推掌，掌心朝前；左臂屈肘后撤至左肋外侧，手心朝上。同时左腿轻轻提起向左后退步，脚掌先着地，然后全脚慢慢踏实，重心移到左腿上，成右虚步，右脚随转体以前脚掌为轴扭正。目视右手(图 23-6 之 3、4)。

3. 左手向上划弧：上体稍向左转，同时左手向后上方划弧平举，手心朝上；右手随即翻掌，掌心朝上。眼随转体先向左看，再转向前方看右手(图 23-6 之 5)。

4. 与 2 解同，唯左右相反(图 23-6 之 6、7)。5 与 3 解同，唯左右相反(图 23-6 之 8)。

6. 与 2 解同(图 23-6 之 9、10)。

7. 与 3 解同(图 23-6 之 11)。

8. 与 2 解同(图 23-6 之 12、13)。

三、第三组

(一)左揽雀尾

1. 转体丁步抱球：上体稍向右转，同时右手向后上方划弧平举，手心朝上；左手放松，手心朝下；目视左手。身体继续向右转，右手自然下落逐渐翻掌经腹前划弧至右肋前，手心朝上；右臂屈肘，手心转向下收至右胸前，两手相对成抱球状。同时重心落在右腿上，左脚收到右脚内侧，脚尖点地成左丁步。目视右手(图 23-7 之 1～3)。

图 23-7

2. 转体左弓步掤：上体左转，左脚向左前方迈出成左弓步；同时左臂向左前方掤出（即左臂平屈成弓形，用前臂外侧和手背向左前方推出），高与肩平，手心向后；右手向右下落于右胯旁，手心朝下，指尖朝前。目视左前臂（图 23-7 之 4、5）。

3. 转体伸臂、后捋：上体稍向左转，左手随即前伸翻掌，手心朝下；右手翻掌，手心朝上，经腹前向上、向前伸至左前臂下方；上体右转，两手向下经腹前向后上方划弧后捋，直至右手心向上，高与肩平，左臂平屈胸前，手心向后，同时重心移至右腿。目视右手（图 23-7 之 6、7）。

4. 转体弓步挤：上体稍向左转，右臂屈肘折回，右手附于左手腕内侧相距 5 cm，上体继续向左转，双手同时向前慢慢挤出，左手心向后，右手心向前，左前臂保持半圆状；重心前移成左弓步。目视左手腕部（图 23-7 之 8、9）。

5. 后坐收掌：左手翻掌，手心向下，右手经左手腕上方向前、向右伸出，高与左手平，两手左右分开，与肩同宽；然后右腿屈膝，上体慢慢后坐，重心移至右腿上，左脚尖翘起成左虚步；同时两手屈肘回收至腹前，手心均向前下方。目向前平视（图 23-7 之 10～12）。

6. 左弓步按掌：上式不停，重心慢慢前移，同时两手向前、向上按掌，掌心朝前；左腿前弓成左弓。目平视前方（图 23-7 之 13）。

（二）右揽雀尾

1. 转体扣脚分手：上体后坐并向右转，重心移至右腿，左脚尖内扣；右手向右平行划弧至右侧。目视右手(图 23-8 之 1、2)。

图 23-8

2. 右丁步抱球:右手由右侧向下经腹前向左上划弧至左肋前,手心朝上,左臂胸前平屈,手心朝下,与右手成抱球状。同时重心再移至左腿上,右脚收到左脚内侧,脚尖点地成右丁步。目视左手(图 23-8 之 3、4)。

3. 转体右弓步掤:与"左揽雀尾"2 解同,唯左右相反(图 23-8 之 5、6)。

4. 转体伸臂、后捋:与"左揽雀尾"3 解同,唯左右相反(图 23-8 之 7、8)。

5. 转体弓步挤:与"左揽雀尾"4 解同,唯左右相反(图 23-8 之 9、10)。

6. 后坐收掌:与"左揽雀尾"5 解同,唯左右相反(图 23-8 之 11～13)。

7. 右弓步按掌:与"左揽雀尾"6 解同,唯左右相反(图 23-8 之 14)。

四、第四组

(一)单鞭

1. 转体扣脚运手:上体后坐,重心移至左腿,右脚尖内扣。同时上体左转,两手左高右低向左弧形运转,直至左臂平举伸于身体左侧,手心向左;右手经腹前运至左肋前,手心向后上方。目视左手(图 23-9 之 1、2)。

2. 转体丁步勾手:重心逐渐移至右腿,上体右转,左脚收到右脚内侧,脚尖点地成左丁步。同时右手向右上方划弧,手心由里转向外右侧方时变勾手,臂与肩平;左手向下经腹前向右上划弧停于右肩前,手心朝里。目视左手(图 23-9 之 3、4)。

3. 转体左弓步推掌：上体稍向左转，左脚向左前侧方迈出成左弓步；重心移向左腿的同时，左掌随上体继续左转而慢慢翻转向前推出，手心朝前，手指与眼平，肘微屈。目视左手（图 23-9 之 5、6）。

图 23-9

（二）云手

1. 转体云手：重心移至右腿，身体渐向右转，左脚尖内扣；左手经腹前向右上划弧至右肩前，手心斜向后，同时右勾变掌，手心向右前。目视左手（图 23-10 之 1～3）。

2. 小开步云手：上体慢慢左转，重心随之左移；左手由脸前向左侧运转，手心渐渐转向左方；左手由右下经腹前向左上划弧至左肩前，手心斜向后；同时右脚靠近左脚相距约 10～20 cm 成小开步。目视右手（图 23-10 之 4、5）。

图 23-10

3. 横跨步云手：上体右转，同时左手经腹前向右上划弧至右肩前，手心斜向后；右手向右侧运转，手心翻转向右；随之左腿向左横跨一步。目视左手（图 23-10 之 6～8）。

4 与 2 解同（图 23-10 之 9、10）。

5 与 3 解同（图 23-10 之 11～13）。

6 与 2 解同（图 23-10 之 14、15）。

（三）单鞭

1. 转体丁步勾手：上体右转，右手随之向右运转至右侧方时变成勾手；左手经腹前向右上划弧至右肩前，手心向内；重心落在右腿上，左脚尖点地成左丁步。目视左手（图 23-11 之 1～3）。

图 23-11

2. 转体左弓步推掌：上体稍向左转，左脚向左前侧方迈出成左弓步；重心移向左腿的同时，左掌随上体继续左转而慢慢翻转向前推出，手心朝前，手指与眼平，肘微屈。目视左手（图 23-11 之 4、5）。

五、第五组

图 23-12

（一）高探马

1. 跟步翻掌：右脚跟进半步，重心逐渐后移至右腿上；右勾变掌，两手心翻转向上，两肘微屈；同时身体稍向右转，左脚跟渐渐离地。目视左前方（图 23-12 之 1）。

2. 虚步推掌：上体稍向左转，右掌经右耳旁向前推出，掌心朝前，掌指高与眼平；左手收至左侧腰前，手心朝上；同时左脚稍向前移，脚尖点地成左虚步。目视右手（图 23-12 之 2）。

（二）右蹬脚

1. 提膝穿掌、弓步开掌：左膝稍提起的同时，左手心朝上前伸从右手腕背面穿出，两手交叉，随即两手向两侧分开并向下划弧，手心斜向下，同时左脚向左前侧方迈步成左弓步，脚尖稍外撇。目视前方（图 23-13 之 1～3）。

图 23-13

2. 丁步合抱：两手由外圈向里圈划弧交叉合抱于胸前，右手在外，手心均向后；同时右脚收到左脚内侧，脚尖点地成右丁步。目平视右前方(图 23-13 之 4)。

3. 提膝蹬脚分掌：两臂左右划弧分开平举，肘微屈，两手心均向外；同时右腿屈膝提起，右脚向右前方慢慢蹬出。目视右手(图 23-13 之 5、6)。

(三)双峰贯耳

1. 收腿落手：右腿收回屈膝平举，左手由后向上、向前下落至体前，两手心均翻转向上并向下划弧分落于右膝盖两侧。目视前方(图 23-14 之 1、2)。

2. 弓步贯耳：重心渐渐前移，右脚向右前方落步成右弓步，面向右前方；同时两手下落变拳，分别从两侧向上、向前划弧至面部前方成钳形状，两拳相对，相距约 10～20 cm，高与耳齐，拳眼均斜向内下。目视右拳(图 23-14 之 3、4)。

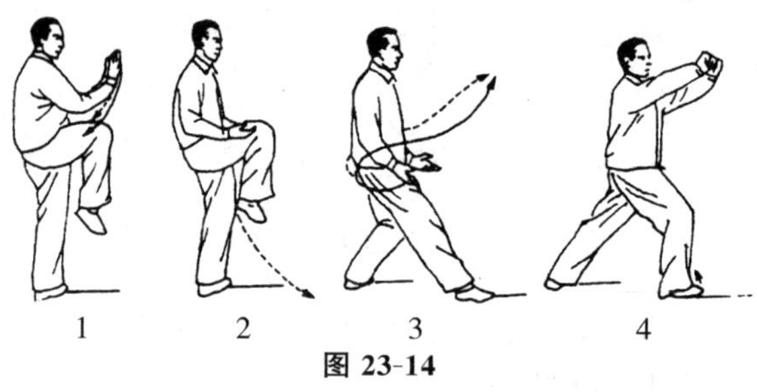

图 23-14

(四)转身左蹬脚

1. 转体扣脚分手：左腿屈膝后坐，重心移至左腿，上体左转，右脚尖内扣；同时两拳变掌由上向左右划弧分开平举，手心朝前。目视左手(图 23-15 之 1、2)。

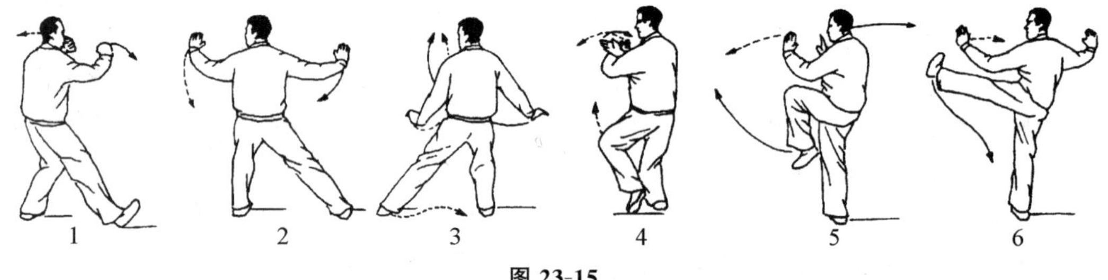

图 23-15

2. 丁步合抱：重心移至右腿，左脚收到右脚内侧，脚尖点地成左丁步；同时两手由外向里划弧合抱于胸前，左手在外，两手心均向后。目平视左方(图 23-15 之 3、4)。

3. 提膝蹬脚分掌：两臂左右划弧分开平举，肘微屈，两手心均向外；同时左腿屈膝提起，左脚向左前方慢慢蹬出。目视左手(图 23-15 之 5、6)。

六、第六组

(一)左下势独立

1. 提膝勾手：左腿收回平屈，上体右转；右掌变成勾手，左掌向上、向右划弧下落，立于右肩前，掌心斜向后。目视右手(图 23-16 之 1、2)。

2. 仆步穿掌：右腿慢慢屈膝下蹲，左腿由内向左侧偏后伸出成左仆步；左手掌心向外，下落并向左下顺左腿内侧向前穿出。目视左手(图 23-16 之 3、4)。

3. 弓步挑掌:重心前移,左脚尖外撇,右脚尖内扣,左腿前弓,右腿后蹬,成左弓步;上体微向左转并向前起身。同时左手继续前伸上挑成立掌,掌心向右;右勾手下落,勾尖朝后。目视左手(图 23-16 之 5)。

4. 提膝挑掌:右腿慢慢提起平屈成左独立式;同时右勾手变掌由后下方顺右腿外侧向前弧形摆出,挑掌并屈肘立于右腿上方,肘与膝相对,掌心向左,左手落于左胯旁,手心朝上,指尖朝前。目视右手(图 23-16 之 6、7)。

图 23-16

(二)右下势独立

1. 落脚左转勾手:右脚下落于左脚前,脚掌着地,然后以左脚前脚掌为轴脚跟转动,体随左转;同时左手向后平举变成勾手,勾尖朝下,右掌随体转向左侧划弧立于左肩前,掌心斜向后。目视左手(图 23-17 之 1、2)。

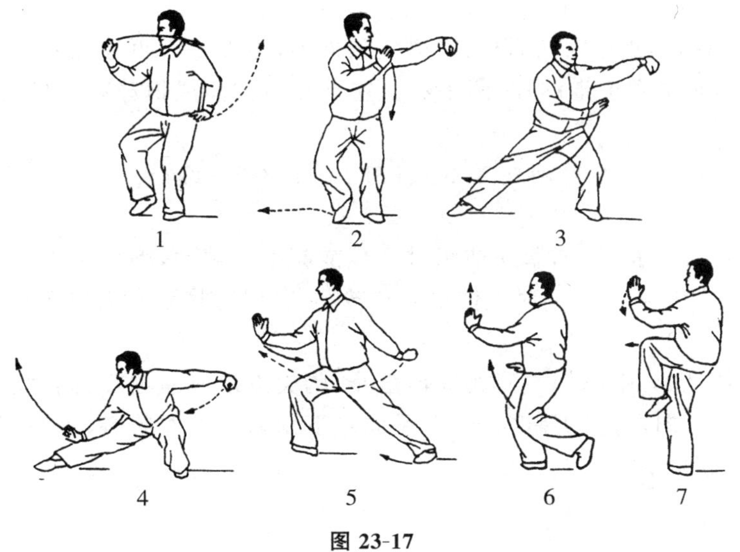

图 23-17

2. 仆步穿掌：与“左下势独立”2解同，唯左右相近以（图23-17之3、4）。

3. 弓步挑掌：与“左下势独立”3解同，唯左右相反（图23-17之5）。

4. 提膝挑掌：与“左下势独立”4解同，唯左右相反（图23-17之6、7）。

七、第七组

（一）左右穿梭

1. 转体丁步抱球：体微向左转，左脚尖外撇向前落步，右脚跟离地，两腿屈膝成半坐盘式；同时两手左上右下在左胸前成抱球状；随之右脚收到左脚内侧，脚尖点地成右丁步。目视左前臂（图23-18之1～3）。

图 23-18

2. 弓步架推掌：体右转，右脚向右前方迈出成右弓步；同时右手由脸前向上架掌停在右额前，手心斜向上；左手向左下经体前向前推出，高与鼻尖平，手心朝前。目视左手（图23-18之4～6）。

3. 转体丁步抱球：重心略向后移，右脚尖稍外撇，随即重心再移至右腿，左脚跟进停于右脚内侧，脚尖点地成左丁步；同时两手右上左下在右胸前成抱球状。目视右前臂（图23-18之7、8）。

4. 弓步架推拳：与2解同，唯左右相反（图23-18之9～11）。

（二）海底针

1. 跟步提掌：重心前移，右脚向前跟进半步前脚掌先着地，随后全脚掌着地踏实，重心后移至右腿上；左膝略提起。同时上体稍向右转，右臂屈肘将手向上提至耳侧，左手经体前下落，手心朝下（图23-19之1）。

2. 虚步插掌：上体稍左转，左脚稍向前落步，脚尖点地成左虚步；同时右手由右耳侧向斜前下方插掌，掌心向左，指尖斜向下；左手向左下划弧按于左胯旁，手心朝下，指尖朝前。目视前下方（图23-19之2）。

（三）闪通臂

弓步右架左椎：上体稍右转，左脚向前迈步成左弓步。右臂屈肘由体前上提至右额前上方架掌；左手上起经胸前向前推出，高与鼻尖平，掌心朝前。目视左手（图 23-20 之 1～3）。

图 23-19　　图 23-20

八、第八组

（一）转身搬拦捶

1. 转体扣脚握拳：上体后坐，重心移至右腿，左脚尖内扣，体向右后转，转后重心再移至左腿。同时右手向右、向下变拳经腹前划弧至左肋旁，拳心朝下；左掌上举于头前，掌心斜向上。目视前方（图 23-21 之 1、2）。

图 23-21

2. 转体撇脚搬拳：体右转，右脚收回并弧形向前方迈步，脚尖外撇。同时右拳经胸前向前屈肘翻转搬出，拳心朝上；左手下落按于左胯旁，掌心朝下，指尖朝前。目视右拳（图 23-21 之 3、4）。

3. 上步左拦：体稍右转，重心移至右腿，左脚向前上步。同时右拳向右划弧收抱腰间，拳心朝上；左手随左脚上步经左侧向前上划弧拦出，掌心向前下方。目视左手（图 23-21 之 5、6）。

4. 弓步冲拳：左腿前弓成左弓步；同时右拳向前冲出成立拳，高与胸平，拳眼朝上；左手附于右前臂内侧。目视右拳(图 23-21 之 7)。

(二)如封似闭

1. 穿掌分手:左手由右腕下向前穿出,右拳变掌,两手逐渐翻转并慢慢分开,手心朝上。目平视(图 23-22 之 1、2)。

2. 后坐收掌:上体后坐,重心移至右腿,左脚尖翘起成左虚步;同时两臂屈肘,两掌收回于两肋前翻掌。目视前方(图 23-22 之 3、4)。

3. 弓步推掌:两手向下经腹前向上、向前推出,腕与肩平,手心朝前;同时左腿前弓成左弓步。目视前方(图 23-22 之 5、6)。

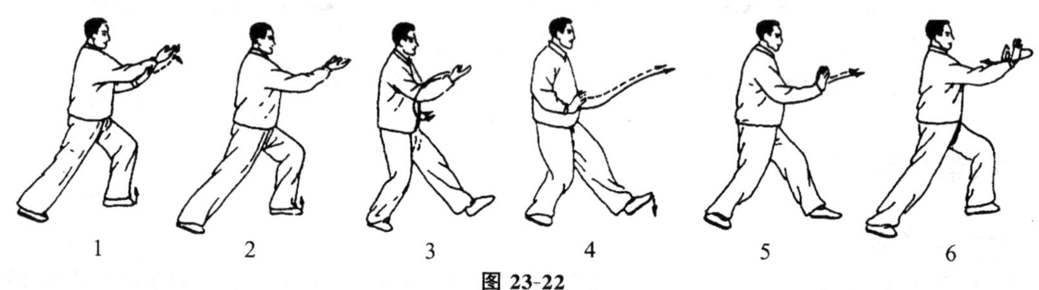

图 23-22

(三)十字手

1. 转体分手:屈膝后坐,重心移至右腿,左脚尖内扣,体向右转,右手随之向右平摆划弧,与左手成两臂侧平举,肘微屈,掌心朝前;同时右脚尖稍外撇成右侧弓步。目视右手(图 23-23 之 1、2)。

图 23-23

2. 收脚合抱:重心慢慢移至左腿,右脚尖内扣,随即向左收回半步,两脚平行开立,与肩同宽;同时两手向下经腹前向上划弧交叉合抱于胸前,两臂撑圆,腕高与肩平,右手在外,成十字手,两手心均朝后。目视前方(图 23-23 之 3、4)。

(四)收势

两手向外翻掌,掌心朝下,两臂慢慢下落停于身体两侧,随之左脚向右脚收步并拢。目向前平视(图 23-24 之 1～3)。

图 23-24

第二十四章 传统健身操

第一节 五禽戏

华佗五禽戏是以模仿动物动作和神态为主要内容的组合动功。“五”是一个约数，并非限于五种功式；“禽”指禽兽，古代泛指动物；“戏”在古代是指歌舞杂技之类的活动，在此指特殊的运动方式。本法之起源可上溯至先秦，如《庄子》中有“熊经鸟伸，为寿而已矣”等载述，可见当时已有多种模仿动物形神的导引图文，更属“五禽戏”原始功法之类。具体将“五禽戏”整理总结并作为一套功法推广者，是汉末三国时期的著名医家华佗，只是有关“华佗五禽戏”的原始文字早已佚失，唯存一此致零星的史籍记载。目前所能见到的较早载录“五禽戏”具体练法的文献，是南北朝时陶弘景所编撰的《养性延命录》。后世医家、养生家因师传之变异，或根据“五禽戏”基本原理不断发展变化，创编了数以百计的“五禽戏”套路。虽然各法功作互异锻炼重点有所不同，但其基本精神则大同小异。“五禽戏”动作比较简单，运动量比较小，适合于年老体弱者选练。

一、五禽戏练习方法

五禽戏包括虎戏、鹿戏、熊戏、猿戏、鸟戏。《养性延命录》所载“五禽戏”的具体练法为：

1. 虎戏：自然站式，俯身，两手按地，用力使身躯前耸并配合吸气。当前耸至极后稍停，然后身躯后缩并呼气，如此三次。继而两手先左后右向前挪动，同时两脚向后退移，以极力拉伸腰身，接着抬头面朝天，再低头向前平视。最后，如虎行般以四肢前爬七步，后退七步(图 24-1)。

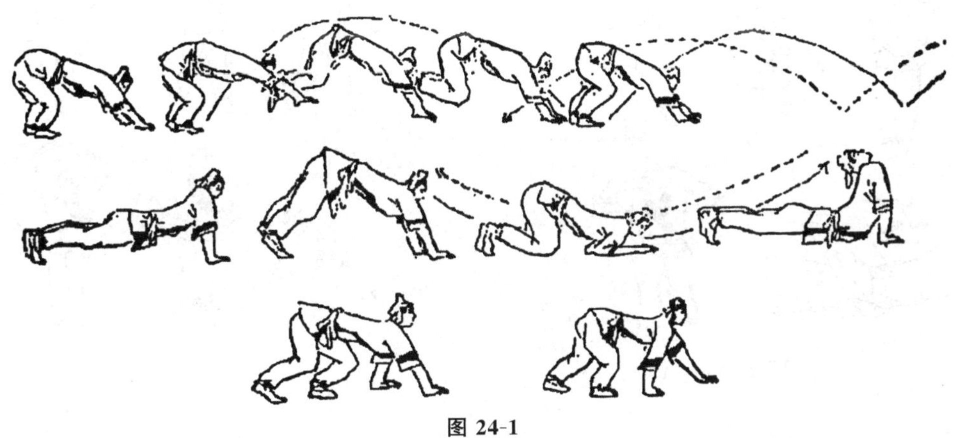

图 24-1

2. 鹿戏：接上四肢着地式，吸气，头颈向左转、双目向右侧后视，当左转至极后稍停，呼气、头颈回转，当转至朝地时再吸气，并继续向右转，一如前法。如此左转三次，右转两次，最后回复如起势。然后，抬左腿向后挺伸，稍停后放下左腿，抬右腿如法挺伸。如此左腿后伸三次，右腿两次(图 24-2)。

3. 熊戏：仰卧式，两腿屈膝拱起，两脚离床面，两手抱膝下，头颈用力向上，使肩背离开床面，略停，先以左肩侧滚落床面，当左肩一触床面立即复头颈用力向上，肩离床面，略停后再以右肩侧滚落，复起。如此左右交替各七次，然后起身，两脚着床面成蹲式，两手分按同侧脚旁，接着如熊行走般，抬左脚和右手掌离床面。当左脚、右手掌回落后即抬起右脚和左手掌。如此左右交替，身躯亦随之左右摆动，片刻而止(图 24-3)。

图 24-2　　图 24-3

4. 猿戏：择一牢固横竿，略高于自身，站立手指可触及高度，如猿攀物般以双手抓握横竿，使两脚悬空，作引体向上七次。接着先以左脚背勾住横竿，放下两手，头身随之向下倒悬，略停后换右脚如法勾竿倒悬，如此左右交替各七次(图 24-4)。

5. 鸟戏：自然站式。吸气时跷起左腿，两臂侧平举，扬起眉毛，鼓足气力，如鸟展翅欲飞状。呼气时，左腿回落地面，两臂回落腿侧。接着跷右腿如法操作。如此左右交替各七次，然后坐下。屈右腿，两手抱膝下，拉腿膝近胸，稍停后两手换抱左膝下如法操作，如此左右交替也七次，最后，两臂如鸟理翅般伸缩各七次(图 24-5)。

图 24-4　　图 24-5

二、练习注意事项

1. 练功时，不仅肌肉要放松，神经、精神也要放松。要求松中有紧，柔中有刚，切不可用僵劲。只有放松使出来的劲才会柔中有刚，才使动作柔和连贯，不致僵硬。

2. 意守丹田，即排除杂念，用意想着脐下小腹部，有助于形成腹式呼吸，做到上虚下实，即胸虚腹实，使呼吸加深，增强内脏器官功能，使血液循环旺盛。身体下部充实，有助于克服中老年人常易发生的头重脚轻和上盛下虚的病象。此外做到上虚下实，动作才能达到轻巧灵便、行动自如。

3. 练功前，先做几次深呼吸，调匀呼吸。练功当中，呼吸要自然平稳，最好用鼻呼吸，也可口鼻并用。但不可张口喘粗气，而要悠悠吸气，轻轻呼气，做起动作来会自然形成腹式呼吸，使腹部运动幅度加大，腹肌收缩有力，对内脏器官都有好处。

4. 练五禽戏做到动作外形神气都要像五禽。如练虎戏时，要表现出威猛的神态，目光炯炯，摇头摆尾，扑按搏斗等，有助于强壮体力。练鹿戏时，要仿效鹿那样心静体松，姿势舒展，要把鹿的探身、仰脖、缩颈、奔跑、回首等神态表现出来。鹿戏有助于舒展筋骨。练熊戏时，要像熊那样浑厚沉稳，表现出撼运、抗靠、步行时的神态。熊外似笨重，走路软塌塌，实际上在沉稳之中又富有轻灵。练猿戏时，要仿效猿猴那样敏捷好动，要表现出纵山跳涧、攀树蹬技、摘桃献果的神态。猿戏有助于发展灵活性。练鸟戏要表现出亮翅、轻翔、落雁、独立等动作神态。鸟戏有助于增强肺呼吸功能，调达气血，疏通经络。

第二节　八段锦

“八段锦”在宋代就已有流传，是一种站式武术导引功法，此后衍生出多种流派。大约在明代初年，出现了“坐式八段锦”，于是将“站式八段锦”称为“武八段锦”，或“外八段锦”，而将“坐式八段锦”称为“文八段锦”或“内八段锦”。“坐式八段锦”传入嵩山少林寺后，被辑人《卫生易筋经》、《内功图说》中，称其谓“易筋经十二段锦”。八段锦是我国传统养生术中的经典，有着比较好的健身效果。但是，在千百年的传承过程中，由于习练者各自不同的体悟，八段锦的练法也就呈现出百花齐放的局面。在我国武术的发展过程中，许多武术大家对八段锦特别偏爱，都或多或少练习过。这其中，讲究内在修为的武术内家流派尤其重视八段锦，其主要练法和社会上流行的有所不同。常见的有立式八段锦，还有其他形式的练习方法，如：坐式八段锦、秘传八段锦等，我们主要介绍立式八段锦。

一、练习方法

预备势：直立垂臂，全身放松，舌抵上腭，两目平视。

(一)托天理三焦

含胸拔背，自然站立，全身放松，两脚分开与肩同宽。两手掌心向上，手指自然分开，中指尖相向，从胸腹前如“托天”状慢慢向上托起。要真如“托天”一样用暗劲，做到“力从脚跟起，贯到泥丸宫”。托到顶门后，掌自然向外、向上翻转，中指尖始终相向，如此继续向上托起，托到不能再高时，用暗劲一、二、三、四、五、六、七、八，向上顶八次。注意须用意、用暗劲向上顶，胳膊不可上下弯曲、晃动，臂肘始终是直的。做完八个动作后，手臂自然向两边松垂下来，同时全身放松，自然松一口气。稍歇一会儿后，再做下一遍运动，共做八遍 64 个暗劲动作（图 24-6）。

图 24-6

（二）左右开弓似射雕

图 24-7

含胸拔背，马步站立做到“三平”。“三平”，即小腿与地面垂直，大腿与小腿连成直角，身背又与大腿垂直，做到“三平”很难，年老与体虚的人，可根据自己的身体条件，适当站立即可，不可强求。

站好后，左手虎口张开，食指上指，其他四指如握弓背状，右手如拉弓弦，从胸前用暗劲左右拉开。左手向左一直伸展，同时目视左前方，如欲射大雕状。左手完全伸展后，左右手依旧用暗劲一个伸，一个拉，左手向左再顶八次，然后自然松开、收回，同时全身放松，松一口气。稍歇一会儿后，再换向右方做一遍，也顶八次。如此左右各做八遍（图 24-7）。

（三）调理脾胃单举手

动作：并步直立，两手屈肘抬至胸前，手心向下，左手内旋上举至头顶上方，手心向上，眼看上举之手；同时右手下按至右胯侧，手心向下，此谓“左举手”。然后，左手落下，右手抬起，双手平至胸前，再右手上举至头顶上方，左手下按至左胯侧，做“右举手”（图 24-8）。

（四）五劳七伤往后瞧

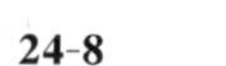
图 24-8

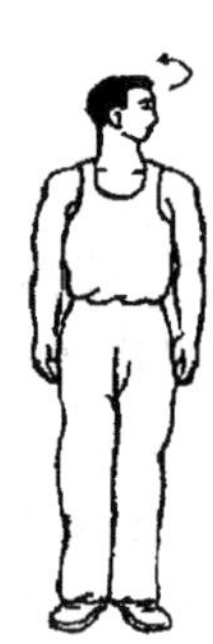
图 24-9

全身放松，自然站立，两脚分开与肩同宽。两手手指自然分开，相向，从腹前开始，右手掌心向上，向上慢慢托举；左手掌心向下，向下慢慢按压。右手托到头一侧时，掌心自然向外翻转，逐渐上举如“托天”状，手臂一直伸到不能再伸时，左手也下压，中指尖自然指向前方，压到不能再压时，腰带动上半身向左转，转到不能再转时，两手用暗劲一个向上举，一个向下压，同时两眼用力瞧右脚跟。这样举、压、瞧，一、二、三、四、五、六、七、八，连续做八次后，两手松回，上半身也转正，同时全身松一口气。稍歇一会儿，再换过左手举，右手压。如此反复左右侧各做八遍（图 24-9）。

（五）怒目攒拳增气力

马步站立，含胸拔背，上身、大、小腿做到“三平”；两手如卷饼式握拳，并以内劲紧贴腰间，拳心向上；两目怒视前方；用暗劲将右拳慢慢冲出，拳心自然翻转向下。冲到不能再冲时，手臂已直，依势用暗劲再向前冲八次。然后全身松开站立，自然松一口气。稍休息一会儿后，换为左手冲拳。如此左右各做八遍（图 24-10）。

（六）两手攀足固肾腰

全身自然站立，放松；两脚分开与肩同宽。两手用暗劲向后、向上、向前、向下连续慢慢划弧，指尖伸向足前；手臂向下划弧时，上半身带同腰也一齐下划。手伸到不能再伸时，依势用暗劲向足前下压八次，然后全身松开，恢复原站位，同时松一口气，稍休息一会儿，再做下一遍动作。共做八遍。（图 24-11）

（七）摇头摆尾去心火

全身放松站立，两脚分开，比肩略宽。以腰带动上半身，如太极拳之“搂膝拗步”向右转，同时右手向右划，左手向右前方推，右脚、左脚以脚跟为圆心，自然外摆、内扣，两腿自然曲成弓步。左手推到不能再推时，右手自然向下压在体一侧。接着左手再用暗劲向前推八次。再用太极拳之“搂膝拗步”法，左手从体前向左侧划，右手向左前方推，以腰带动上半身亦向左侧转来，注意此时头即上半身应尽量转向左侧，左脚、右脚自然外摆、内扣，这才是真正的“摇头摆尾”。右手推到不能再推时，用暗劲向前再推八次。如此左右反复，各做八次。（图 24-12）

（八）最后起踮百病消

全身放松站立，两脚自然分开，与肩同宽。身体缓缓上引，脚跟自然离地，引到不能再引时，用两脚尖支撑全身站立，直到不能支持时，脚跟缓缓着地，随即松一口气，如此共做八遍。此段过去作“背后七颠百病消”，用脚跟提起顿地，连做七次。这个方法不好，脚跟顿地容易使脑部受到震荡。将“七颠”改为“起踮”，并改了运动的方式，如此才有益于健康。（图 24-13）

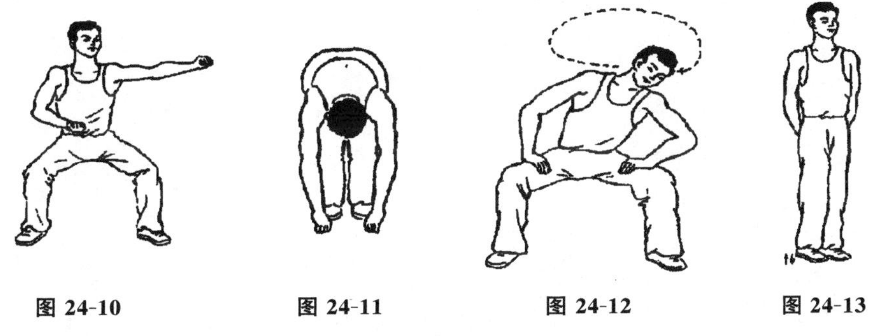

图 24-10　　图 24-11　　图 24-12　　图 24-13

二、练习注意事项

1. 做这套内家八段锦的时候，要时时记着“道法自然”的训言。得法与否，存乎一心。要反复练习，仔细体味，直到能够自如运用。

2. 呼吸要自然，千万不能憋气。

3. 动作要自然、舒展、大方。用意，用暗劲、内劲，不用拙力、僵力。

4. 每个人要根据自己的身体条件，循序渐进地练习，持之以恒地练习，逐渐达到纯熟境地。长年累月不间断地锻炼，必有奇效。

5. 从运动量来说，最好每天能做两次，早晚各一次。如早晚时间难以安排，每个人也可按自己的条件，灵活地选择其中一些式子，随时随地练习。如走路时可常踮起脚跟，长久自会有奇效发生。